纪念性建筑的感性形态研究

A Study on the Perceptual Morphology of Memorial Architecture

胡 炜 著

中国建筑工业出版社

图书在版编目（CIP）数据

纪念性建筑的感性形态研究／胡炜著．—北京：中国建筑工业出版社，2017.5
ISBN 978-7-112-20600-1

Ⅰ．①纪… Ⅱ．①胡… Ⅲ．①纪念建筑-建筑设计-研究 Ⅳ．①TU251

中国版本图书馆CIP数据核字（2017）第060440号

责任编辑：唐 旭 吴 绫
责任校对：王宇枢 焦 乐

纪念性建筑的感性形态研究
胡 炜 著
*
中国建筑工业出版社出版、发行（北京海淀三里河路9号）
各地新华书店、建筑书店经销
北京锋尚制版有限公司制版
北京中科印刷有限公司印刷
*
开本：787×1092毫米 1/16 印张：12¼ 字数：321千字
2017年6月第一版 2017年6月第一次印刷
定价：48.00元
ISBN 978-7-112-20600-1
（29975）

自 序

在东南大学建筑学院的求学过程中比较强烈地感受到这里一直对纪念性建筑研究有着比较高的重视程度，杨廷宝先生、齐康先生、鲍家声先生等大家，在这一领域都有着颇具影响力的研究及创作，纪念性建筑课题也是东南大学建筑学研究生选题比较重要的传统方向之一。在这样的氛围中，笔者对建筑领域相关的精神需求、情感、感性等方面的问题也一直比较感兴趣，也参与过些许相关的设计，从研究生阶段开始，或多或少地涉及了这个领域的调查和分析研究工作。

一方面受到这样氛围的影响，另一方面，自己也有较浓厚的兴趣以及对相关问题的一些思考，于是有了以纪念性建筑为题，从感性视角研究、梳理纪念性建筑涉及的情感范畴及相关感性形态设计思路的想法，这也得到了导师黎志涛先生的认可与鼓励，并得到了黎先生的悉心指导，在此特别地感激恩师的教诲。本书稿是在笔者的博士论文的基础上，陆续进行了一段时间的调整、补充和深化，包括补充了部分实地调研。本书主要是从感性角度，基于情感模式，相对系统地研究纪念性建筑的感性形态的设计思路问题，在成书期间，进一步梳理了情感模式、纪念主题与纪念对象、相关情感模式及其感性形态的生成逻辑等相关主要问题的逻辑性，希望能够更清晰地表述三者之间的关系。同时考虑时效等综合因素，进一步充实了近年来一些较重要的纪念性建筑设计的分析内容，同时删减了少部分有些重叠的例证。

对于纪念性建筑研究而言，情感可以说是营建的动机、设计的导向、研究的内容、体验的诉求等各方面问题的核心，纪念性建筑发展到今天，纪念的主题、对象、情感和形态的变化更加多元化，更加关注和贴近普通人的存在和生活，尤其是相关感性因素趋于个性化、具体化、特征化，而不再限于笼统化和程式化。有些对纪念性建筑的情感与感性问题的研究，或多或少仍然停留在略显片段的层面，相关研究和实践有些过于集中地聚焦于和谐性崇高纪念的问题，纪念涉及的情感价值模式不仅有崇高，还有悲，更有喜，有必要进行一定的系统的梳理和研究。

本书主要分为崇高感、悲剧感及“狂欢感”这三个部分，考虑到中西方文化背景的一些差异，酌情论说。第一部分有两方面内容：首先分析了西方文化背景下，源自抗争性崇高感、抗争力量的相关英雄和战争纪念主题内容以及相关纪念性建筑感性形态生成等问题；其次阐述了我国文化背景下源自和谐精神的“大美感”的以上相关问题。第二部分主要分析了西方文化背景下源自悲剧性破坏力的灾难与死亡纪念主题的相关问题，而我国的文化因为更偏好对悲剧性的和谐化表现，可参照“大美感”相关内容，就没有在这里单独讨论。第三部分主要分析源自颠覆力量的西方式狂欢感的相关问题以及我国文化背景下国家大庆和谐主题的“欢庆感”纪念性建筑形态的设计思路问题。希望在理性主题的建筑研究大潮中，本书对感性问题的关注能够有它些许的价值。

胡炜

2016年秋于苏州江枫

前　言

本书从感性与情感的角度研究纪念性建筑及场所的感性氛围或感性品质的营造问题，纪念性建筑的设计相对于其他建筑类型而言，更强调以情感认同与共鸣作为设计的根本目标导向，并且强调在理性设计思维的基础上，要有更敏锐的感性思维方面的设计能力，从而营造出比较恰当的纪念性场景以及恰当的情感意蕴和感性氛围，从而使得原本无情之物可能具有深层次的感染力，更好地体现出纪念主题和纪念对象所承载的情感内涵和精神价值。

从建筑设计的角度来看，可以说理性和感性思维共同建构了认知建筑乃至设计建筑的思维结构，二者不可分割、共存并重、互依互补，既要强调建筑的物质性功能和使用，也要强调建筑的非物质性功能和体验，这不仅是建筑设计，更是纪念性建筑设计的基本原则。

根据纪念所诉求的精神价值或“神圣存在”的不同，纪念可以大致分为现实性与神圣性纪念或宗教性纪念这两大类范畴，其中现实性纪念的范畴主要涉及以诉求、尊崇现实性尊贵价值，包括真、善、美等精神价值以及生命价值及其对象等为核心的纪念，而神圣性纪念的范畴主要涉及以诉求、尊崇神圣价值或者绝对存在及其承载对象等为核心的纪念，本书主要研究、梳理现实性纪念范畴中的相关感性形态的设计思路及其主要表现模式问题。

从现实性价值纪念范畴以及感性与情感，尤其是审美情感这一核心问题切入，以相关理论与国内外典型案例分析为基础，研究中西方文化背景下，纪念涉及的“崇高”、“悲”、“喜”三类情感以及相关建筑感性形态的设计思路问题，由此，现实性纪念范畴被概略地区分为涉及崇高感的“崇高”的纪念，涉及悲伤感、悲剧感的“悲”的纪念，涉及快乐感、狂欢感的“喜”的纪念这三类基本范畴。

在“崇高”的纪念范畴中，首先综合阐述西方式崇高感纪念性建筑形态的设计思路，然后独立成章地梳理中国式崇高感即“大美感”的相关内容；随后，在关于“悲”的纪念范畴相关问题的研究中，分析涉及悲剧性内容的相关设计思路问题，此外，由于中国文化背景下对悲剧性内容的规避以及“大团圆式”转换的观念与态度，相关问题基本可以参照大美感的内容，也就没有单独成章；而在接下来的“喜”的纪念范畴中，由于中西方文化背景的差异，本书独立成章地分别阐述西方文化背景下基于狂欢感视角的相关问题以及中国文化背景下基于“欢庆感”视角的相关问题。

可以说，纪念问题包括三类基本要素，即承载精神价值的纪念对象与主题及其可感知的表象形态、一般具有特定性的参与人群及其情感认同以及共时或共时空进行的仪式性活动及其活动场所，这三个要素的基本关系大致如下。

纪念，尤其是现实性精神价值层面的纪念，往往一方面承载着普适性或者说具有普世意义的精神价值和情感，比如国家、民族、族群等层面普适的精神价值，另一方面常常出于情感以及集体情感的认同，或者可以激发情感认同，全体在共时空或者在特定区域范围内共同举行和参与特定活动，而成为区别于日常性的具有一定仪式性的集体活动，可以说纪念归根到底是集体行为和场所承载的集体精神价值与情感的认同，这构成了“纪念性”内涵的核心和本书所讨论的纪念及纪念性建筑的核心内涵，这也是本书把一些并不属于严格意义上的纪念性建筑，如某些非纪念性的展览馆和博物馆等建筑也进行分析阐述的原因，如上海世博会、米兰世博会的中国国家馆，虽然并不是严格意义上的纪念性建筑，但在国际文化盛会中，除了相关内容展示以外，它们更是承载着我们国家与民族的核心精神价值与表现形象，从这一点来说，这些建筑都具有相当意义的纪念性。

因为纪念对于社会生活，尤其是精神生活一直有着特殊的意义，而且情感与纪念的密切关系也是不言而喻的，情感认同可以说是纪念的根本目的，也是纪念的核心内容。也是由于相关论述比较庞杂，“崇高”与“悲”的纪念范畴也需要进行系统的研究梳理，而且对“喜”的纪念范畴的关注程度相对还不算高，所以相关成果也还不算多见。

本书中每一类纪念范畴的叙述都主要包括相关感性和情感的内涵、相关纪念主题、相关纪念性建筑感性形态设计思路这三方面内容。“形态”和“主题”之间的内在关联性需要根据具体情况具体地分析，本书主要关注的是它们之间比较易于认同的关联性，这是本书叙述的主要脉络，也是纪念性建筑设计研究及其运用的核心问题之一，复杂多样的表现主要结合相关案例进行具体叙述。

或许在我们这个时代，多多少少有些淡化了感性因素事实上的重要性，在这里强调理性与感性共存的思维模式，可能更有其一定的时代意义，或有助于从另一个方面较全面地认识自身和把握设计。本书基于感性视角研究纪念性建筑的设计思路问题，不仅是在关注建筑设计的问题，也期望能在理性设计的时代大潮中，表达感性因素对于建筑及其设计的意义。盲审时专家的评语综合来说认为对所涉及的相关研究基础进行了系统、准确的论述和总结，具体论述的内容翔实，立论有据，结论正确，结构严谨，行文流畅，用词准确，逻辑严密，总体评价为系统性较好，整体架构较完整，有一定的现实意义和理论指导意义。

本书得到了“江苏省高校优势学科建设工程”相关专项出版基金的资助（A Project Funded by the Priority Academic Program Development of Jiangsu Higher Education Institutions）（PAPD），在此表示衷心的感谢。

目　录

第一章
绪　论

近年来，有一些在国际上有一定影响力的纪念性建筑设计竞赛，如 2015 年马来西亚航空 MH17 航班纪念馆及纪念公园设计竞赛（这架从阿姆斯特丹飞往吉隆坡的国际客运航班于 2014 年 7 月 17 日在乌克兰与俄罗斯边境失事，最终调查报告表明，它是被山毛榉导弹击落的，机上包括 283 名乘客与 15 名机组人员共 298 名成员全部遇难，这一航班号已被宣布永久停用）。这次的竞赛期望营造一个没有太多政治色彩的纪念性公共空间，位于阿姆斯特丹的纪念地将成为庆典、休闲、聚会纪念这次航班遇难者的中心。入选作品表现角度多元，表现形式各异，有遗址性的场景再现，有侧重于营造哀悼活动进行的场所等，但几乎都是一个唯一也是永恒的主题，就是对于生命存在与消融本身的尊重、关注、哀婉与凝思。

首奖方案"天空之祭"（Memorial in the Sky）在水泽意象营造的苍茫纪念场景中，再现了消融在无尽水天之中废墟般的场景意象，仿佛只留下浴火之后 298 副航空座椅的漆黑骨架，悼念的人们可以走进座椅区抚摸骨架，恍惚可以和曾经在座椅上的逝者或是亲人接触一样，但却再也触不可及（图 1–1、图 1–2）。在其他获奖方案中，也通过不同的感性主题意象和表现形式，如"浮光之祭"（图 1–3）、"凋谢之园"、"灵守之环"等设计，体现了对生命的尊重与对逝者的悲伤，表达悼念与哀思。

由这次竞赛也可以大致看出，纪念性建筑发展到今天，无论是纪念的主题、对象、情感还是建筑形态的变化都更加贴近生活，而且更加多元化。纪念相关的研究也连绵不绝。有更宏大的社会层面的纪念主题与对象，已经不仅仅只用于纪念国家元首、民族英雄，同时也更加关注普通人的存在和情感。情与感作为纪念的核心内容，也可以蕴含崇高，蕴含悲，乃至喜。纪念的形态已经从近乎绝对主导的高耸纪念碑式的崇高意象，越来越趋向于景观化、水平化的纪念性场所的体验与营造。尽管精神、文化等主题的研究在建筑领域的位置可能不再是"显学"，然而在国家

图 1–1 MH17 航班纪念馆园竞赛首奖"天空之祭"中消融于天空的 298 座椅废墟般的场景
（来源：http://www.eeeetop.com/forum.php?mod=viewthread&tid=23268&from=album）

图 1–2 MH17 航班纪念馆园竞赛首奖"天空之祭"中遗址般的水泽纪念场景
（来源：http://www.archdaily.com/593683/malaysia-airlines-flight-17-victims-honored-with-memorial-in-the-sky）

图 1–3 MH17 航班纪念馆园竞赛第三名"浮光之祭"
（来源：http://www.archdaily.com/593683/malaysia-airlines-flight-17-victims-honored-with-memorial-in-the-sky）

图 1-4 南京大屠杀纪念馆凝重肃穆的悼念场所
（来源：2016 年 4 月自摄于南京）

将 12 月 13 日确定为高级别的纪念性活动日即“国家公祭日”的时候，在南京大屠杀纪念馆举行的举世瞩目的纪念活动等一系列举措，表明了更高层面的精神诉求，一直都是我们时代的强音（图 1-4）。

第一节 研究视角

基于情感与感性视角研究纪念性建筑的感性形态的设计思路问题，需要分析感性、情感、纪念、感性形态等概念以及相互之间的关系，包括感性与纪念的关系、感性及感性形态与设计的关系、感性与情感认同的关系等方面的内容。

一、感性与纪念

1. 感性

关于感性的内涵，不同学科角度有这样一些释义。

心理学角度指出，感觉是认识过程的初级阶段和初级形式，是由感觉器官直接感受到的事物现象以及事物外部联系的客观存在。其中，“事物现象”是感性认识的对象和内容，而“直接感受”，指第一反应中的感受，也可以认为第一感觉是感性认识的特征。从认识论的角度来讲，人的感性认识是相互联系、循序渐进的，这个过程包含三种形式，即感觉、知觉和表象。[1]

此外，感性认识是直观的、形象的认识，大致可以归结为通过感官经验而完成直观活动的，没有明显理性思维，也非深思熟虑的过程，是通过直观经验经历而作出的主观的、融入个人感情因素的判断。感性之中也有直觉的成分，直觉不完全是冲动，而是下意识的推理，习惯和经验把推理过程压缩到意识可以觉察的阈值以下，艺术的灵感，就是这种感性的直觉，没有固定的逻辑规范，而是一种只可意会，不可言传的感觉。[2]美学角度指出，早在 18 世纪，德国哲学家鲍姆嘉通就在其著作《美感》中提出“感性”一词，认为感性是存在于行为背后的情感结构，并开宗明义地将“美学”定义为“感性的认识之学”，鲍氏关注情感知觉的感性之学成为美学感性研究的源头。[3]在日本，对感性科学有着系统且集中的研究，如相关学者长町三生先生认为感性是人对物所持有的感觉或意象。[4]此外，学者原田昭从感性因素的具体范畴角度指出感性是主观的，是不可以用逻辑加以说明的脑的活动，是在先天中加入后天的知识与经验而形成的感觉认知的表现，是直观与知性活动的相互作用，是对于美与愉快感等特征的直观反应与评价的能力，更是创造形象的心理活动。[5]

对于纪念性建筑的设置、设计、体验、活动而言，情感体验和情感认同是核心的内容和目的，而感性认识，尤其是“直接感受”，则是情感体验和情感认同的基础和来源，而“直接感受”的对象可以说就是经过营造与设计的具有泛化意义的纪念性建筑及场所环境的感性形态。

2. 纪念

关于“纪念”的内涵，如《牛津高阶英汉双解词典》中的“记忆”（Memory）词条指对死者的记忆（what is remembered about sb. after his death）及对某人贡献的纪念，纪念某人（in memory of sb./to the memory of sb. means serving to remind people of sb.,esp.as a tribute）。[6]而“Memorial”则指纪念某事件或人物的纪念碑、纪念章、纪念仪式（Monument,plaque,ceremony,etc. that reminds people of an event or a person）。[7]对“Monumental”的解释比较接近“纪念性的”的含义：纪念物的，用作纪念的（of,related to or serving as a monument），指建筑物、雕塑等巨大而了不起的，雄伟的（of buildings' sculptures,etc. very large and impressive），指文学或音乐作品伟大而不朽的（of a literary or musical work,sculptures,etc. large and of lasting value）。[8]在《现代汉语词典》中对“纪”、“念”的解释是：“纪”同“记”，主要用于“纪念、纪年、纪元、纪传”等，别的地方多用“记”，而“念”指“想念”。用事物或行动对人或事物表示怀念，称之为纪念。[9]周春华先生简明地指出，所谓“纪念”即“记之以念，念之以续”。[10]纪念包含三个基本要素，即特定人群、精神价值与情感认同、共时或共时空仪式性活动，归根到底是集体行为与场所承载的集体精神价值与情感的认同，是通过建筑、场所来表达人类存在感的最高体现形式。

3. 感性与纪念的关系

纪念，根本而言，源于价值观认同的情感共鸣、强化情感认同、激发情感认同，感性因素可以说是纪念的根源和根本。此外，关于情感与价值的理论衔接问题，参照马克斯·舍勒的相关价值情感论说，根本而言，本书所涉及的情感实质上均属于价值情感，或者说是价值感，如作为崇高感的来源的崇高或崇高精神，从价值论视角，崇高是人类所诉求的尊贵精神价值的代表。

二、感性形态与设计

1. 感性形态

相对于形态的客观物理性或物质性属性及其描述而言，所谓感性形态是指一定社会文化背景中，主要基于联想或象征等思维方式，具有为社会普遍认同与接受的感性品质及产生相应感性意象的形态对象。在这里，感性形态包括两层含义：首先是指被感知形态的感性品质本身，这也是感性形态的核心内容，另一方面，具有感性品质的可感知形态也可被称为感性形态，是更广义的感性形态，二者之间存在着因为约定俗成而已经具有被社会普遍接受与认同的关联性，或者存在着易于被认同、被认为是可以被认同的关联性。关联性的因素及原因比较复杂，并不完全排除有设计方面主观臆想的感性成分，而是否能被较为普遍地接受与认同乃至激发情感，往往需要体验与时间的见证。

本书所研究的纪念性建筑的感性形态包含两个层面的内容：首先着重指纪念性建筑感知形态的某类感性品质，其次指具有某类感性品质的纪念性建筑的感知形态。建筑的感性形态即建筑的感性品质与感性意象。这些原本和情感可能并没有必然联系的形态，因为在所处的社会文化背景和心理情境中，常常与某种感触、感想乃至情感联系起来，从而具有了某种社会和个体所赋予的感性的品质内涵，不但可以用来表达特定的集体情感，而且在一定条件下可能会有效地激发情感共鸣。

感性形态主要包括整体性、结构性、表征性三方面内容：整体性感性形态即感性品质与意象的整体性的感受形态；结构性感性形态即感性品质与意象的结构性的感受形态，主要指源自内在感受力的力量感；表征性感性形态即建筑感性品质与意象的表征层面的感受形态，主要指光色感、质感等方面。其中结构性感受形态的内在感受力，既是形成整体性感受和表征性感受的根源，也是纪念对象与纪念主题的内在精神品质与力量的反映，还可以是相关感性形态设计思路的根源。

（1）整体性的感性形态

其中整体性的感性形态的感性品质主要源自体验者对体验对象整体性的感受，包括形体、空间、关联形态或象征形态、主题意象等方面的整体感性品质，这些感性品质大多基于联想[11]：

形态意象的感性品质：

点：失落、孤独、自在……

点阵：群体、秩序、喧闹……

垂直：希望、紧张、向上、刚毅……

水平：平稳、安定、静止……

倾斜：动感、不安、不定、危险 ……

曲线（面、体）：动感、柔软、轻快……

自由曲线（面、体）：随意、自在、凌乱……

螺旋：发展、柔美、向上、运动……

抛物线（体）：运动、速度、力量、失落……

正方形（体）：质朴、端庄、公正……

长方形（体）：稳定、坚固、严肃……

菱形（体）：精致、锐利、轻巧……

等腰梯形（体）：神秘、坚实、肃穆……

正三角形（体）：坚固、稳定、制衡……

圆形（体）：完美、圆满、运动……

椭圆形（体）：温润、柔和、生机、华丽……

扇形（体）：华丽、变化、柔和、清凉……

……

空间意象的感性品质：

开放空间：舒畅、自在、轻松、自然……

封闭空间：压抑、神秘、紧张、烦闷……

渗透空间：热情、变换、情趣、活泼……

……

主题意象的感性品质：

“山岳”：权力、英雄、胜利……

“伤痕”：苦难、死亡、灾难……

“废墟”：死亡、灾难、寂灭……

……

（2）结构性的感性形态

结构性的感性形态的感性品质主要源自体验者对体验对象力量性的感受，主要指感性品质所体现的源自内在力量的结构性关系及其呈现出的力量感，反映出的是系统的内在关系：和谐、冲突、并置，其中并置性表现为复杂多元的并存。具体的主题性感性品质和纪念主题之间，往往有着被较为认同的关联性，类型多样，但是根本来说，有形意象需要追溯到抽象的无形意象，尤其是结构性的感性形态，可以说这是建筑形态感性品质的核心。

和谐性：和谐、完整、完美、完满、整体……

冲突性：冲突、抗争、破坏、颠覆、残缺……

并置性：和谐与冲突、和谐与抗争、和谐与颠覆、完满与残缺……

……

（3）表征性的感性形态

主要源自体验者对体验对象表象特征的感受，主要包括光感、色感、质感等方面，其中不同光色常见的感性品质，往往具体因文化背景、时代背景乃至个人心境品位的不同而不同。

光色意象的感性品质：

暖调：热情、兴奋、吉祥、喜庆……

红：温暖、兴奋、吉祥、荣誉、血腥……

黄：富贵、权势、明朗、活跃……

绿：生命、自然、健康、亲切、舒畅……

黑：恐怖、压抑、暴力、悲伤、污浊……

冷调：寒冷、宁静、质朴、自然……

紫：华贵、珍稀、高贵、神秘、情爱……

橙：丰硕、成熟、成就、欢乐……

蓝：坦然、纯洁、宽广、深邃、冰冷……

白：纯洁、圣洁、纯粹、虚无、悲伤……

……

质地意象的感性品质：

柔质：安逸、柔情、舒适、温和……

柔滑：细腻、女性、温婉、妩媚……

坚硬：稳定、顽强……

粗粝：破坏、抗拒、刺痛……

硬质：冷峻、生硬、力量、安全……

光洁：明快、轻盈、平和……

粗糙：摩擦、破坏……

……

本书主要从整体性、结构性、表征性这三方面分析相关纪念性建筑的感性形态的内容，相关设计思路也主要基于结构性角度进行概要的研究分析。

2. 感性形态与感性设计的关系

建筑感性形态即建筑的感性品质或感性意象，感性形态设计可以说是感性品质或情感性意象的营造。建筑感性形态的理论基础是建筑形态学，形态学和结构主义在建筑领域内结合，并在当代多学科的支持下形成了建筑形态学。

建筑形态包括两方面内容：一方面是其空间性，基本要素为点、线、面、体、空间、色彩、肌理等，这些要素根据一定的规律进行构建整合，产生各种表现形式，形成诸如动感、力感等空间形态感受，并营造空间氛围，如体现纪念对象或主题的性格或精神特质的空间氛围等，并且通过内在的结构性形成形态表征。建筑形态往往是多因素制衡的结果，如地域的自然环境因素、特定社会文化背景因素、经济水平因素、民族传统等。另一个方面是建筑形态的人文性，即空间与实体形态所承载的精神文化内容。在建筑形态学中，“几何”和“材料”都是反映建筑形态的内容。建筑形态学的研究对象就是建筑的形式、结构及其与自然和人文环境之间的复杂互动关系及表现。建筑形态学是一种哲学的思考，它研究形，也是一种建筑美学思考，与建筑类型、现象、意义（释义学）、行为学等密切相关，某种意义上的形态就是对建筑本体的研究，但离不开历史、社会、自然和人[12]。

感性设计更多关注的是建筑形态或使用体验给人的感觉，如体量、动感等，对这些感性形容词，同一建筑给予不同使用者的感觉往往不太容易产生大的分歧，但具体感受则可能因人而异，如一座强调水平感的纪念碑设计，可能容易让喜好平和的体验者产生共鸣，但也可能会让那些喜好激昂的体验者感到缺少激情，虽然人们对水平感的纪念性建筑和场所的基本感觉可能没有根本性的分歧。

目前，感性设计方法可概分为定性和定量研究两类。其中定性方法主要是从心理学、设计心理学、消费者行为学等相关领域发展而来，沿用了心理学、社会学等领域中的成熟方法与技术；定量方法则是以设计心理学为基础，将感觉喜好量化并通过数理统计分析得出结论。另外，介于单纯的定性与定量方法之间，也有一些半定量的方法正在被越来越多地使用[13]，本书侧重于定性研究。

建筑设计，尤其是纪念性建筑设计，不仅要把握人与景的直觉关系，更要求把握人与景的情感关联，以景生情，激发体验者的审美快感即情感，达到触景生情、情景交融的境界。情感是人对体验对象的一种特殊反应形式，是人对体验对象是否符合自身需要所作出的一种心理反应。人有情，景常能引人生情，纪念性建筑设计更需要营造有情之景，以景动人，使体验者在人与景的情感交流中领略精神的愉悦并获得心理满足。感性形态可以说就是人与纪念性建筑及场景景观情感互动的中介，这座中介之桥沟通了纪念性建筑场景、所承载的纪念主题与人的情感心理结构。

3. 纪念性建筑感性形态关联或表达的对象

纪念性建筑主导的感性形态如果比较鲜明，往往能更好地体现纪念对象在某种精神层面的特质，然而由于纪念涉及的社会文化背景、时代特点、纪念主题、纪念对象、纪念精神、激起精神的对象、纪念场所环境、纪念性建筑、体验者心态等复杂的因素，纪念性建筑的感性形态常常会比较突出地指向或者关联以上的某个因素或综合性的因素，成为设计构思的根本出发点，由此成为设计自身的主题，形成设计的特质，使纪念性建筑形成自身的特性而更具有识别性和感染力，于是感性形态关联或表达的对象可能与上述任何一个要素建立密切的联系，根本而言，是在传达内在的精神以彰显纪念主题，感染民众。即使崇高主题的纪念性建筑感性形态表达的是激发精神的对象，如崇高主题巨大的困难、灾难等的感性品质，如晦暗、肃杀、恐怖等，往往旨在通过营造纪念的场景氛围，凸显英雄在这晦暗、肃杀乃至恐怖氛围中克服艰难、反抗暴力的精神。

4. 感性形态对于纪念性建筑设计的意义

感性形态与纪念性建筑设计的关系的枢纽是情感及情感共鸣与认同，首先需探讨感性、情感认同、纪念主题及纪念性建筑设计等所涉及的主要概念及关系。

首先，价值判断与纪念主题的关系：纪念主题预设的实质是纪念对象、纪念主题的价值判断和预设，往往带有社会性，也就是说，纪念主题的本质是价值判断，比如英雄主题的纪念，其价值判断基本都是“崇高的”。其次，纪念主题与情感认同的关系，具有价值判断的纪念主题与情感认同的关系主要涉及以下两方面：一方面是满足甚至超越体验者的情感认同预期，体验者在进行某一主题纪念活动或纪念场所体验时，往往是带着情感认同预期去体验，如准备去革命英雄纪念馆，那么往往预期是体验到崇高感，这是较常见的情形，这往往和体验者在体验之前就具有的社会文化教育背景，或者相似、相关的纪念等体验有关；另一方面则是激起或激发体验者的情感认同。

5. 感性与认同的关系

认同主要指纪念性活动及纪念性场所的体验者对纪念氛围、纪念对象的价值判断等方面情感的共鸣与情感的认同，在这里需要分析一下感性、纪念与情感的基本关系。

关于感性与情感的关系，在国内，学界对于情感设计的定义，有时会倾向于将感性设计和情感设计不作区分，个人的体会、感性设计与情感设计、感性侧重过程、情感侧重结果，是有一定差别的。在《感性工学——一门新学科的诞生》中提到，感性是人们通过各种感官，包括视觉、听觉、触觉、味觉、嗅觉、感知和平衡感等对某种人工制品、环境或情况产生的某种主观感受。“感性”一词包含着多层意义。感性既是一个静止的概念，又是一个动态的过程。静态的“感性”指的是人的感情或情感获得的某种印象；动态的“感性”指的是人的认识心理活动，是对事物的感受能力，对未知的、多义的和不明确的信息从直觉到判断的过程。在信息化时代，这种“感性”除了感受信息的能力，也包含交换信息的能力，即从复杂的外界刺激中抽取所需信息并将自己的信息通过一定的方式传递给他人的能力。“交互式”的体验设计比较好地满足了这方面的需求。[14]

三、感性形态与情感认同

1. 情感

尽管情感、情绪表现在日常生活经验中早已司空见惯，但对其概念的界定却非易事，如《人类行为与社会环境：生物学、心理学与社会学视角》中提到，虽然情感一词没有一个共同认可的定义，然而人类情感本身却有着许多广受争议的理论或模式。[15]学界关于情感概念的界定比较复杂，如我国心理学专家孟昭兰认为情感是具有稳定而深刻社会含义的感情性反映，它标示着感情的内容。[16]美国心理学家乔斯等也认为感情（emotion）的早期含义是指生物意义上的运动或激起。后来它演变为一种受到激发或被唤起的精神状态，情绪（mood）被定义为主导性的和持久性的情感状态。感情（affect）指的是一个人即刻的情感状态。此外，由于情感的社会性等因素使得对情感内涵的研究变得更加复杂，虽然情感是一种个人体验，但是有些情感深深根植于集体文化和记忆中，美国社会学协会有专门组织机构着重从社会学视角研究情感，认识到情感是不能仅仅通过严格的生物学和生理学研究来加以理解的。[17]

依据朱小蔓、梅仲荪教授的阐述，情感是“人类精神生命中的主体力量，它是主体以自身的精神需要和人生价值体现为主要对象的一种自我感受、内心体验、情境评价、移情共鸣和反应选择。其中，以满足需要和价值体现为情感体验的对象和前提；以大脑皮层和丘脑网络调节及腺体激活、各感受器官的协调活动为情感的生理基础；以自我感受、内心体验、情境评价、移情共鸣和反应选择为情感活动的内在机制；以语言、行为、表情反应形式为情感的态度表现。”[18]这一阐述从反应对象、生理基础、运作机制、外在表现、价值判断等多个视角较全面地揭示了情感的内涵，情感是同人的需要是否得到满足相联系的内心体验，具有相对稳定性和延续性，而且与人对事物的需要、评价、态度相联系，即使对同一事物，由于态度和评价不同，也可能会产生截然不同的情感体验。

和情感概念一样，对情绪概念的界定也比较复杂，而且情感与情绪的关系的界定也并不那么清晰，相关问题即使在心理学领域也具有一定的前沿性，根据国内经典心理学教材的说法，情绪可定义为个体与情境交互作用的过程，是指人对客观事物的态度体验及相应的行为反应具有较大的激动性、情景性和暂时性。[19] 参照以价值与需要为核心的情感内涵界定，情绪可以视为一种由客观事物与人的需要相互作用而产生的包含生理、体验和表情等复杂的心理活动过程，尤其指与机体的基本生理需要是否获得满足相联系的内心体验，情绪体验往往关乎利害，具有较大的激动性、短暂性、主观性，被认为是人与动物共有的心理现象。关于基本情绪的分类，长期以来就存在着分歧，甚至有些庞杂，如日常生活中所说的喜、怒、哀、乐，中国传统的“七情”说具体说法不一，涉及喜、怒、哀、惧、爱、恶、欲等。西方学界关于情绪的分类也较复杂，如新西兰心理学家斯琼曼先生（K.T.Strongman）认为基本情绪包括快乐、悲伤、愤怒、恐惧、厌恶[20]这五种。此外，根据心理学专家拉瑞德（Oatley Johnson-Laird）的理论，基本情绪分为快乐、焦虑、悲伤、愤怒与厌恶这五种，每种基本情绪与当前目标或计划相对应：快乐（happiness）源自当前目标取得进展，焦虑（anxiety）源自自我保护的目标受到了威胁，悲伤（sadness）源自当前目标不能实现、愤怒（anger）源自当前目标受挫或遭遇阻碍，厌恶（disgust）则源自与味觉（味道）目标相违背。[21] 此外，美国心理学家克雷奇（Krech）等人将快乐、愤怒、恐惧、悲伤视为最基本的或原始的情绪。[22]

此外，关于情绪与情感关系的阐述也比较复杂，一般认为情绪和情感存在一定的区别：较之情感而言，情绪涉及的范围更宽泛，情绪更具有应激性、短暂性、个体性，与人的生物性需要或者较低等级需要的满足与否有密切关系；而情感更具有稳定性、持久性、社会性，这与人的社会性需要或较高等级需要的满足与否有密切关系，情感尤其受到社会观念如社会价值观、道德观等的影响，或者说，情感往往会指向特定的对象，如某种观念、某种存在等。尽管心理学家试图努力将情绪和情感明确区分开来以利于剖析问题，但无论在理论中还是在实践中，情绪和情感经常相互作用，二者之间的界限往往难以区分，且事实上可能也无需任何时候都全然地区分。

2. 感性形态与情感的关系

感性形态与情感的关系首先是情感认同的关系，因为情感激发的根源往往并不在于形态表象，而在于实质的利害及精神层面的诉求与认同，如信仰等。以“晦暗的纪念性崇高感形态”为例，“晦暗”即感性形态，指的是狭义的感知形态的感性品质，比如高侧光形成的晦暗空间模式即“晦暗”的感知形态，晦暗激起的情感即崇高感，“晦暗的纪念性崇高感形态”即能够表达甚至能够激起对“崇高的”纪念对象或主题的崇高感的纪念性建筑的“晦暗”的感性品质以及具有或者能够生成这样的“晦暗”感性品质的“晦暗”的感知形态。

3. 情感认同与纪念的关系

情感与情绪与纪念的关系问题：纪念涉及的情感类型比较复杂，戴念慈先生在《纪念性建筑》的“序”中指出，纪念性建筑可以通过形象创造一种意境，激起人们情感上的波澜。它可以是庄严之情，欢庆之情，歌颂之情，敬仰之情，悲壮之情或者哀悼、怀念之情等。[23] 在本书中，纪念主要涉及崇高感、悲剧感、狂欢感这三类基本情感。其中，崇高感、“大美感”可以说相当于这样的庄严、歌颂、敬仰之情，悲剧感相当于悲壮之情或者哀悼、怀念之情，狂欢感、“欢庆感”相当于欢庆之情。关于纪念所涉及的情感与情绪的关系，根据相关论说，崇高感与恐惧感关系密切；中国文化背景下，中国式崇高感即本书所指“大美感”强调和谐性的情感内容，悲剧感与悲哀感、恐惧感等基本情绪关系密切；而中西方文化背景下的狂欢感与中国式狂欢感即本书所指“欢庆感”都与快乐感关系密切。

纪念中激发的情感对于形成与强化集体凝聚力有着重要的作用，人类学家爱弥尔·涂尔干指出，当“人们被集合起来，他们不仅共同感受到了情感，而且还通过共同行动将这些情感表达了出来”。[24]《仪式与社会变迁》中说，人们通过仪式，生存的世界和想象的世界借助于一组象征形式而融合起来，变为同一个世界，而它们构成了一个民族的精神意识。[25]各种纪念性活动，包括纪念性节日庆典，如国庆等重大纪念性活动，既是民众借以表达对祖国、民族的热爱之情的精神需要，同时也是加强民众间的交流、认同、团结，强化民众对国家主流意识形态的认同，巩固社会秩序，增强国家凝聚力等重要且有效的方式。

4. 情感认同对于纪念性建筑设计的意义

感性形态作为联系基于情感认同及价值判断的纪念性主题的纽带，对感性形态体验的情感共鸣往往会很自然地推及对纪念主题、纪念对象的情感认同，反之亦然。

情感精神的表达对于纪念及纪念性建筑设计有着重要的意义，正如齐康先生所说，只要人类历史在不断发展，进步向前，为了和平、自由、尊严表达人们的共同感情，人们总会用各种方式表达纪念的感情，总会将感情转化为纪念物，追思历史的过去，期望美好的未来，只要有情感的存在就会有纪念物，感情的物化是纪念者的目的[26]之一。戴念慈先生还认为，对纪念主题或对象的精神气质的表现是纪念性建筑的根本所在，是它的灵魂，亦是区别纪念性建筑水平高低的主要标志。[27]童寯先生也指出，纪念性建筑对于人的根本影响在于永矢勿忘、动之以情，认为纪念性建筑，顾名思义，其使命是联系某人某事，把消息传给群众，俾铭刻于心，永矢勿忘，用冥顽不灵金石，取得动人的情感效果。[28]纪念性建筑形态需要表达情感、激发情感、以情感人，情感与感性问题可以说是纪念和纪念性建筑感性形态设计的核心问题，本书采用内涵比较宽泛的“纪念性建筑”一词涵盖纪念性建筑、纪念建筑、纪念碑、纪念像、纪念性景观、纪念性空间与场所等相关概念。

现代符号论美学代表人物苏珊·朗格关于情感与艺术创作关系的论说，对本书所关注的基于感性和情感视角研究纪念性建筑设计思路问题也有着较重要的参照意义，朗格认为，艺术品将广义的情感，即人所能感受到的一切，呈现出来供人观赏的，是由情感转化成的可见或可听的形式。它是运用符号的方式把情感转变成诉诸知觉的形式，而不是一种征兆性的东西或是诉诸推理能力的形式，艺术就是情感的形式或是能够将情感系统地呈现出来为我们所感知和认识的形式。[29]她还指出，艺术创作并不是个人情感的发泄，强调艺术形式中情感的社会性，艺术家把那些在常人看来凌乱不堪或者隐含的现实转变成了可见的形式，艺术家表现出来的不是自己个人的真情实感，而是他们认识到的人类的情感。[30]朗格所说的“艺术也就是情感的形式”这一论说揭示了情感与艺术形式的关系，而且指出了情感的社会性，相互认同、感染、趋同甚至屈从，本书认为“不是”应理解为不一定都是。

此外，对于相关创作中的情感投入问题，朗格也认为创作者不一定非要陷入相应的情感之中，反而更需要冷静：艺术品的情感表现——使艺术品成为表现性的形式的机制——根本就不是征兆性的，如创作悲剧的艺术家，自己并不一定要陷入绝望之中，如果他处于上述情绪状态中，反而不可能进行创作，只有冷静地思考引起这些情感的原因时，才算是处于创作状态中。[31]朗格也并没有否认相应的情感对于激发创作冲动与创作灵感的重要作用。感性普遍存在于建筑形态设计之中，感性与理性也是相辅相成的，提出感性设计或情感设计概念并不是在倡导一种感性高于理性的设计方法，而是不能忽略建筑设计中的感性因素对体验者的重要影响，相关思路可大致概括为“感性形态→情感体验→情感认同”。

对纪念性建筑设计来说，营造合乎纪念主题预设的感性意象，可以说是关键所在，感性形态对纪念性建筑设计的意义就是情景的交融、情感认同与情感共鸣。根本而言，纪念的是人性以及人的价值观，诚然有历史性、民族性、阶级性。情景交融、触景生情、以情动人、触动合乎预设的审美快感，这也是纪念性建筑设计的感性原则。要求把握人与纪念形态的互动机理：建筑形态，尤其是感性形态是体验者与纪念对象情感交流的直接的媒介，运用这一无声的语言往往能唤起体验者对纪念对象的情感共鸣。如特定空间秩序的节奏感易于引起体验者的某种共鸣；又如体现鲜明主题性的感性形态的设计，更有助于强化纪念主题，渲染所需营造的纪念氛围，使得精神愉悦，得以净化心灵、诱发激情，其中基本的关系即：价值判断→纪念主题与对象→感性形态→情感认同。

第二节 研究思路

本书的研究思路主要涉及以下方面内容：纪念的内涵概述，基于感性、情感、价值理论的纪念范畴的概分，基于不同的价值判断、情感态度的纪念形态的相关可行性设计思路以及本书的研究内容与行文结构这四方面内容。

一、价值判断方面

基于情感、价值理论视角，纪念相关的价值论主要是援引现象学哲学家马克斯·舍勒关于价值体系的层级秩序论说[32]这一经典理论，划分纪念的范畴，并由此确定本书研究的内容与框架。舍勒指出，人类社会的价值体系被构建为由低到高的层级秩序，主要包括感官价值、生命价值、精神价值、神圣价值。首先，感官价值即愉快与不愉快，被认为是人类最低等级的价值，是通过感性感受赋予的。其次，生命价值即生命的高贵、庸俗或低贱，这类价值在舍勒看来是通过人的生命感受功能赋予的，如人对生、老、病、死等生命状态的感受，尤其是死亡逼近的感受等。第三，精神价值即通常而言的以下价值。认识价值即真与假，行为价值即善与恶、正当与不正当，审美价值即美与丑，人们追寻的是真、善、美，摒弃的往往是假、恶、丑。第四，宗教价值即“神圣”—非神圣或世俗价值。以上价值等级体系中，舍勒认为神圣价值是最高等级的价值。舍勒的价值分类及其等级秩序理论不可避免地受到相应社会文化背景的深刻影响，而且认为现代社会是价值颠覆的社会：主要指生命价值被视为最高价值，而凌驾于精神价值、“神圣”价值之上，并试图恢复以“神圣”价值为最高等级、精神价值高于生命价值等合乎“客观”的价值等级秩序。

参照上述论说，将人类所尊崇与追求的价值体系概分为现实性与神圣性[33]两大价值范畴，关于“神圣性”或“宗教性”，悬置各类宗教的复杂情况，本书主要基于神学家鲁道夫·奥托《论神圣》一书的说法，使用“神圣性”或“神圣”，而其中感官价值、生命价值、精神价值属于前者，神圣性价值属于后者。基于价值范畴的类型划分，纪念也被概分为以诉求现实性价值为核心的现实性纪念范畴和以诉求神圣性价值为核心的神圣性（宗教）纪念范畴这两大类范畴（图 1–1 ~ 图 1–7）。

二、情感态度方面

基于纪念涉及的情感、情绪与价值诉求，并结合纪念的主题内容等情况，本书将现实性纪念范畴分为“崇高”纪念范畴、“悲”纪念范畴、“喜”纪念范畴，这也是本书研究的主要内容。其中“崇高”纪念范畴通常处于纪念理论的主体地位或者说是最高地位，主要是纪念英雄、战争等主题对象在追求真、善、美等精神价值中所体现出的抗争、奋斗的崇高精神，考虑到我国文化背景的特点，在探讨具有普遍意义的崇高纪念相关问题的同时，强调了中国式“崇高”纪念范畴的相对独立性；“悲”纪念范畴主要关注生命价值以及人的存在本身的价值和意义，生命价值常常又和崇高有关，容易和崇高范畴等同，此外，尽管文化背景有所差异，但社会生活和观念对于死难往往都存在不同程度的避讳或禁忌，相关纪念所关注的主要是对死亡的“超越”，如永生、余荫等，乃至与死亡本身无关的如彰显或炫耀权力、地位等内容；而“喜”纪念范畴主要基于中西方文化背景差异，相对独立地分析了西方式狂欢纪念范畴和中国式欢庆纪念范畴及相关内容，而这一范畴的论述和实践都常常被忽视。

关于纪念的主题类型划分及意义，基于价值判断——情感与感性角度，纪念主要分为三类：崇高、悲、喜三大类情感主题。其中“崇高”纪念的基本价值判断即“崇高的”，相关主题主要崇高英雄、崇高事件如崇高战争。“悲”纪念的基本价值判断包括“悲的”或“崇高的”，或兼而有之，前者涉及相关纪念的悲剧性问题及不可避免的生命与“高贵”价值及载体的摧折，相关主题包括战乱、病疫、自然灾害等引起的灾难及死亡等，后者涉及相关纪念的崇高性问题，即尽管是悲的结局，但其中体现了崇高的抗争和奋斗精神，相关主题包括悲剧英雄及相关事件等。“喜”纪念的基本价值判断是“喜的”，相关主题包括战争胜利、建国等国家庆典以及其他重大喜庆事件等。基于情感与感性视角划分纪念主题，可以较清晰地把握纪念的情感和感性的实质，也有利于分析相关主题类型的差异和联系，进而为相关纪念性建筑设计，尤其是感性意象的营造提供一个关键性的思考方向。

三、表达角度方面

纪念性建筑感性形态表达思路的来源比较复杂和多元化，针对同一或类似纪念对象，从不同的思路、角度出发，如基于纪念对象不同的价值观、不同的价值判断标准、不同的关注角度、不同的性格特质等，则有可能呈现出完全不同的形态和感性品质。根本而言，纪念主导的价值判断和文化背景的俗约力量起到了相对关键性的作用，主要表达视角包括不同价值观的表达视角、不同价值判断的表达视角、不同情感的表达视角、基于不同情感类型融合的表达视角、不同感性品质表达的视角等，相关具体表现比较复杂，本书根据具体情况结合比较典型的案例进行阐述。

1. 不同价值观的表达视角

在不同的社会文化背景下，不同的价值观视角下的同样的纪念主题或纪念对象，有时可能会呈现出截然不同的形象特征。以列宁形象的表达为例，如图 1–5、图 1–6 所呈现的都是以列宁为原型的表现形象，包括选择“凡人”视角所表现出的形象、选择“尊崇”视角所表现出的形象，这些不同的视角展现出的“濒死”、“矗立”等全然不同的形象状态，折射出了相应意识形态之间的显而易见的差异，甚至隐含着不同价值观的强烈冲突和对抗。

图 1–5 “凡人”角度的列宁形象：俄罗斯电影《遗忘列宁》海报中濒死列宁形象

（来源：http://images. google.cn/imgres?imgurl= http://tly.bjta.gov.cn）

2. 不同价值判断的表达视角

纪念主题或对象的形态表现根源于价值判断，在不同的价值观视角、不同的价值判断视角、不同的表现角度下，形态往往也易于呈现出巨大的差异。如在特定文化背景中被认为是英雄的纪念对象，在相异的文化背景中可能被认为是罪魁；又如“南京大屠杀”是残酷而悲惨的事实，但在日本可能连事件本身是否存在，或者是否属于屠杀性质都存在质疑乃至否定；又如武穆墓祠中因“佞”与“恨”而用铁铸造秦桧等的谢罪跪像以及因“忠”与“敬”而展现英姿勃发的民族英雄岳飞像，正如“青山有幸埋忠骨，白铁无辜铸佞臣”。可以想象前者与当年秦桧的地位和权势形成了强烈对比，也可以想象器宇轩昂的岳飞英雄像与宋高宗当年下降罪诏赐死岳飞时所建立的类似“罪魁”形象也形成了强烈反差；又如雅典表现“胜”与“荣”等主题的斗志昂扬的雅典娜像以及表现“败”与“耻”的伊瑞克先神庙中为被俘者而立的具有羞辱性的女像柱（图 1–7 ~ 图 1–10）。

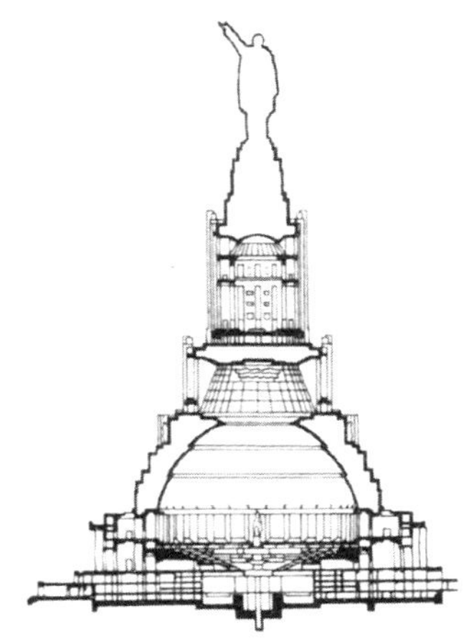

图 1–6 “尊崇”角度的列宁形象：崇高的列宁形象

（来源：博恰罗夫等. 苏联建筑艺术 [M]. 王正夫等译. 哈尔滨：黑龙江科学技术出版社，1989：63.）

3. 不同情感的表达视角

针对同一纪念主题，相关纪念形态也可能因为所选择的价值判断关注的对象、情感与寓意预设的内容的不同而呈现出不同的表现形态，如图 1–11 ~ 图 1–14 所展现的都是以唐山大地震为纪念主题或背景的相关纪念表现形态，涉及了各类不同的表现角度，包括国家纪念层面侧重于表达崇高精神的崇高性角度，侧重于表达死难、痛苦与悲怆的悲剧性角度，关注生命价值的采用约定俗成的模式化纪念方式的角度以及艺术家个性化地、艺术性地关注生命价值、关注生死“交流”、展现某种神秘感的角度等。其中崇高角度如 20 世纪 80 年代侧重于表达国家民族观念层面与死难抗争的崇高精神的地震纪念碑；悲剧性角度如 21 世纪初，侧重于表达事件的死难、痛苦与悲怆等悲剧性的唐山地震遗址纪念公园概念竞赛获奖方案；俗约性角度如侧重于个体生命价值及民众的哀思，图 1–14 所示为男子在唐山地震纪念墙前悬挂花篮

图 1-7　穆墓祠中岳飞坐像
（来源：http://baike.haosou.com/doc/67454 21.html）

图 1-8　佞与恨：武穆墓祠中秦桧跪像
（来源：http://m.tiexue.net/3g/thread_6237853_1.html）

图 1-9　胜与荣："斗志昂扬"的雅典娜像
（来源：http://er-bella.blogspot.com/）

图 1-10　败与耻：伊瑞克先神庙中羞辱性"女像柱"
（来源：罗兰·马丁．世界建筑史丛书－希腊建筑[M]．张似赞译．北京：中国建筑工业出版社，1999：56.）

图 1-11　崇高性角度表达唐山大地震主题
（来源：建筑创作[J]．北京：2006（2）：插页.）

图 1-12　戏剧性角度表达唐山大地震主题
（来源：http://www.abbs.com.cn/bbs/post/view?bid=1&id=335843445&tpg=1&ppg=1&sty=1&age=0#335843445）

图 1-13　俗约性角度表达唐山大地震主题
（来源：http://news.sina.com.cn/c/p/2006-07-28/152410564645.shtml）

图 1-14　艺术性角度表达唐山大地震主题
（来源：尹吉男．独自叩门·近观中国当代文化与美术[M]．北京：生活·读书·新知 三联书店，2002：88.）

祭奠亲人；艺术性角度如吕胜中先生 1991 年的作品"招魂"，侧重于表达超越悲剧性愿望及生死之间的大地震遗址。对同一纪念主题，相通的价值判断、不同的纪念形态设计的情感着眼点，也会生成全然不同的形态（图 1-11 ~ 图 1-14）。

4. 基于不同情感类型融合的表达视角

同样因为纪念对象、纪念主题的复杂性，存在着对纪念主题与对象比较复杂的情感状态，纪念对象或主题往往融合了比较复杂的情感，于是相关形态可能需要呈现出某种复合性的感性品质。由于这类具有复合性感性品质的典型实例相对比较少见，并且本书主要着力于基本模式的研究，未专列成章探讨，如表达悲怆与崇高的 9·11 纪念光碑，采用射向云端的巨大光束，以弥合城市天际线的缺失，更是弥合人们心理的缺失，表现形态是崇高神圣的，但感性氛围也是悲怆的（图 1-15 ~ 图 1-17）。

图 1-15 崇高与悲怆：9·11 事件纪念光塔在城市、场地与建造层面的光影呈现
（来源：纽约世贸中心纪念光碑 [J]. 世界建筑，2003（4）：90，91.）

图 1-16 崇高与悲怆：9·11 事件纪念光塔在城市、场地与建造层面的光影呈现
（来源：纽约世贸中心纪念光碑 [J]. 世界建筑，2003（4）：90，91.）

图 1-17 崇高与悲怆：9·11 事件纪念光塔在城市、场地与建造层面的光影呈现
（来源：纽约世贸中心纪念光碑 [J]. 世界建筑，2003（4）：90，91.）

5. 不同感性品质表达的视角

也是因为纪念对象与主题的复杂性，常常存在着类型方面或者个体特质上的差异性，在相似的价值判断下，主题类型相同或类似的纪念性建筑，在感性形态的营造方面，已经不再囿于比较惯用的思路，例如女性精英或英雄的纪念，不少设计已经考虑到女性的特质，开始呈现出区别于男性英雄的不同类型化乃至更具个性化的表现。优美感这类与崇高感相对的感性状态，越来越多地被选择为表现女性英雄的纪念形态的感性品质，以女作家丁玲、建筑家林徽因先生的相关纪念像为例，同为文化精英，两座女性纪念像的感性品质差异显而易见：屹立在庄严墓园的丁玲女士像昂扬耸立、飒爽英姿，偏向崇高感的特质，而坐落于温婉的西子湖畔的林徽因像轻盈剔透、隽秀空灵，偏向优美感的特质，都能恰当地传达出与时代背景密切相关的不同女性精英的感性特质。此外，戴安娜王妃纪念园也是具有一定社会影响力的呈现出优美感的经典，园中犹如珠链的清水渠轻触大地，时而轻柔、时而激越的流水，象征着戴妃的优雅和一生不同阶段的境遇和心境（图 1-18 ~ 图 1-20）。

图 1-18 崇高感与女性英雄：常德丁玲像的飒爽英姿
（来源：http://cdzxzxm.home.news.cn/blog/a/0101000000000D0546FB5619.html）

图 1-19 优美感与女性精英：杭州西湖林徽因纪念碑的空灵隽秀
（来源：2016年5月自摄于杭州）

图 1-20 优美感与女性精英：伦敦戴安娜王妃纪念泉的灵动优雅
（来源：杨至德. 纪念性景观设计 [M]. 南京：江苏科学技术出版社，2014：110-111.）

6. 本书的研究思路

本书主要基于价值判断的思路进行系统的梳理和研究，即“A 价值范畴→ A 情感范畴→表达 A 情感范畴的感性形态”这样的思路，以崇高范畴为例，即“崇高价值判断的纪念对象与主题→对崇高纪念对象与主题的崇高情感→表达崇高感的感性形态”。此外，相对具体的复杂情况主要是在这一主线的基础上结合相关内容及案例具体研究分析。

四、研究内容方面

纪念范畴的价值与情感结构示意如下：

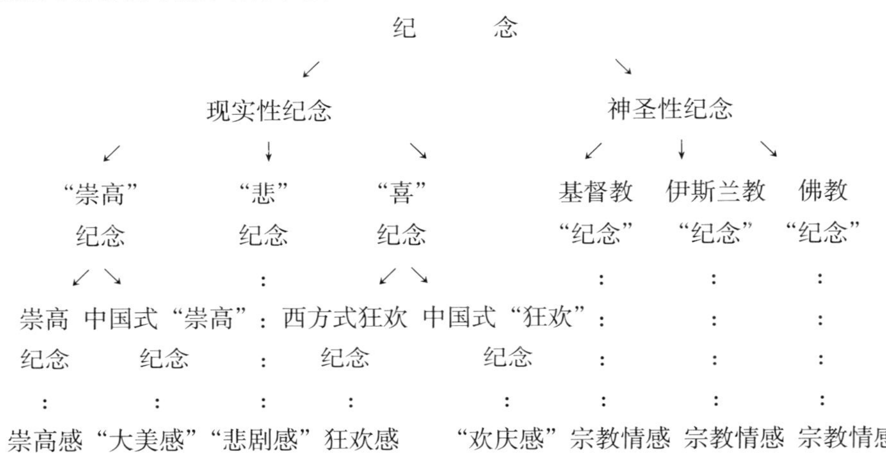

纪念范畴可以说包括现实性纪念和神圣性纪念两大范畴，本书研究的是现实性纪念范畴中基于感性和情感的纪念性建筑感性形态设计思路问题，涉及崇高、悲、喜这三类基本的感性品质类型，在此基础上的变化、融合等其他方面的情况在具体论述里有所表达。其中崇高纪念范畴主要研究两类基本问题：一方面研究具有一定普遍意义的基于崇高感视角的相关设计思路问题，另一方面研究、梳理中国文化背景中涉及中国式崇高感即本书暂用的“大美感”的相关设计思路问题。“悲”纪念范畴相对应的美学情感主要指悲剧感，与悲伤等基本情绪有着密切关系，但是其中的“死亡”纪念往往意在安抚内心、消弭伤痛，而非表现或强调悲伤、恐惧等消极情感，从情感角度而言，往往是规避对悲剧感的表达。本书基于相关理论阐述具有一定普遍意义的悲剧感内涵，以此阐述相关灾难纪念性建筑形态的设计思路问题，同时涉及中国文化背景中相关设计思路的特点。“喜”纪念范畴涉及的情感主要包括快乐、狂欢感，本书基于文化背景的差异，一方面研究西方社会文化背景中表达狂欢感的纪念性建筑设计思路问题，同时也研究中国当代社会文化背景中涉及中国式狂欢感即“欢庆感”的纪念性建筑相关设计思路问题。

关于神圣性纪念范畴，如具有世界性影响的三大宗教体系——基督教、伊斯兰教、佛教的具有“神圣”性质的“纪念”，由于宗教往往有崇拜对象，或最高价值追求，或绝对存在以及相关纪念主题，不同宗教的“神圣性纪念”与信仰或认同的人们的社会生活有着联系，而且神圣性纪念往往也与现实性纪念有着密切的关系，这也是本书对相关神圣性内容略有涉及的原因。

图 1–21 崇高纪念：格罗皮乌斯构思的纪念碑
（来源：（英）埃德温·希思科特．纪念性建筑 [M]. 朱劲松等译．大连：大连理工大学出版社，2003：38.）

图 1–22 中国式“崇高”纪念：南京雨花台革命烈士纪念馆
（来源：2008 年 9 月自摄于南京）

图 1–23 灾难纪念：侵华日军南京大屠杀纪念馆新馆纪念墙
（来源：2015 年 4 月自摄于南京）

图 1–24 西方式狂欢纪念：新奥尔良市意大利广场
（来源：LANDSCAPE ARCHITECTURE，2004（6）：102.）

图 1–25 中国式“狂欢”纪念：北京中华世纪坛及千年庆典
（来源：http://www.pep.com.cn/sxzz/js/tbjx/kb/tp/jcct_2/d3dy/201008/t20100830_829200.htm）

图 1–26 基督教“纪念”：朗香教堂中雕刻耶稣受难的十字架
（来源：Ezra Stroller, The Chapel at Ronchamp. New York: Princeton Architectural Press, 1999：48.）

图 1–27 伊斯兰教“纪念”：14 世纪苏丹穆斯林礼拜堂
（来源：Islamic Art in Cairo E. Prisse d' Avennes. 16）

图 1–28 佛教“纪念”：南京栖霞寺舍利塔
（来源：2004 年 9 月自摄于南京）

基于感性和情感视角的建筑形态设计思路，本书以源自特定精神价值的特定情感类型为起点，研究特定情感类型所涉及的主导性感性形态特征或感性品质，而基于感性和情感这样的视角，相关设计是否必然会激起具特定体验者的相应情感，或者更为理想化地认为，是否能够保证激起每一位体验者的相应情感以及作品的“高下”等，需要具体问题具体分析，可能更多时候，与其说体验者对纪念对象的情感激发源于相应的形态，不如说源于人们内心对纪念对象本身的情感。

五、行文结构方面

本书的框架结构如下（图 1–29）：

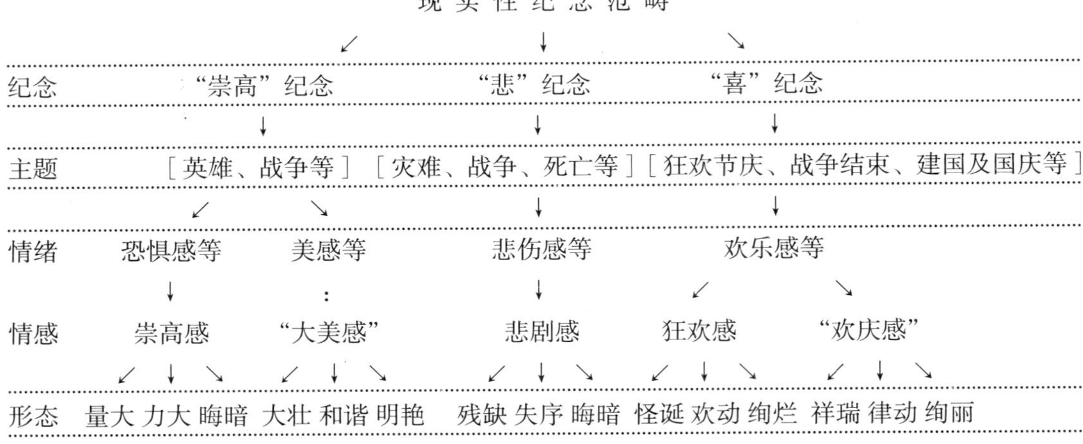

图 1–29 本书框架图（来源：自绘）

第三节 研究基础

关于研究现状，本书仍然处于对其内容阐述的困境中，主要是纪念性建筑论题渊源颇深，本书所涉及的国内外相关专著并不丰富，但实际上以纪念性建筑为核心论题的论述成果却近乎浩如烟海，而且纪念性建筑论题本身相当复杂，本书难以真正阐述“纪念性建筑论题的研究现状”。

一、背景内容相关基础

概略来说，纪念性建筑相关成果主要涉及设计思路、主题类型、案例分析、空间要素这几个方面，仅从知网的相关检索结果来看，近十年的理论成果绝大多数集中在“主题类型”范畴，对“案例分析”方面也有所涉及，“情感”主题较少。

在以纪念性建筑为论题的重要研究论文，尤其是博士论文中，关于这部分内容的阐述，如天津大学任军博士的《建筑纪念性读解——纪念本体及纪念性审美研究》（2004）一文中将“研究现状”内容暂时取消，可能也是遇到了本书相似的困境，从而避免进行相关论说。在中央美术学院殷双喜博士的论文《永恒的象征——天安门广场人民英雄纪念碑研究》（2002）中，作者表明了该论文关于“研究现状”的叙述主要基于海外学者、美术史专家巫鸿先生在《九鼎传说与中国古代美术中的“纪念碑性”》中的相关论说。巫先生主要是对国外相关纪念性主题的会议内容等进行陈述，研究现状的相关内容与其论题本身的关系比较复杂，主要因本人目前的理解力问题，或可能存在一些费解之处。除以上两篇论文之外，中国台湾成功大学傅朝卿先生所指导的《战争纪念性意义之差异性研究——以金门与美国盖茨堡之战役纪念物之设置意涵为探讨》一文中的“研究现状”部分，主要以涉及权力、表现崇高的纪念性建筑形态特征以及国外学界的相关论述为基础，深入阐述“纪念性”的内涵，可以说达到了相当的理论高度。此外还须提及王月涛先生在其博士论文《基于主体意识层次的纪念性建筑创作方法建构研究》（2013）中指出的基于主体的集体精神是社会承载纪念的基础也是纪念塑造社会的核心内容，由此以主体意识本能层、感知层、认识层及观念层分层构建了纪念性建筑设计的原型表达法、氛围体验法、意义认知法和观念指导法等设计方法，可以说是比较系统的相关设计方法论。

在这里，主要基于本书的章节结构对相关研究基础进行文献综述，除“绪论”外，论文主体章节主要涉及三方面成果，包括相关感性和情感论说、基于相关情感的形式论论说、相关纪念性建筑设计构思论说等内容。

二、崇高感内容的相关基础

关于崇高感内涵的研究主要基于对邓晓芒译本的康德的《判断力批判》中相关崇高论的一定理解以及相关研究，如薛永武的《康德崇高美之我见》(2001)中对康德崇高感生成论说的理解，张吉平的《崇高—崇高感—崇高感投射》(1989)中崇高的价值判断、崇高感与人的目的性活动的关系等内容，而由于崇高感理论的复杂性与争议性，本书的研究仍然只是一种理论阐释。

涉及的纪念主题，主要以卡莱尔《英雄、英雄崇拜和历史上的英雄业绩》中的西方式“伟人”英雄论、近代学者贺麟《论英雄崇拜》中的“奋斗”英雄论及毛泽东《毛泽东选集》中的战争论内容为基础。

关于崇高感及其形式论的研究基础，主要参照《判断力批判》中康德所说的力学的崇高、数学的崇高，相关哲学理论与建筑形态设计的结合仍需进一步探讨，但可以作为重要的理论参照。重要的理论参照还包括天津大学任军先生的博士论文《建筑纪念性读解——纪念本体及纪念性审美研究》中涉及崇高感的相关内容，文中的阐述主要基于伯克而非康德的相关论说，相对而言，伯克的论述有可能会弱化表现崇高的关键性因素，即“力量”。此外，还包括朱光潜的《西方美学史》中相关的崇高论说，奥托的《论神圣》中涉及晦暗、神圣的内容及康定斯基的《艺术中的精神》中涉及晦暗色彩的内容。重要实践如人民英雄纪念碑主要参照吴良镛先生的《人民英雄纪念碑的创作成就——纪念人民英雄纪念碑落成廿周年》，涉及表现崇高的垂直性内容；溧阳新四军江南指挥部纪念馆参照胡恒的《历史即快感——张雷设计的江苏溧阳新四军江南指挥部纪念馆》(2008)，研究其中接近康德式崇高形式论中的力大、量大、晦暗的构思；皖南事变纪念碑参照汪正章的《千古奇冤碑歌一曲——皖南事变烈士陵园及纪念碑解读》(1994)，研究其中既是崇高精神同时也展现悲剧性内容的设计构思；第三国际纪念碑的构思参照洛德的《塔特林与第三国际纪念碑》(1986)，研究其中通过动态形态表达崇高、狂喜与永恒等精神内容的构思等。此外，曹志明的《从情感表达的角度看战争纪念性建筑空间》(2014)也是比较少见的从情感角度切入，讨论战争主题纪念空间且行文思路可以说是有层次感的文章，孟建民先生的《品读——合肥渡江战役纪念馆》(2014)中纪念馆的感性品质也呈现出了鲜明的崇高感特质。

三、“大美感”内容的相关基础

本书以“大美感”而不是具有佛教文化色彩的“庄严感”来指代中国式崇高感，对其内涵的阐释相对也较困难。本书主要基于贺天忠《庄子的大美与康德的崇高之美》(2005)中关于“大美”的论述，强调中国文化中所推崇的和谐性崇高精神，而非西方文化中的抗争性崇高精神。

基于“大美感”视角的纪念性建筑感性形态设计思路的关键性因素是和谐的体现，本书主要基于亚里士多德的《诗学》、汝信主编的《西方美学史》、理查德·帕多万的《比例——科学·哲学·建筑》、曾繁仁的《论希腊古典“和谐美”与中国古代“中和美”》(2001)以及傅熹年的《中国古代院落布置手法初探》(1999)等涉及复杂文化背景的和谐、比例问题等论说进行阐述。我国当代表现中国式崇高精神的相关纪念性建筑形态设计的相关思路主要关注两方面问题：民族性及中国式崇高精神的体现。关于表现民族性等方面的理论参考，主要涉及当代相关建筑设计所体现出的对梁思成先生的《中国建筑的特征》(1954)中阐述的中国“传统”建筑特征的再创造问题，而我国当代表现崇高精神的重要实践构思，如扬州鉴真大和尚纪念堂，主要参照梁先生的《扬州鉴真大和尚纪念堂设计方案》(2002)的相关论述，南京雨花台革命烈士纪念馆、碑以及淮安周恩来纪念馆主要参照齐康的《象征不朽精神 寄托无尽思念——淮安周恩来纪念馆建筑创作设计》(1993)及齐康主编的《城市建筑》的相关论述，黄帝陵轩辕庙祭祀大殿主要参照张锦秋院士的《圣殿记·长安意匠——张锦秋建筑作品集》等的相关论述，由此梳理我国当代表达崇高的纪念性建筑感性形态设计的重要设计思路，此外还涉及如中山陵、平湖弘一大师纪念馆、绍兴鲁迅纪念馆等重要作品。和国家层面的空间叙述角度有所不同的如李立先生的《费孝通江村纪念馆》(2011)，它从空间布局、体量、光色等方面而言都是较亲民的名人纪念馆。

四、悲剧感内容的相关基础

悲剧感的内涵复杂且存在较大争议，本书主要基于马小朝的《历史与人伦的痛苦纠缠——比较研究中西悲剧精神的审美意蕴》、陈瘦竹等的《论悲剧与喜剧》、邱紫华的《悲剧精神与民族意识》的相关内容，区分源自悲剧性的悲剧感以及体现悲剧精神的悲剧感的内涵。

相关形式论主要基于王庆卫的《丑的轨迹——理性视阈中的非理性变奏》、张玉能主编的《美学教程》等涉及“丑”的形式论说以及邱秀文等编译的《矶崎新》中关于废墟意象的论说，而关于死难形态表现的人文尺度问题，略及苏珊·桑塔格的《关于他人的苦》中对展示恐怖图片近乎怒斥性的论说。涉及悲剧感表现的相关灾难纪念的重要实践，如侵华日军南京大屠杀遇难同胞纪念馆，主要参照齐康的《环境的建筑创作构思——“侵华日军南京大屠杀遇难同胞纪念馆”创作设计》(1998)、何镜堂等的《突出遗址主题营造纪念场所——侵华日军南京大屠杀遇难同胞纪念馆新馆工程设计体会》(2002)的相关论述，而柏林犹太人博物馆中涉及情感体验的内容参照张路峰的《体验建筑：柏林犹太人博物馆》。涉及战争主题如甲午海战馆，主要参照彭一刚的《从这一类到这一个—甲午海战馆方案构思》(1995)，文中详尽地阐述了表现“悲”与“壮”的构思立意，美国越战纪念碑主要参照周卜颐的《美国越战纪念碑与青年商会总部的全美设计竞赛》(1991)，建川博物馆俘虏馆的“扭曲”的构思立意主要参照程泰宁的《无形·有形·无形：四川建川博物馆俘虏馆创作札记》(2006)。死亡主题的相关实践如罗西设计的摩德纳公墓的“死亡对生命的否弃”，构思立意与形态创作主要参照万书元的《当代西方建筑美学》的相关内容等。

此外，埃德温·希思科特在《纪念性建筑》中将殡、葬、祭之外的纪念形态几乎都排除在纪念性建筑范畴之外，并主要针对西方当代墓葬建筑沿革、类型进行了相对深入与全面的阐述。此外，姜军的硕士论文《纪念性建筑形式创作中的哀悼情感表达研究》(2010)从实体与空间两方面分析了基于哀悼情感与纪念性建筑形式设计的有关问题，提出了“沉重”、“残缺”、“墓冢”等意象与氛围的营造。郑少鹏先生等的《隐、现中叙述记忆与希望——汶川大地震震中纪念馆创作思考》（2013）阐述了这一特殊主题的纪念馆“隐”而非“显”的构思意象。彭舟的硕士论文《我国地震纪念场所设计研究》（2012）主要基于营造氛围原则、遗址保护原则、注重人性原则、尊重地域文化历史原则分析相关主题的纪念性场所的选址、布局、空间，并结合汶川项目进行综合分析。此外，刘家琨先生的胡慧珊纪念馆（2009）是较罕见的关注最普通孩子的存在和愿望的纪念馆，微小的体量、晦暗的色彩、梦幻的氛围，虽是至朴至简至微的设计，却可以说撼动人心。

五、狂欢感内容的相关基础

狂欢感内涵的阐述主要基于苏联学者巴赫金的相关论述，参考钱中文先生主编的《巴赫金全集》第一卷、第五卷的相关内容，对本书而言，其参考意义在于对“狂欢式的世界感受”的阐述以及其对自由平等而非权威等级的狂欢及狂欢精神的强调。巴赫金主要针对中世纪的狂欢节现象进行论述，相关叙述晦涩、艰深，内容庞杂，其中涉及的重要概念包括狂欢节、狂欢化、狂欢式等，可能出于特定的历史背景，有意规避对狂欢、狂欢精神本身内涵的清晰直接的阐述。

基于狂欢感理论的形式论的重要研究基础包括黑格尔的《美学》及相关研究如宋雄华的《黑格尔论东方艺术的怪诞》（2004）等，怪诞论的重要人物沃尔夫冈·凯泽尔的《美人与野兽——文学艺术中的怪诞》及《巴赫金全集》第六卷涉及“怪诞”论的相关内容，这些论述从不同视角阐述了涉及狂欢精神的“怪诞”的形态特征及其设计的逻辑，成了本书研究相关感性形态设计思路的重要理论依据。涉及狂欢的纪念性建筑实践相对罕见，本书主要从狂欢的视角阐述“意大利广场”的相关设计思路，以刊载于《世界建筑》的《评意大利广场》（1988）等为参考。

六、“欢庆感”内容的相关基础

本书对“欢庆感”内涵的阐述主要基于法国人类学家爱弥尔·涂尔干的《宗教生活的基本形式》中的相关内容，旨在强调“欢庆感”内涵所涉及的严肃与欢乐的双重性寓意，尽管涂尔干的相关阐述所涉及的主题与本书所涉及的主题并无直接关系。“欢庆感”所涉及的纪念主题主要指具有国家性质的庆典，如国庆庆典、千年庆典，相关研究主要集中于社会学研究领域，本书对此概略地涉及。

关于“欢庆感”视角的纪念性建筑感性形态设计的思路问题，主要基于英国学者E·霍布斯鲍姆的《传统的发明》中关于国家庆典基于传统进行“发明”再创造，进而为当代相关场合所用的相关阐述。涉及“欢庆感”的纪念性建筑形态的研究基础，主要包括华东师范大学尹笑非的博士学位论文《民众生活理想的视觉展演——中国民间传统吉祥图像的理论阐释》中关于吉祥的内涵寓意、形态表征类型以及吉祥图像设计的逻辑等内容，成为本书阐述祥瑞形态内涵的主要理论参照，以此来营造国家庆典的纪念场景等；而“欢庆感”涉及的重要实践的理论基础主要是余立先生的《“中华世纪坛”的建筑形象语言》（1999）一文，该文从设计者的视角阐述了世纪坛设计的构思与立意。

七、其他相关基础

此外，上述尚未提及但对本书诸多章节产生一定影响的重要参考文献还包括以下硕士学位论文以及相关文章与论著：

其中包括来自同济大学、天津大学、东南大学、华南理工大学、哈尔滨工业大学、合肥工业大学、南京林业大学等的数十篇以纪念性建筑为中心论题的硕士学位论文等，这些阐述对本书具有启示、点醒、参考及相关实践的线索提供等作用。

依照成文的时间顺序，相关论文包括：东南大学武向兵《略论纪念性建筑》（1989）、东南大学张宏《纪念性建筑》（1993）、天津大学任军《纪念心理在建筑中的体现——兼述苏俄建筑的纪念性格》（2001）、哈尔滨工业大学张炳秀《纪念性建筑主题意义的表达》（2003）、合肥工业大学李小龙《纪念性建筑的文化内涵与文化取向》（2003）、同济大学彭璞《当代纪念性建筑发展的新特点》（2005）、华南理工大学麦子睿《战争灾难博物馆设计研究》（2007）、南京林业大学黄鑫《革命历史纪念性景观的氛围营造研究》（2011）、天津大学张柯达《当代纪念建筑设计手法研究》（2012）、重庆大学董栋梁《纪念性空间场所精神表达的策略研究》（2013）、长安大学殷蕾《纪念性建筑空间的情感表达方法探究》（2014）、中央美术学院梁以刚《纪念性遗址保护与利用探究》（2014）等。此外，本书写作中还涉猎了相关文献，但参考书目尚未列出，并非表示本书对相关成果本身的价值有所判断，而主要是出于本书的感性和情感研究视角的考虑，着重涉及与本书研究视角关系相对密切的成果，仅就本书所获得的相关硕士论文而言，尤其是天津大学、哈尔滨工业大学、同济大学、东南大学等对纪念性建筑相关论题一直比较关注，刊发了一批高质量的论文，使得本书研究受益。

此外，相关阐述与专著，还包括巫鸿先生的《九鼎传说与中国古代美术中的“纪念碑性”》（2009）一文，它关注纪念性建筑形态设计以及纪念性建筑的本质即“纪念碑性”问题，遗憾始终未清晰界定“纪念碑性”这一核心概念的内涵，而其中关于西方纪念性建筑研究现状的记述，已经成为诸多涉及西方文化背景下纪念性建筑研究现状这一问题研究的重要参考。李开然先生所著《景观纪念性导论》（2005）从“意”、“境”、“流”的视角研究关于纪念性景观设计的理论，具有鲜明的理论特色等。在此需特别强调由齐康先生所著的《纪念的凝思》（1996），尽管本书直接援引不多，但它对本书的思路、行文及加深对纪念性建筑的认识等均产生了一定影响。

第四节　研究意义

其一，本书基于感性和情感研究视角，参照相关的哲学、美学、心理学等学科层面的理论论述，研究纪念性建筑形态的设计思路问题，而非一般意义上的设计手法或局限于纪念性建筑设计思维的惯式的研究，期望能为纪念性建筑的设计提供一定意义上的理论参照。

其二，基于情感、价值理论的研究视角对纪念范畴进行概分，这样分类的主要意义在于，以纪念的核心问题即情感问题为着眼点，对内容复杂的纪念问题进行分类、剖析，可相对根本地把握其中的复杂情况，以此展开并得出相对系统且比较清晰的研究。

其三，对纪念性建筑形态研究理论视阈中被淡化的纪念范畴进行研究阐述。纪念范畴并不局限于崇高纪念或者过于以此为重，纪念也并不只有严肃紧张、追忆过往，还有轻快活泼、展望未来，本书在基于感性和情感视角研究崇高纪念的同时，将崇高纪念之外的或者与崇高范畴关系密切但不应简单等同的纪念范畴，即“悲”纪念范畴与被忽视的纪念范畴，即“喜”纪念范畴进行相对独立的理论研究，以期拓展纪念问题研究的理论视阈。

其四，基于感性和情感研究视角，相对深入地研究中、西方文化背景中涉及“崇高感”的崇高纪念、涉及悲剧感的灾难纪念、涉及“狂欢感”的狂欢纪念的感性形态设计思路问题，以期梳理相关思路，也期望对相关设计构思能有一定方向性的影响。

其五，基于感性和情感研究视角，关注并研究我国当代表现中华民族的崇高精神及表现“盛世祥和”、“普天同庆”等宏大寓意的相关纪念性建筑感性形态设计思路问题。一方面强调这类纪念主题的存在以及重要性，另一方面也期望能对相关纪念性建筑设计思路有所启发。

注释

1. 李月恩，王震亚，徐楠．感性工程学[M]．北京：海洋出版社，2009：23.

2，13. 吴杜．感性设计过程中的映射方法研究[D]．10，13-14.

3，5. 李砚祖．设计新理念：感性工学[J]．新美术，2003（4）：20-25.

4. 赵江洪．设计心理学[M]．北京：北京理工大学出版社，2004：25.

6-8. 牛津高阶英汉双解词典（第四版增补本）[D]．北京：商务印书馆，牛津大学出版社，2002：923，954.

9. 现代汉语词典[D].北京：商务印书馆，1992：535.

10. 周春华．侵华日军南京大屠杀遇难同胞纪念馆扩建工程学术研讨会[J]．建筑学报，2008（3）.

11. 余柏椿．城市设计感性原则与方法——人·空间·环境·情感[M].北京：中国城市出版社，1997：12-17.

12. 齐康．建筑·空间·形态——建筑形态研究提要[J]．东南大学学报（自然科学版），2000（1）.

14. 李立新．感性工学——一门新学科的诞生[J]．艺术生活，2006（3）：73-75.

15，17. 乔斯·B·阿什福德克等．人类行为与社会环境：生物学、心理学与社会学视角[M]．第2版．王宏亮等译．北京：中国人民大学出版，2005：118，119.

16. 孟昭兰．情绪心理学[M]．北京：北京大学出版社，2005：8.

18. 朱小蔓，梅仲荪．儿童的情感发展与教育[M].南京：江苏教育出版社，1998：14.

19. 彭聃龄．普通心理学[M]．北京：北京师范大学出版社，2001：355.

20. K．T．Strongman．情绪心理学——从日常生活到理论[M].王力译．北京：中国轻工业出版社，2006：286.

21. M·W·艾森克，M·T·基恩．认知心理学[M].高定国等译．上海：华东师范大学出版社，2004：757.

22. http://www.china1net.com/cinPsychology/XinLiBaiKe/detail.asp?ID=1132

23，27. 谭垣等．纪念性建筑 [M]．上海：上海科学技术出版社，1987：序．

24. 爱弥尔·涂尔干．宗教生活的基本形式 [M]. 渠东等译．上海：上海人民出版社，2000：366-367.

25. 郭于华．仪式与社会变迁 [M]．北京：社会科学文献出版社，2000：2.

26. 齐康．纪念的凝思 [M]．北京：中国建筑工业出版社，1996：2.

28. 童寯．外国建筑史话 [J]．北京：建筑师，1980（5）：183.

29-31. 苏珊·朗格．艺术问题 [M]．滕守尧译．南京：南京出版社，2006：28，30.

32. 复旦大学王艳的博士学位论文《人心之序——舍勒价值论探究》的第 58～61 页、舍勒《价值的颠覆》的第 134～137 页的内容。关于人类的价值诉求等内容主要见于舍勒的《伦理学中的形式主义与质料的价值伦理学》。

33. 关于“神圣性”或“宗教性”，基于德国神学家鲁道夫·奥托《论神圣》的说法，本书使用“神圣性”或“神圣”一词，悬置各类宗教的复杂情况。

第二章

崇高感的纪念性建筑形态

第一节 崇高感的纪念

一、崇高感的内涵

1. 康德论说的崇高感

崇高问题的理论阐述由来已久，发展沿革比较复杂，也存在着争议，其中康德关于崇高感、崇高以及将崇高感与道德联系起来的阐述，至今仍然在学界被认为是诸多崇高论说中无法回避乃至难以逾越的高峰，尽管也认为未臻于完善。本章主要以对康德的相关阐述的分析作为阐释崇高感内容的理论依据，悬置中西学中崇高范畴的差异性辨析问题。

康德认为真正的崇高不包含在任何感性的形式中，而只针对理性的理念，所以辽阔的被风暴激怒的海洋及其令人恐怖的景象本身不能称之为崇高。如果我们的内心要通过这样一个直观而配以某种本身是崇高的情感，那么我们内心必须已经充满理念，这时内心被鼓动着离开感性，而专注于那些有更高的合目的性的理念，崇高感不但与审美主体同审美对象之间的关系有关，更与审美主体更高的合目的性的理念关系紧密。[1]

崇高感作为一种美感是由不愉快或者说是痛感转化而来的一种快感，这种不愉快就是审美主体在极力超越无限的过程中所经受的痛苦或痛感，而崇高感却是一种仅仅间接产生的愉快，因而它是通过对生命力的瞬间阻碍以及紧跟而来的生命力更为强烈的涌流之感而产生的，这是想象力作用的一种严肃态度。对于崇高的愉悦感，与其说包含着积极的愉快，还不如说包含着惊叹或敬重，就是说，它应该称之为消极的愉快。[2] 这也解释了崇高感中痛感产生的原因是在我们的想象力中有一种前进至无限的努力，在我们的理性中却有一种对绝对总体性即对某个真实的理念的要求，因此甚至我们对感官世界诸物的量的估计能力相对的不适合性，也在我们心中唤起了某种超感官能力的情感，因而必须称之为崇高的，是由某种使反思判断力活动起来的表象所带来的精神情调，而不是那个客体。[3] 在这个意义上，康德将崇高描述成那种只能思维地表明内心有一种超出任何感官尺度的能力的东西[4]，这也是康德对崇高的界定。

关于崇高感的根源，康德指出崇高不在任何自然物中，而只在我们心中。[5] 自然界，在我们的审美评判中，并非因其激起恐惧而被评判为崇高的，而是由于它唤起了我们的力量，因此，崇高的根源就在于内心能够使自己超越自然之上的使命本身固有的崇高性。[6] 正是这种基于使命的超越或战胜，才使得自然的不可抵御的恐怖转换成了内心间接的愉快，即同时包含着积极的愉快和消极的愉快[7]，故康德认为崇高不该在自然物之中，而只能在我们的理念中寻找。[8] 也就是说，真正的崇高只在判断者的心中，而不是在自然客体中寻求。[9]

康德把崇高感与人的使命感联系起来：自然界的崇高概念所表明的根本不是自然本身中的合目的之物，而只是对自然直观的可能的运用中的合目的之物，为的是使某种完全独立于自然的合目的性可能在我们自己心中被感受到。对自然的美，我们必须寻求一个我们之外的依据，对于崇高，我们却只需在心中，在把崇高性带入自然的表象里去的那种思想境界中寻求根据，而且康德还强调崇高的理念和一个自然合目的性的理念应完全分开[10]，进而指出自然中崇高的情感的实质并不是真正指向自然的，而是对于我们自己的使命的敬重，用对客体的敬重替换了对主体中人性理念的敬重。[11] 诚如朱光潜先生所说的，崇敬是一种道德情操，康德所说的“理性观念”实际上就是道德观念，认为自然崇高的感觉是不可思议的，除非它和近似道德态度的一种心理态度结合在一起，而康德所列举的力量的崇高的实例都有关道德观念，最受人崇敬的都是不畏险阻、百折不挠的战士，而这种崇敬就是一种崇高感[12]，还认为崇高终究是道德的象征，崇高在主体心中而并不在客体对象中，康德的崇高说强调在审美实质上最终指向的是道德。

2. 恐惧激发的崇高感

恐惧是原始的，也是最基本的情绪之一。亚里士多德认为恐惧是一种由对不幸之事的预感而引起的痛苦或烦躁的感觉，亚氏所指的恐惧主要来自那些会给人带来严重危害的不幸之事。[13]在当代心理学中，恐惧通常被理解为有机体在面临并企图摆脱某种危险情境，却又无能为力时产生的情绪体验。恐惧发生时常有回避或逃避的动作，并伴有异常激动的表现，如心慌、毛发竖立、惊叫等预示危险的面部表情和姿态。[14]恐惧是主体对伤害性危险情境的一种复杂的心理反应过程，适应环境，以获得自我保护。恐惧感不仅是这样的心理感受，往往也在身体状态上反映出来。关于崇高与恐惧感的关系问题，18世纪英国政治家、哲学家埃德蒙·伯克指出，自然界的伟大和崇高所引起的情绪是惊惧，而且恐惧是崇高的最高效果，次要的是钦慕和崇敬。[15]换言之，即恐怖或惊惧正是崇高感的主要心理内容，或者说凡是可怖的就是崇高的，凡是能以某种方式引起苦痛或危险观念的事物，即凡是能以某种方式令人恐怖的，涉及恐怖的对象的，或是类似恐怖那样发挥作用的事物，就都是崇高的来源。[16]在伯克看来，恐怖或惊惧是崇高能产生快感的情感之源。此外，伯克还从审美视角，细致地阐述了诸如作为审美的对象所能引起的恐惧与审美主体面对真实危险时所产生的恐怖的差异等问题，在此不再赘述。

3. 源自崇高的崇高感

崇高问题研究的源流比较复杂，在《崇高美学》序中，复旦大学朱立元教授对西方崇高范畴的流变进行了简明概述：首先，古典崇高论指出了朗吉弩斯崇高论代表着古典崇高的特征，从文章风格出发，强调了理性和理想在艺术中的主导地位，崇高作为一个美学范畴从此产生；其次，近代崇高论指出崇高作为美学范畴的确立是从伯克等人开始的，伯克从人的恐惧感出发，引入了痛感概念，确定了崇高范畴的基本内涵，为康德、席勒的全面阐述奠定了基础；康德的哲学体系中，崇高是从理论到实践、认识到道德、自然到自由的一个极为重要和关键性的过渡环节，强调了崇高的无形式和无限性特征，确立了崇高的对立与超越的特质，并使其与道德伦理联系了起来；循着康德的思路，席勒则把崇高与人性和人的自由解放彻底联系在一起了；而现代和后现代时期崇高论说发生了重要变迁，以另一种形式表现出来，现代艺术反叛了崇高内涵中理性的一面，直接面向存在；在后现代思潮中，以利奥塔德"崇高的美学"为代表的后现代崇高论，深刻地研究了崇高的特征，提出了"崇高是呈现无法显示的东西"的观点，崇高论还在不断地发展着。[17]

此外，美学学者姚君喜先生指出，崇高就是在对立和冲突中走向超越，不论人和自然、人和社会、人和人还是人和自身命运的对立，崇高包含着超越人类自身命运的意义，这首先就是对我们自身有限性的超越，这中间应该包含着道德精神的崇敬感，但又不完全是，更宽泛地说，是一种指向无限的无穷无尽的实现自我的过程，在这个过程中，人不断地意识到自己的有限性，又不断地为无限而努力、追索[18]等。朱立元先生也认为崇高是人的本质力量在经过巨大的异己力量的压抑、排斥、震撼之后，最终通过人生实践，尤其是审美活动而得到的全面的高扬和完整的体现，崇高是一种通过人生实践和审美活动，在真善美与假恶丑的对立冲突中重建起来的具有肯定性价值内涵的审美形态，进而指出崇高对于社会实践的意义不仅表现为一种思想，更具体化为一种特殊行动，是两方面独特的结合，并概述了崇高所涉及的形式、道德、情感、精神境界等内容，认为既包含着形式上的粗犷有力，也包含了审美主体的道德完善，化一种不可能为可能，还蕴涵激烈的情感，从而成了人的一种生存与发展的方式以及人生的理想境界。[19] 此外，学者托马斯·威斯科尔对崇高内涵的界定更加简洁，认为崇高的最根本诉求，就是人能够在言语和情感上超越人性[20]，展现了当代对崇高的一种理解，这样的阐述也在试图摆脱康德式艰深晦涩的崇高论说。总而言之，为了人类、国家、民族等大义目标，克服种种苦难和有限，使人“能够在言语和情感上超越人性”的精神就可以理解为崇高精神。

崇高感本源于崇高，可理解为人类在为崇高事业奋斗的实践中，对自己本质力量的观照和感受，也可以说是精炼地概括了崇高感的内涵；而崇高感对于人类社会实践的意义包括作为人类的一种观念意识，崇高感驱动人们去实践，能动地作用于客观外部世界，使之发生相应的变化。人类的崇高感一旦形成，便具有独立性与能动性，可以通过移情等方式将崇高感的特征赋予外界事物，或者说，通过反射作用，通过外界事物的某些特征使人领悟到崇高之感。这就是崇高感的投射。崇高感的这一功能，会使人们受崇高感的驱使去从事各种崇高的或貌似崇高的实践行动，并获得一个崇高的审美世界。[21] 可以说，崇高感源自崇高，同时又激励人们进行崇高实践，这种基于道德、情操、使命等，在“超越”自身有限性而指向无限的实现自我中所体验的情感，就是源自崇高的崇高感。

关于崇高感的论说比较复杂乃至庞杂，本书基于相关研究，对崇高感的内涵进行一定的理解与分析，以作为研究崇高感视角相关感性形态设计思路的理论基础。

二、崇高感的纪念主题

崇高感所涉及的纪念主题比较多，突出地表现为对英雄的纪念及对战争的纪念这两类主题。一般来说，对这类纪念主题的价值判断通常是“崇高的”，尤其是对英雄的纪念，是人类纪念活动中重要且普遍的主题，表达英雄等纪念主题所蕴含的无限、伟大、永恒的崇高精神等精神内容，并培养与激发人的崇高精神和崇高情感。在纪念中，人们可以通过移情作用等方式将崇高感的特征赋予纪念性场所与建筑，或者说期望人们通过反射作用的方式，由这些被赋予崇高感特质的建筑等媒介性的外界事物使人们领悟到崇高感，这就是崇高感在崇高主题纪念性场所及建筑上的一种投射，这样的崇高感的投射功能，有可能使人们受到崇高感的驱使，去从事各种各样的崇高的实践行动，并进入乃至拥有一个崇高的精神世界。

1. 英雄纪念

作为人类社会生活中同时也是崇高纪念范畴中几乎最重要的纪念主题或对象，“英雄”概念涉及的内容比较复杂，同样，其内涵也存在一定争议。19 世纪英国学者托马斯·卡莱尔在《论英雄、英雄崇拜和历史上的英雄业绩》中论述了英雄的界定、类型及对待英雄的态度等问题，可以说是较权威的英雄论。卡氏选择了具有代表性的六大类“英雄”进行研究：代表“神明英雄”的北欧神话人物奥丁；代表“先知英雄”的伊斯兰教创始者穆罕默德；代表“诗人英雄”的但丁与莎士比亚；代表“教士英雄”的宗教改革领袖路德与清教领袖诺克斯等；代表“文人英雄”的约翰逊、卢梭、彭斯；代表“帝王英雄”的政治领袖克伦威尔与拿破仑。[22]在卡氏看来，“英雄”就是领袖、伟人：凡是一切普通人殚精竭虑要做或想要得到的，都由他们去规范、塑造乃至创造，认为世上存在的一切成就，本来是领袖、伟人的内在思想转化为外部物质的结果，是他们的思想的实际体现和具体化，整个世界历史的精华即伟人的历史。[23]英雄所具有的精神品质包括英雄气概、独创精神、高尚品质——真诚、公正、人道、诚实、不虚假[24]等，关于对待英雄的态度，卡氏强调伟人是最值得敬仰的对象[25]，而崇拜就是对真正伟大和贤明的人物的敬仰和服从[26]，并认为只要有人类存在，就永远会有英雄崇拜。[27]关于英雄崇拜所激起的情感，卡氏指出：在人们的胸怀中，没有什么比这种对高于自己的人产生的敬仰更高贵的情感，英雄崇拜，即以无比的炽烈之情衷心敬仰与膜拜一位神一般的最崇高的人物。[28]卡氏英雄论多少存在些局限性，包括英雄类别划分依据仍然略显模糊，如诗人英雄与文人英雄范畴实际上关联密切、政治英雄也不能全然等同于帝王英雄，此外，译者也认为卡莱尔这样的认为世界历史是伟人的历史的英雄论将英雄人物的作用片面夸大加以绝对化了，否认了人民群众是历史创造者[29]，尽管如此，卡莱尔的“英雄”即伟人、即领袖的英雄论说仍然影响深远。

中国近代学者贺麟先生在其《论英雄崇拜》中借鉴卡莱尔的“英雄”论指出了英雄与中国传统“圣贤”的差异，提出了中国式的英雄论：英雄，概括来说，就是伟大人格，是永恒价值的代表者或实现者。永恒价值是指真美善的价值，能够代表或实现真美善的人就可以叫做英雄。真美善是人类精神文化最高的理想诉求，所以英雄是人类文化的创造者或贡献者，也是使人类理想价值具体化的人。[30]贺先生主要从价值观视角把握英雄内涵的实质，并强调了中国传统文化中的英雄观，尤其是圣贤崇拜，对于当代社会生活的意义：英雄不但指豪杰，而且包括圣贤在内。过去中国特别崇拜圣贤，因为中国特别注重道德，所以特别崇拜道德价值的实现者。英雄的含义比圣贤的含义更广，包括文人、宗教家、道德家、政治家、科学家和预言家。[31]贺先生明确提出，当代的英雄崇拜更应凸显“战斗性”和“奋斗性”，而非“圆满性”，认为与其提倡圣贤崇拜，不如提倡英雄崇拜，比较能显示近代精神[32]，因为英雄崇拜比圣贤崇拜更积极，更有生气，更有战斗的精神。圣贤表示静穆与圆满，而英雄却表示战斗性和奋斗性。[33]贺先生的英雄论和西方文化背景的英雄论在英雄的核心价值论上更具有类似性。

此外，当代学者王斑先生通过剖析“英雄”诠释了威斯科尔式的崇高论，认为崇高的最根本诉求，就是人能够在言语和情感上超越人性，指出：“不管那个领域是什么，我们可以大致把崇高看作是文化启迪与提升的过程，对个人和政治圆满的崇高的奋力追求，阻挡危险与威胁的身体防御机制，供大众效仿的不断更新的英雄人物，而正是依靠这些过程与形象，我们净化并压抑一切带有人性色彩的特性，如食欲、情感、理智、感官、想象、恐惧、激情、欲望、自利等，由此，世俗的人性就升华成了超人甚至非人。”[34]他还指出英雄即“超人”，甚至“非人”，尤其是作为纪念对象的英雄，更易于被超人化甚至非人化。

在英雄纪念范畴中，较特殊的是悲剧英雄，为了国家民族大义而牺牲的革命烈士、为科学发展而捐躯的英雄人物等，悲剧英雄的内在品质是崇高，悲剧英雄是崇高的最高表现形式之一。崇高悲剧英雄的核心价值是高度体现了悲剧精神，而悲剧精神的核心内容并不是悲剧中的死难或苦痛本身，而是抗争、牺牲精神。如席勒将悲剧看作是一种英勇反抗苦难的形式，通过这种反抗，让人们感觉到自由和理性的存在，从而将悲剧英雄提升到康德式崇高的地位。[35]又如美国戏剧理论家柯列根所说，当我们想到悲剧英雄人物时，首先就想到他们的精神的伟大、高贵，我们爱慕悲剧英雄，因他们反抗命运的力量。[36] 关于悲剧英雄的形象对情感的激发，戏剧理论家陈瘦竹先生指出，如果悲剧主角真是英雄人物或正面典型，为了美好的理想和崇高的事业而与黑暗势力进行英勇顽强的斗争，最后不幸失败甚至死亡，那么悲剧引起的感情不是怜悯和恐惧，而是强烈的爱与憎，对于悲剧英雄的崇敬和仰慕，对于黑暗势力的仇恨和鄙弃，从而使人受到鼓舞，增强斗志。[37] 悲剧英雄在多舛命运、沉重苦难、巨大灾难中所表现出的无私无畏、视死如归中实现与升华自己，从而成为国家、民族乃至人类追求真、善、美和理想幸福的象征，而抗争性的悲剧精神正是悲剧英雄激发人们崇高感的根源。

这些阐述不仅基本界定了英雄的类型，尤其是贺麟先生的英雄论，更明确地指出了英雄的核心内涵即能够代表或实现真善美的人及英雄身上所体现出的战斗性、奋斗性或者柯列根所说的反抗性、威斯科尔所说的超越性，本质上“英雄即崇高”，这也是作为崇高纪念主题的英雄的核心内容。

无论不同文化背景中英雄的内涵存在着怎样的差异，作为纪念对象的英雄，已经不仅仅局限于伟人或政治权力，而对英雄的纪念也是英雄崇拜的重要形式，通过纪念强化了英雄在社会生活各方面的象征性的偶像、权威地位，相关纪念突出表现为对作为政治英雄的贡献杰出的国家领导人的纪念，对作为知识英雄的杰出科学家及其伟大事业的纪念以及对作为文化英雄的艺术家等的纪念等，被纳入纪念范畴的“英雄”往往因为文化背景的差异、价值判断标准的差异等而具有一定的民族性、时代性等，呈现出复杂的价值判断，如有的文化背景中的“英雄”在不同的文化背景或时代背景中可能被视为“罪魁”，有的英雄能够赢得近乎全人类的尊崇与纪念。

在中国当代社会文化背景下，崇高感所涉及的英雄纪念突出地表现为对伟人、烈士、先祖等的纪念，其中对中华民族英雄的纪念包括对毛泽东、周恩来、邓小平等伟人的纪念，对老一辈军事家、革命家、革命烈士的纪念，对社会各界精英的纪念以及对历史英雄、先祖的纪念等。艺术家刘开渠先生曾指出，纳入纪念范畴的诸多英雄人物，也从一个侧面反映了中国当代“英雄”纪念的典型纪念对象，包括老一辈革命家和著名政治家、军事家、文学家、艺术家、科学家、运动员、英雄模范人物[38] 等。“大美感”涉及的纪念主题也大致如此，有学者认为这样的英雄纪念范围的确立脱离了过去比较狭隘的革命领袖或工农兵的窠臼，把文学家、艺术家也纳入到了国家主持的公共纪念性雕塑建设规划中，这种思路的变化从一个侧面反映出了新中国成立后历史认识的变化。[39]

关于崇高英雄纪念的意义，诚如贺麟先生所说，英雄崇拜的意义包括培养高尚的人格，体验伟大的精神生活，增进学术文化和发展人格等方面。[40] 贺先生侧重以学术文化与人格发展谈论英雄崇拜的意义；而卡斯滕·哈里斯指明了英雄纪念的标榜与承继榜样的意义，指出铭刻碑文的纪念柱给予死者以荣誉，使得生者不仅记住了牺牲的英雄，而且直面自己的死亡问题，并且通过思忖牺牲英雄的生命意义来推度自己生命的意义，还进而将英雄作为榜样，继承英雄的遗志[41]；苏联艺术家穆希娜指出，对英雄的纪念与人民的理想、国家的理想关系密切，认为真正的纪念碑不可能不符合人民的思想，而且总是反映着人民的理想，纪念碑实质上体现了崇高的国家理想，使在战争中为和平事业献身的英雄人物永垂不朽，应该成为城市建筑群体空间的中心点，进而成为人们心理上的中心点。[42] 崇高英雄纪念的根本意义不仅在于纪念对象及其事迹本身，更在于所起到的榜样作用，以彰显生命的意义和弘扬崇高的理想等精神内容和情感。

我国当代崇高英雄的纪念及其意义包括纪念那些历代革命领袖和民族英雄，如伟大的革命家、思想家、科学家、政治家、军事家、文学家、艺术家等，这些国家和民族精英在政治、军事或在科学、文化的某些方面，做了有益于人民的事情，为谋取民族独立和人民解放而进行民主主义革命，对社会主义建设乃至对民族发展和世界文明都有着不同程度的贡献，因此，他们在广大人民群众中永远不会被遗忘，人民采取各种纪念形式来纪念他们。[43]纪念的根本宗旨是传承、培育和发展以爱国主义为核心的民族精神这一艰巨而光荣的使命[44]。

2. 战争纪念

战争是崇高纪念范畴的另一类重要纪念主题，德国军事理论家及历史学家克劳塞维茨认为战争是迫使敌人服从我们意志的一种暴力行为[45]，进而揭示了战争与政治意图之间的关系：战争不仅是一种政治行为，而且是政治交往的继续，是一种真正的政治工具，是政治交往通过另一种手段的实现。要是说战争有特殊的地方，那仅仅是它的手段特殊而已。战争是手段，政治意图是目的。[46]毛泽东也指出，战争是从有私有财产和有阶级以来就开始了的，用以解决阶级和阶级、民族和民族、国家和国家、政治集团和政治集团之间在一定发展阶段上的矛盾的一种最高的斗争形式[47]，认为从没有不带政治性的战争，明确提出了"战争就是政治"的著名论断。

战争总是与政治意图联系起来的，而且是人类冲突的最高形式，往往由于价值观念、政治立场、文化背景等差异，不同民族、国家、群体乃至个体对战争的性质所作出的价值判断会表现出明显的差异性，对同一战争可能会存在截然相反的价值判断和情感态度。任何战争的发动总有其"合理性"、"合法性"，而对战争的价值判断的尺度问题本身也比较复杂，大致而言，凡是促进人类和谐发展的则是"进步"的战争，逆历史潮流而动的则是"反动"的战争，而崇高的战争纪念必然与民族理想、国家大义等宏大内容联系起来。作为人类社会巨大冲突的战争，其意义存在着复杂性与矛盾性：崇高或耻辱、荣耀或悲壮、正义或残酷、新生或毁灭等，而对相关战争主导性的价值判断，则成了影响相关纪念性建筑感性形态设计的关键性因素。本章所涉及的战争纪念主题通常指的是肯定性的"崇高的"战争。

我国当代的战争纪念突出地表现为对中国革命战争的纪念以及对其他重要战争的纪念。中国革命战争指的是革命的阶级战争和革命的民族战争[48]，而相关纪念的核心意义恰如毛泽东所说的中国革命战争的重大意义，包括纪念中国共产党艰苦奋斗的经历、纪念几十万英勇党员和几万英勇干部的流血牺牲、歌颂中国共产党在革命斗争中的伟大的历史成就、彰显中国共产党领导的光荣的胜利。这个战争不但是解放中国的旗帜，而且具有国际的革命意义[49]等崇高内容。

三、崇高美学即权力美学

波兰学者埃娃·多曼斯卡曾说，崇高的美学实际就是以权力为核心的美学[50]，说明了崇高美学与权力的密切关系，并解释到我们事实上是与一种"关于崇高的意识形态"产生着关系，而这种意识形态作为一种政治目的通过操纵有效的解释手段而发挥作用[51]，无论是英雄的纪念，如政治英雄、知识英雄、思想英雄、文化英雄等，还是被认为是"崇高"的战争纪念，无不是在彰显纪念对象的权威性力量，以供民众尊崇乃至崇拜，且崇高纪念往往与政治意图紧密联系，从而具有鲜明的官方性。"崇高的美学实际上就是有关权力的美学"可以这样理解：具备崇高美学特征的形态可以看作是权力的象征。多曼斯卡所说的崇高美学实际上涵盖了经典的、具有权威性的"美的"美学的相关内容，包括美的整一、和谐等相关形式规则。

四、基于“抗争力量”的崇高感形态设计思路

根本而言，崇高感来源于抗争精神，也就是为了人类、民族、国家等大义或大益，克服万难、反抗强暴等思想及实践中所表现出来的最强正能量，崇高的本质即抗争、拼搏。一般来说，崇高的英雄和事件，常常是取得了合社会目的性的结果的。纪念涉及背景、主题、纪念对象与激发精神的对象、环境、建筑、体验等复杂的因素，崇高感的纪念性建筑形态可能主要关联或者突出地表达以上某一个因素或某种综合状态。基于观念中关联程度的强弱，通常崇高感的相关设计思路主要有两方面表现：一方面，相关设计常常会突出地表现“崇高的对象”，如英雄的形象及崇高精神等；而另一方面，有的设计也会表现“激发崇高的对象”，如通过营造抗争困难的情境，表现纪念主题。崇高的本质更在于其中的精神特质，正是基于这样的认识，纪念性建筑崇高感形态的设计，除了已经被普遍采用的模式化方式以外，更接近精神内涵的设计思路是表达这一抗争、拼搏的力量。下文涉及源自拼搏与抗争精神的崇高感感性形态，主要从三方面内容展开阐述，包括整体层面的“数大”、结构层面的“力大”及表征层面的光色“晦暗”，略及质感的“粗粝”。

第二节　“数大”

这里主要以康德的崇高论作为阐述崇高感视角相关设计思路的理论基础，康德将崇高分为数学的崇高和力学的崇高这两类。数学的崇高主要涉及的是对象的体积，即对象体积绝对的大、无限的大等；而力学的崇高主要涉及的是对象的威力的强大，二者的差别主要在于阐述视角的不同。

一、“数大”的内涵

本节所研究的“数大”即“数学的大”，主要基于康德所说的“数学的崇高”理论，是对崇高的对象的体量的“大”和数量的“大”这两类感性品质的概称，由此研究相关纪念性建筑形态所呈现的体量的“大”与数量的“大”这两方面内容。

康德的“数学的崇高”的阐述比较复杂，这里援引薛永武教授的相关分析，对康德的相关论说进行一定的解读。在康德看来，因为崇高的事物体积的绝对大，使人的感官不能把握其整体，但人的理性却要求对其进行把握，所以理性通过想象力去把握崇高事物的整体，从而引起了心意诸力和谐的自由活动，这样人由感性把握受挫产生的痛感，逐步转化为理性引导想象力而达到自由驰骋的崇高的快感。这在本质上体现了人对崇高事物的驾驭和超越。自然中的某些事物，对我们的感性和数量逻辑判断而言是无限大的对象，但当它和我们的理性观念相比较被估量为小，从而激起了人可以掌握自然的伟大的使命感时，这就是数学的崇高。数学的崇高及其崇高感可表示为“崇高的事物→审美感官难以把握→产生痛感→理性观念引导想象力自由驰骋→掌握崇高的事物→产生崇高感”[52]，在这个理解的基础上，对数学的崇高及其感性形态的设计思路可以作以下分析：

首先，崇高事物的性质方面：崇高的事物体积的绝对大中的“绝对大”，是指“无限大”，也

就是“大”，根据康德的说法，是指完全地、绝对地，在一切意图中，超出一切比较，称之为大。[53]关于“大”与崇高的关系，主要涉及两方面的阐述：从“大”的方面看，如果人称某物为大，这样的大超越了任何可以比较的视角、度量、尺度等，从而呈现出绝对的大，这就是崇高，而从“小”的方面看，崇高是一切与之相比的事物都比它小的事物。大致上就其本体而言，这里的大并不是一般意义上的大，所谓数学的崇高中的“大”即“无限”，是一种全然伟大的事物。

其次，审美感官难以把握阶段：从人的视角而言，“大”超越了人的感官的感受能力，超越了一切比较和度量的“大”，即崇高的事物体积的绝对“大”对人产生的作用是使感官不能把握其整体。

其三，产生痛感阶段：人在自然的“大”面前认识到了自身的“有限性”，由此产生受挫的痛感，而关于这种痛感对于崇高感的意义，康德认为，作为审美对象，崇高就被作为某种愉快来接受，而这种愉快只有通过某种不愉快才可能产生。[54]

其四，理性观念引导想象力自由驰骋的阶段：由于人的理性有着希望能够估量对象整体的强烈愿望，在“无限大”的对象的激发下，作为主体的人唤起了内心的“理性观念”，这种理性观念就是对于我们自己的使命的敬重，如我们通过某种转换向一个自然客体表示出这种敬重，用对客体的敬重替换了对我们主体中的人性理念的敬重。[55]纪念性建筑正是起到这样作用的一类客体。

最后，掌握崇高的事物和产生崇高感的阶段：正是由于对“使命”的敬重，这里的使命与康德所指的道德关系密切，才使得自然中的某些事物对我们的感性和数量逻辑判断而言是无限大的对象，但当它和我们的理性观念相比较被估量为小，从而使人超越了对象的“大”，产生了人的“优越性”时，就生成了崇高的快感。在这里，康德反复强调真正的崇高并不在自然对象上：“谁会愿意把那些不成形的、乱七八糟地堆积在一起的山峦和它们那些冰峰，或是那阴森汹涌的大海等称之为崇高的呢？”[56]崇高不该在自然物之中，而只能在我们的理念中去寻找。[57]康德所说的这些山峦、冰峰、大海乃至自然界中的峡谷、星空等本身并不是崇高的，而是崇高的对象或崇高的事物，或可以理解为是激起崇高感的媒介，相关主题的纪念性建筑感性形态就是这类激起崇高感的重要媒介。

基于“数学的崇高”，“数大”的纪念性建筑形态，主要表现为“体量”的大，相当于体积的“大”以及数量的“大”，这两类基本的纪念性建筑形态特征，可以说是和自然的崇高对象有一定相似性，而且是由人所“创造”出的形态，基于“数学的崇高”及其客体特征的描述，可以对强调“体量”的大与数量的“大”等感性品质的相关思路，作出一定哲学层面的理论阐释。

二、体量的“大”的崇高感纪念性建筑形态

体量的“大”所指的“体量”包括实体、空间的体积或体量以及场所的阔大、空阔等方面，朱光潜先生指出，伯克认为体积的巨大如海洋是形成崇高的对象的主要“感性性质”[58]，巨大的事物如崇山、深谷、海洋、星云等再附加人的恐怖观念，使其在人的心中变得“绝对的大”、“无限的大”，在英雄等纪念主题中，常常通过纪念性建筑形态体量的“大”来表达与激起崇高感。中西文化中都有关于纪念性建筑通过体量的巨大来表达权力的言说，如刘易斯·芒福德曾提到中亚地区大型庙宇的建立是以其庞大的建筑体量及象征意义的威慑感完成了神权同世俗权力的联合，还有庙宇华美壮丽的装修，都足以证实这时期神权和王权的浩大。[59]在萧何对汉高祖刘邦所

说的"天子以四海为家，非壮丽无以重威，且无令后世有以加也"的名言中，"壮丽"与"重威"之间，在观念和实际效果中，存在着"必然"的广为认同的联系，壮丽即宫室给人的感受及其形态表现，而重威则是目的。关于尺度的"大"、体量的"大"与形象的伟大之间的本质差异，谭垣先生认为纪念性建筑经常运用庄严、伟大的形象来表达，然而表现伟大并不是把超尺度、超体量的巨大和伟大的形象混为一谈[60]，强调这两个概念本质的不同，尺度、体量的巨大属于具体的形态特征，伟大形象则属于观念或精神范畴，指观念中纪念对象的崇高伟大，但谭先生并非否认前者常常是用以表现后者的有效方式。概言之，通过体量的"大"以形成超人尺度的纪念性建筑来确认自身强大权力的存在与合法以及表现权力、精神、制度、功业等的威力与永恒，可以说是古今中外权贵普遍选择的表现权力的方式。

任军先生也曾阐述过巨大体量对于纪念的意义，宏大形象与自然天体间存在着"空间→永恒←时间"的关系，是永恒共性把它们联结在一起的，尤其在立面构图上，通常使用三角形、梯形等稳定向上收缩趋势的图形来表达与上苍无限接近的意图。三角形类既是一种构图，也是本书所分析的整体性感性形态的一种表现形式。选择这类整体感性形态很可能是在模仿与再现自然，用自然界中"永恒"的山脉感性形态特征赋予纪念对象以永恒的特性，这是个心理与原型形式的转换过程，不仅大量久远的建筑采用了这一永恒形式，而且沿袭至今。[61]由此可以理解为对自然的崇高对象的巨大形态的模仿或再现是相关纪念性建筑形态的重要设计思路。刘滨谊先生等曾提及纪念性景观"巨大"、"单一"、"重复"的形态特征，"巨大"可以在空间上占领人类的心灵，而"重复"则是从时间上占领人类的心灵。在"巨大"和"重复"之间，"单一"是最有效的手段。色彩的统一，能够创造完整的背景空间；形式的单纯，可以摒除零散的非理性事物。巨大的尺度往往代表超人的能力和不可知的来源，体量的超常在先民心中似乎能够蕴涵神秘与力量，而具备这种力量使他们获得安全感和成就感。[62]关于上述论说，从康德的崇高论视角而言，"大"能够激起崇高感，但"单一"与崇高感是否存在某种近乎必然的关系，可能难以定论，尽管在相关纪念性建筑中常常如此，而"重复"则与数量的"大"关系密切（图 2-1、图 2-2）。

这类影响深远的具有经验性特点的观念，形成了"巨大"→"崇高"→"权力"之间强烈而稳定的关联。彭一刚先生曾通过呈现出理想中的表达并激起崇高感的体量的"大"的崇高意象，作为相关纪念性建筑形态设计基本原则的图示，并提到在苏联建筑杂志上看到由建筑师和雕刻家共同创作的马克思纪念碑时，被唤起了一种崇高的感受。[63]在一幅可尽兴尽意的崇高意象图示中，伟人巨像的"大"的尺度感，不仅来自像本身的巨大体量，更是通过小如蝼蚁般的朝拜者的尺度及其与所处环境的尺度关系，包括阶梯的尺度而被凸显出来，图中展现了康德式崇高的客体所具有的几乎所有重要特征：体量的"大"、力量的"大"、重量的"大"及逆光中伟人像周围所呈现出的神秘光影变化和气氛，也是"晦暗"的（图 2-3）。

此外，在当代崇高主题的纪念性建筑形态设计中存在着一种重要趋势是规避、放弃或否定通常意义上的"大"的形态，如华盛顿罗斯福纪念园等。这一问题比较复杂，由此来看，是否呈现出"大"的纪念性建筑形态的生命已经结束？本书对此持怀疑态度，实际上，至今"大"的观念不仅影响着纪念性建筑的设计，且仍然深刻影响着其他建筑类型的设计。"大"有时具有一种城市性，如崔愷先生在谈到首都博物馆的巨大门厅何以恰当的问题时说到北京现在的建筑，相对其他城市是宽大的、高大的，如果说北京形成了什么特色，那就是"大"，这不是规模的问题，但对于北京这座全国的政治中心和文化中心城市来说，这样的尺度是合适的。[64]

图 2-1　体量巨大的实体表现：埃及金字塔
（来源：S·劳埃德等．世界建筑史丛书——远古建筑 [M]．高云鹏译．北京：中国建筑工业出版社，1999：97.）

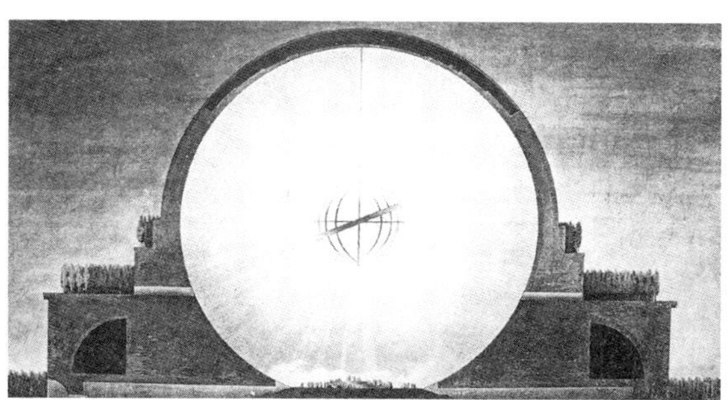

图 2-2　体量巨大的空间表现：布雷设计的牛顿纪念馆
（来源：埃德温·希思科特．纪念性建筑 [M]．朱劲松等译．大连：大连理工大学出版社，2003：20.）

图 2-3　体量巨大的雕塑意向：马克思崇高巨像意象
（来源：彭一刚．创意与表现 [M]．哈尔滨：黑龙江科学技术出版社，2002：206.）

1. 绝对体量的“大”

对纪念性建筑形态而言，体量的“大”并非仅仅指绝对形体尺寸的巨大，更是指相对于人的尺度、感受等而言的尺度的“大”。关于尺度，彭一刚先生指出尺度所研究的是建筑物的整体或局部给人感觉上的大小印象和其真实大小之间的关系问题[65]，认为比例主要表现为各部分相对数量关系之比，可不涉及具体尺寸。尺度则要涉及真实大小和尺寸。建筑中的尺度是基于与其他东西的对比中人对整个建筑、房间或建筑局部尺寸的概念，对比物可以是具体的物，也可以是观念，如对物体大约尺寸的估量。[66]建筑的尺度具有主观的特性，不仅与人的感觉有关，而且与人体的物理尺寸有关，人体是衡量建筑尺度的最好的参照物。[67]

超人的“大”尺度常常作为纪念性建筑包括宗教建筑用以表达崇高、神圣的方式。呈现出“大”的纪念性建筑形态主要通过两类基本尺度状态表现出来：绝对尺度与相对尺度的“大”。前者主要基于纪念性建筑形体绝对尺寸的巨大，纪念物往往呈现出借助自然的崇高对象如山岳等所具有的巨大尺度等感性特征，后者主要采用小尺度的衬托等方式在感知及想象中加以夸大。

绝对尺度体量的“大”的纪念性建筑形态主要呈现出“体量巨大”、“体积巨大”、“场所阔大”、“场所宽大”等状态。其中体量巨大既强调巨大的体量感，又强调巨大的重量感；体积巨大侧重于表现巨大的体积感；场所阔大主要表现纪念性场所的宏敞、阔大等；场所宽大主要表现纪念性场所的宽阔等，突出地表现为道路、轴等线性纪念性场景的宽大。

呈现出典型的体量巨大特征的作品如德里圣雄甘地纪念碑，如同圣雄一样，纪念碑将伟大寓于平凡之中，选择了简单直白却坚实、有力量的几何体构筑物。纪念地堆起一座金字塔，顶部敞开，大树围成院落。四周有类似隧道的通道通过院落，有些类似我国汉代帝陵的四出墓道，院中心由四道矮墙围护着黑色大理石纪念碑，矮墙的设置一方面亲民，另一方面可以反衬出纪念场所和碑的巨大体量，类似天坛寰丘矮墙的作用和效果。设计试图以具有民族文化传统的简洁、肃穆、宏大的几何体量感又具有亲切感的纪念场景来纪念伟人及其理想的不朽（图 2-4）。[68]

纽约“哥伦布环”方案展现了通过体积的巨大来表达崇高、伟大的探索精神。哥伦布环主要由类似经纬线的线形钢构架所形成的体积巨大的半球形地球仪形状以及类似环绕地球的坡道构成，地球中心为已有的哥伦布纪念像，而“环绕”和“地球”的形态呈现契合着纪念主题。这类

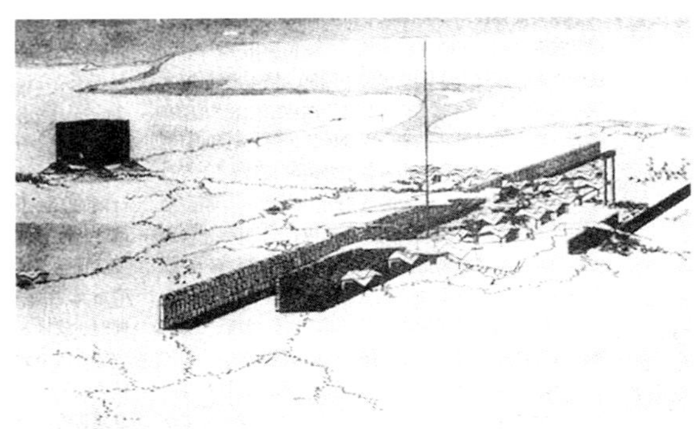

图 2-4　体量的巨大：德里圣雄甘地纪念碑
（来源：V・G・布塔．德里圣雄甘地纪念碑，印度[J]．世界建筑，1991（2）：59.）

图 2-5　体积的巨大："哥伦布环"
（来源：韩国建筑世界杂志社．前卫建筑师 雷法尔・维尼奥里[M].水润宇等译．天津：天津大学出版社，2002.）

体积巨大但轻盈的形态与崇高感的关系，可以说是通过空间的宏大感来表达崇高性，而非借助巨大的重量来表达崇高（图 2-5）。[69]

纪念美国西部大开发的环境设计方案"犁的纪念碑"展现的是纪念性场所的阔大与宏伟，野口勇先生的概念源于在美国西部开发过程中起过重要作用，并对那里的人们来说具有重要意义的钢制犁，纪念碑的尺度"非常巨大并具有乌托邦式的理想"，基本形态被设计成金字塔形，其基础部分周边长达 1200 英尺，而且在这个三面金字塔形的土地上，第一面将种植小麦，第二面将被设计成犁耕过的土地，第三面的一半面积保持休耕状态，另一半则为可以攀爬的不锈钢犁。这座的纪念碑，不仅概念化地放大呈现了大开发的重要工具，同时也是大开发场景的缩影，以体现其中蕴涵的力求发展、奋进等崇高精神（图 2-6）。[70]

"场所的宽大"如通过街道等的宽大来表达崇高，过于宽大的街道往往并不是因为城市实际交通流量的需要，而主要是通过"宽大"来满足统治者宣扬权力的崇高、神圣等精神需要。[71] 科斯托夫也指出，宽大的仪式性街道往往象征着至高无上的权力，就权力表演而言，以壮丽风格的手法设计街道成了城市场景的永久性布局。道路必须既宽且直，包含刻意的仪式性，为渲染政权的合法性，则启用了以物质形式表现权力的各种手段，我们所关心的对象是那些用来展示权力和组织仪式性并且为此而借用的历史。[72] 在我国古代城市建设中也有相似观念及表现，以体现诸如皇权的存在、合法及崇高与神圣，又如希特勒时期的德国柏林，由施佩尔规划的南北轴线大道（图 2-7），斯大林时期莫斯科的中央大道等。对此，科氏在《城市的形成》中有着深刻阐述。此外，明十三陵、华盛顿特区中轴线区域也都是场所阔大的经典案例。

此外，采用绝对尺度"大"的巨像是崇高纪念性建筑感性形态重要且普遍的表达方式，这类巨像共通的特征通常包括体积巨大、厚重及强调垂直性等，以此展现伟人、国家精神等重大纪念主题。如美国拉什莫尔国家纪念碑所呈现的巨大与崇高，彭一刚先生曾说到该纪念碑的感人之处，借助拉什莫尔山峰的形势和起伏变化，雕刻了四位总统的气势磅礴、尺度巨大的头像。关于巨大体量所激起的情感效果，先生指出，不仅表达了主题，而且还使人们的情绪受到震撼，认为任何一位普通的美国人只要身临其境，都会情不自禁地产生一种自豪感[73]，这也是呈现巨大重量感的经典作品（图 2-8）。《苏维埃建筑》中描述了苏维埃宫通过巨大的体量，来表现永恒和宏伟思想主题的构思，指出设计力图通过巨大的体量来表现永恒和宏伟的思想主题，由此设计了一个独特的以建筑为基座的多层巨大而高耸的构图，顶上再安放列宁巨像，创造了一个动态又稳重的中心构图，一个由一套严格的比例体系组成的、质感纹理丰富的、几乎用雕塑手法完成的构图。连同塑像在内，苏维埃宫这个四百余米的巨大垂直体，在多年内一直被看作是莫斯科的一个重要制高点（图 2-9）。[74] 此外，诸如朝鲜平壤“金日成读书处”前的金日成巨像（图 2-10）、中国北方某市毛泽东纪念像（图 2--11）等都采用了巨像这类较普遍的表现崇高伟人的方式。

2. 相对体量的“大”

形成相对尺度的“大”的体量本身的绝对尺寸不一定要大，可以通多种方式呈现出相对的“大”，如张雷先生设计的溧阳新四军江南指挥部纪念馆即属于通过把握尺度的相对性而获得“大”的效果的作品。纪念馆的建筑形态表达包括疆场烽火、民族忠魂等崇高主题，主要通过两方面来实现：体量方面通过强调纪念馆整体性体量以及相对所处环境中的尺度参照物而言的大尺度来呈现“大”：纪念馆的绝对体量尺寸并不算大，但对空阔的环境以及相对于周边中小尺度的

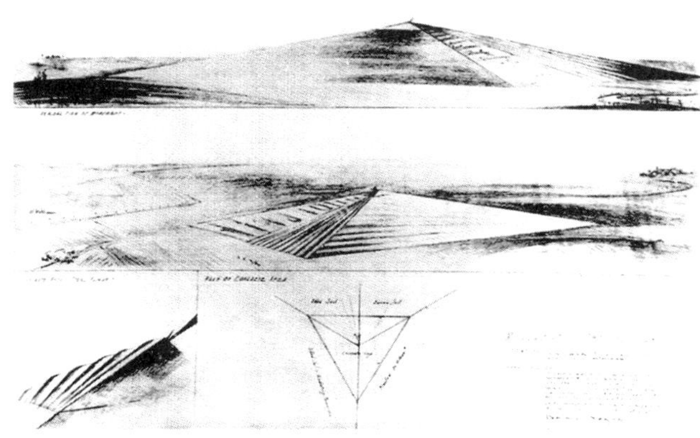

图 2-6　场所的阔大：“犁的纪念碑”
（来源：李正平．野口勇[M]．南京：东南大学出版社，2004：4.）

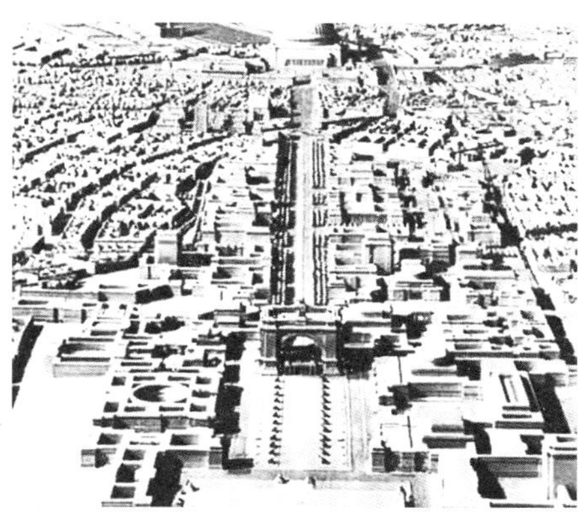

图 2-7　场所的宽大：南北轴线大道
（来源：http://www.ke263.com/news/2554.html）

图 2-8　美国四总统巨像
（来源：http://club.news.sina.com.cn/thread-81054-1-1.html）

图 2-9　苏联列宁巨像
（来源：Sergiusz Michalski. The Social System, Public Monuments: Art in Political Bondage 1870-1997.Free Press, 1998：119.）

纪念物诸如碑林、雕塑等而言，具有相对大的尺度感；另一方面，建筑界面主要通过呈现出碎片化、冲突性的形态构成以加剧并夸大主体建筑失真的尺度感，从而呈现出相对的“大”：“石质的永恒意象被一张由碎片连缀起的表皮所被盖”，使得整个建筑犹如一座横卧江南水乡，经过岁月雕琢的丰碑（图 2-12）。[75]

又如宾夕法尼亚大学富兰克林纽扣形纪念碑，是另一种相对尺度的“大”的表现，以直径达 5 米的巨大纽扣作为纪念物，源于富兰克林因身躯肥硕而崩落了大衣纽扣的故事，“大”的感受也主要基于对这个故事的联想。5 米纪念物本身的绝对尺寸体量感也并不大，很难让人体会到“绝对大”的感受，但比起实际的尺寸，可以说是巨大的，由富兰克林纽扣之大，进而联想到富兰克林的身躯、形象、地位、精神等的伟岸与巨大（图 2-13）。人们还可以坐靠在上面休憩、阅读，这种人与纪念物的接触式关系可以说表达了普通人和伟人之间的亲近关系，通过幽默、亲切、平和的方式来表达对伟人的敬意，而与一般严肃性纪念物所强调的垂直、距离、仰视等状态相异。

图 2-10　朝鲜金日成巨像
（来源：http://news.10jqka.com.cn/20120723/c528497665.html）

图 2-11　中国毛泽东像
（来源：http://news.sina.com.cn/468/2008/0520/259.shtml）

图 2-12　相对体量的“大”：江苏溧阳新四军江南指挥部纪念馆外墙肌理
（来源：胡恒．历史即快感——张雷设计的江苏溧阳新四军江南指挥部纪念馆[J]．时代建筑，2008（2）：84.）

图 2-13　相对体量的“大”：富兰克林纪念碑
（来源：黄健敏．百分比艺术·美国环境艺术[M]．长春：吉林科学出版社，2001：121.）

三、数量的“大”的崇高感纪念性建筑形态

“壮丽”和“无限”都是崇高的来源。如伯克认为壮丽也是崇高的来源之一，本身辉煌、有

价值的事物是壮丽的，而数量的“大”是形成“壮丽”的一个重要原因，如繁星点缀的无垠夜空常常会使人产生壮丽的感受，而无限性可以说是崇高的根本性质，任何崇高的形态都可以看作是对崇高无限性的表现，从形态的视角看，无限与数量的“大”关系密切，即“无限”与“壮丽”是相通的，都侧重于数量的“大”，而且相关纪念性建筑形态中“无限的数量”也有相对性。“无限”对于“崇高”的意义在于人们在观察事物时，想象力总会适时地参与其中，猜想某些不确定的信息，随着所摄取的感性材料的不断增多，想象力的概括综合能力会逐渐难以全面把握越来越丰富的想象，当信息量大到使得想象力无法承受时，神秘、压抑、恐惧等感受就会相继出现，这种感受就是伯克和康德所说的由无限形式所激发的出来的，“无限”有着一种使人产生愉悦的恐怖去填充心灵的趋向，而这恐怖正是崇高的最真实的效果和标准[76]以及来源。

通过数量的“无限”的“大”来表达与激发崇高感的重要纪念性建筑，如美国华盛顿国家二战纪念园、中国人民抗日战争纪念群雕等。其中美国国家二战纪念园的主题包含战争胜利，纪念园通过南北拱门及列柱围合成完整的椭圆形开放广场，由此形成壮丽景象，并象征着诸如团结、抗争和胜利等崇高精神。广场设置了两座高大的拱门，连接拱门的花岗石柱代表着二战中美国的某个州或某块海外领土，花岗石柱通过铜绳连接，象征美国人民团结一致、齐心协力反抗法西斯的精神（图 2-14），广场中的椭圆形喷泉水池可供人嬉戏，整座广场表达出了欢快鲜明的胜利情绪。纪念园的自由墙缀满了 4000 颗金星以象征二战中牺牲的 40 万美国人，呈现出类似壮丽星空的效果（图 2-15）。[77]尽管设计师弗洛伦解释说二战是一场最伟大的战争，是民主对集权的胜利，而不是在传递帝国式的辉煌，不是仅仅要用伟大来纪念，因为即使是正义的战争，对敌对双方都是巨大的灾难[78]，但通过数量的“大”的列柱等所形成的壮丽场景，表达出的分明是美国对二战最伟大的崇高评价，二战纪念园全然没有越战、韩战纪念碑所呈现的阴郁、低迷甚至悲痛。纪念园的整一、和谐、壮丽、明晰、开阔的景象，意欲呈现的是颂扬美利坚对自由、和平所做出的崇高贡献以及民族自豪。

图 2-14　美国国家二战纪念园的壮丽场景
（来源：Erika Doss, Memorial Mania: Public Feeling in America, Chicago: University Of Chicago Press, 2012: 189, 288.）

图 2-15　美国国家二战纪念园“自由墙”的壮丽“星群”
（来源：Erika Doss, Memorial Mania: Public Feeling in America, Chicago: University Of Chicago Press, 2012: 189, 288.）

此外，钟训正先生曾在其雨花台纪念碑构思中，通过环形阵列布置的尺度巨大的旗帜营造出“壮丽”的场景（图 2-16）。曼德拉纪念碑也可以说是通过数量的大来呈现崇高精神的被“解构”的纪念碑，易于联想到强大外力下呈现出的不屈不挠的精神（图 2-17）。此外，旧金山退伍老兵纪念公园的纪念碑构思，也是通过近乎无限量的军牌构成悬空的荣誉花环，折射光影，迎风轻舞，营造出超乎尘世的存在和荣光以及令人冥想神思的情境。这些构思立意的重要特征，相对而言，都是侧重于通过数量的“大”来表现崇高，如崇高革命、抗争精神等内容，以激起崇高感（图 2-18、图 2-19）。

图 2-16　钟训正先生曾构思的雨花台纪念碑的“壮丽”场景
（来源：钟训正．脚印［M］．北京：中国建筑工业出版社，2000：69.）

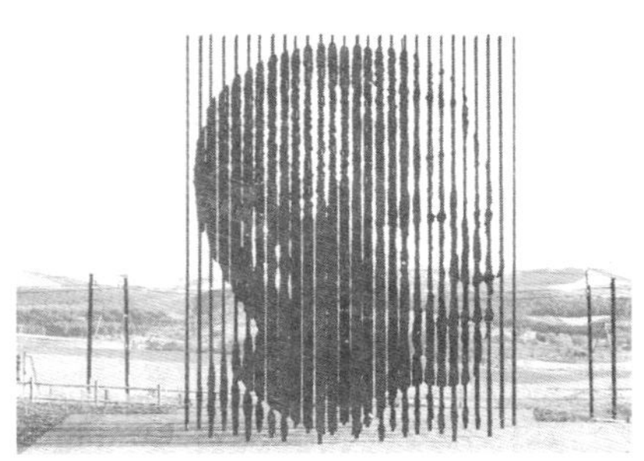

图 2-17　曼德拉纪念碑的“壮丽”表现
（来源：杨至德．纪念性景观设计［M］．南京：江苏科学技术出版社，2014：38.）

图 2-18　旧金山退伍老兵纪念碑“昼”的壮丽
（来源：杨至德．纪念性景观设计［M］．南京：江苏科学技术出版社，2014：311，313.）

图 2-19　旧金山退伍老兵纪念碑“夜”的辉煌
（来源：杨至德．纪念性景观设计［M］．南京：江苏科学技术出版社，2014：311，313.）

第三节　“力大”

“力大”即“力学的大”，这里主要基于康德的“力学的崇高”内容来阐述“力大”的内涵。“力大”是对崇高的对象的力量的“大”和重量的“大”这两类感性品质的概称，本书主要在相关理论与实践的基础上，阐述纪念性建筑形态所呈现的力量的“大”与重量的“大”这两方面内容。

一、“力大”的内涵

关于“力学的崇高”的定义，康德指出，当自然界在审美判断中被看作强力，但对我们又没有强制力作用的时候，这就是力学的崇高。[79] 对于人而言，自然界一方面呈现出强大的威力，但同时又并没有对人产生实际的强制力，并没有实质性威胁，从而使人处于一种审美状态，这是崇高生成的前提条件。伯克也认为“力量”是形成崇高的对象的最主要的感性品质，所有崇高的事物都可视为力量的各种形式的表达，或者说都能通过“力量”去理解和表达崇高，认为崇高具有巨大的力量，不但不是由推理产生的，而且还使人来不及推理，就用它的不可抗拒的力量把人卷着走。[80]

关于自然对象的强力所产生的恐怖或恐惧感如何转化为崇高，康德说到，自然界在这里之所以叫作崇高，只是因为它把想象力提高到去表现那些场合，在内心拥有能够使自己超越自然之上的使命，这使命本身固有的崇高性使我们能够感觉到崇高[81]，而且在这种优越性之上建立起完全另一种自我保存，它与那种可以由我们之外的自然界所攻击和威胁的自我保存是不同的，人类在这里，哪怕这人不得不屈服于那种强制力，这种存在的优越性在我们的人格中也并没有被贬低[82]，而具有这样的“强力”是力学的崇高的客体对象，一般会使人自然而生恐惧感，但无法对人产生强制力，而人所具有的超越自然之上的使命本身的崇高性，会使人在精神上产生对抗强力的巨大威力，对强力所产生的恐惧感激起了心中理性的优越感力量，从而超越强力，在心中生成对崇高的快感。力学的崇高并不是直接源自对象巨大的强力，而是源自人的心灵即道德、勇气、自尊等巨大威力对自然对象的巨大强力的审美超越，“力学的崇高”也就是人的道德精神等的巨大的抗争性、超越性力量。

力学的崇高的形态，如“险峻高悬的、仿佛威胁着人的山崖，天边高高汇聚挟带着闪电雷鸣的云层，火山以其毁灭一切的暴力，飓风连同它所抛下的废墟，无边无际的被激怒的海洋，一条巨大河流的一个高高的瀑布，诸如此类，都使我们与之对抗的能力在和它们的强力相比较时成了毫无意义的渺小。但只要我们处于安全地带，那么这些景象越是可怕，就越是吸引人；而我们愿意把这些对象称之为崇高，因为它们把心灵的力量提高到超出其日常的中庸，并让我们心中一种完全不同性质的抵抗能力显露出来，它使我们有勇气与自然界的这种表面的万能相较量。”[83]康德这段生动的描述所提到的山崖峻岭、闪电雷鸣、火山喷发、汹涌海洋、河流高瀑等宏伟壮观的自然景象呈现出了巨大的力量，但又没有真正威胁审美的人，就是康德的“力学的崇高”。可以说，力学的崇高在客体对象特征上更突出地表现为形式上的巨大冲突与力度，以唤起抗争精神中蕴涵的巨大力量。

基于康德的“力学的崇高”说及其客体特征的描述，可以成为崇高主题纪念性建筑“力大”形态的表现以及由此激发的崇高感在哲学层面的阐释，而在通过“力大”来表达崇高感的纪念性建筑形态中，着重分析呈现力量与重量的“大”这两方面内容，二者事实上关联密切而非截然孤立。对力量、力度的“大”的呈现，可以说是表达崇高感的相关设计思路的源泉。

二、力量的“大”的崇高感纪念性建筑形态

在通过力量的“大”以表达崇高感的纪念性建筑形态中，侧重于通过各种形式表现力量与力度，而纪念性建筑形态中所呈现的力量、力度往往与自然的崇高客体如山岳、闪电、飓风等所呈现巨大力量有着相似性，纪念性建筑形态中力量的呈现主要是为了表现作为纪念主题的英雄、战争等所蕴含的无限巨大的求真、求善、求美等崇高力量。相关纪念性建筑形态主要体现在通过相对具象的“像”，相对抽象的“垂直性”、“三角”、“螺旋”及其他各种形态来呈现崇高纪念主题所具有的巨大、无限、伟大的精神与实践的崇高力量等内容。

1.“肖像”的力量的“大”

通过“像”或“肖像”来呈现崇高的抗争力量的“大”是表达英雄主题的重要方式，但“像”

图 2-20　伏尔加格勒“祖国母亲在召唤”巨像所表现出的“无限”力量
（来源：博恰罗夫等．苏联建筑艺术[M]：王正夫等译．哈尔滨：黑龙江科学技术出版社，1989：304.）

图 2-21　南京雨花台革命烈士纪念园中表现革命力量的雕像
（来源：2007 年 5 月自摄于南京）

图 2-22　苏州火车站南广场范仲淹先生立像凝重的力量感
（来源：2015 年 9 月自摄于苏州）

图 2-23　深圳莲花山邓小平像表现出的“无限”力量
（来源：2008 年 8 月自摄于深圳）

并不一定肖似纪念对象的原型，更主要的是通过像所呈现的姿态、展现的力度、精神状态等来表现崇高的抗争性力量，以此表达纪念主题所具有的崇高精神与相应的崇高感。苏联有诸多运用尺度巨大的雕像来表现崇高纪念主题的经典作品，其中屹立在伏尔加格勒山冈上总高过百米的“祖国母亲在召唤”巨像是斯大林格勒战役纪念碑综合体的主体雕塑，表现的是一位激愤的“母亲”形象，左脚前跨，急剧地转身，挥动着手中长达 30 余米的利剑，在召唤她的英雄儿女为保卫祖国而战，母亲像以巨大的尺度及所展现的巨大力量，激荡着人们心中崇高的爱国激情（图 2-20）。

在我国，如南京雨花台革命烈士纪念园的挣脱开手链的英烈像（图 2-21），苏州火车站南广场的范仲淹先生立像呈现出了凝重的力量感（图 2-22），作为中国改革开放前站的深圳莲花山上设置的邓小平纪念像，通过展现邓公面朝特区中心区，迈出豪迈步伐的伟岸身姿与精神面貌，表现出了这位改革开放的总设计师迈步前行、锐意改革的崇高精神（图 2-23），所呈现出的都是一种无限崇高的革命抗争力量。

2.“垂直”的力量的“大”

“垂直性”即高而集中的状态是纪念性建筑表现崇高精神的最重要方式之一，这种力量指向感与地心引力往往相对的形态感性品质所蕴含的情感意义也较复杂。在观念中，垂直性常常与高傲、权力、庄严、肃穆、伟大、孤独、寂寞[84]等联系起来，而垂直性常常通过垂直直线的形态表现出来，垂直线具有刚硬、坚实、明确等男性气质的性格特征。关于垂直性形态的崇高感体验，齐康先生在雨花台烈士纪念碑的构思中曾提到，要使人们的参观达到某种纪念的高潮及主宰全局的氛围，当站上纪念碑大平台，仰望碑顶时，能获得一种崇高的境界。[85]此外，在艺术作品中对垂直性与崇高的结合也有所表现，在当代美国先锋艺术家巴内特·纽曼的“崇高的英雄”（图 2-24）等作品中，通过凝练的方式，即呈现极简的、无限的垂直性形态来表现崇高。这样的形式表现如果要对应一种美学的话，只有崇高[86]，而对于“崇高的英雄”的寓意，纽曼指出人类的自我意识感可能就是一种崇高感，因而可能就是崇高的，对此可理解为纽曼试图借助放大比例来表现崇高，而这样地表现无限性是为了引起我们的自我意识感[87]，相当于康德崇高论中的使命感。

通过垂直性形态呈现力量的“大”以表现崇高精神的纪念性建筑，如美国 9·11 纪念光碑、华盛顿纪念碑、中国人民英雄纪念碑、朝鲜平壤主体思想纪念碑、俄罗斯莫斯科胜利广场纪念碑等，这些均是近百年来不同国家、民族为表达各自的崇高精神所构筑的具有显著垂直性特征的重要纪念性建筑。其中 9·11 纪念光碑的形态无疑是崇高的，黑夜里的光碑，以光来填补城市天际线的缺失，弥合人们心里的伤痛，表达悲怆的崇高意味在本书的角度看来，既是崇高，也是悲怆，以强烈震撼的感性品质契合着人们内心所诉求的悲剧性崇高精神（图 2–25）。此外，高达百余米的华盛顿纪念碑则被认为是美国自由和民主的象征（图 2–26）。[88] 关于北京的人民英雄纪念碑，吴良镛先生曾明确阐述其垂直性对于崇高的意义，指出垂直是确立人民英雄纪念碑气势轩昂的建筑造型 [89] 的重要标准：关于纪念碑造型怎样才能达到“纪念死者、鼓舞生者”的建碑目的，如何才能体现出人民英雄的崇高精神，需要有一个从内容到形式的探索过程。在造型上，以高而挺拔的形象来表达人民英雄的崇高事业和伟大的功勋更得体，于是决定建筑的造型向高而集中的方向发展，放弃原来考虑的“亭”、“堂”等方案。[90] 此外，梁思成先生也从另一面强调了垂直所具有的崇高意义，他指出采用中国传统的碑的形式比较恰当，但中国古碑都矮小沉郁，缺乏英雄气概，须革新（图 2–27）。[91] 朝鲜平壤所设置的主体思想纪念碑不仅极端强调了垂直性，而且通过进一步的多层水平划分，展现出了崇高纪念性建筑形态的无限性特征，以表达相应的国家精神（图 2–28）。此外，建成于 1995 年位于俄罗斯莫斯科南部，纪念反法西斯战争胜利 50 周年的胜利广场中的纪念碑可以说是当代近乎极致强调垂直性的崇高纪念物，运用象征胜利的凯旋门作为纪念建筑群的起点，突出凯旋门与主体建筑之间的轴线联系，轴线中央高耸入云的“刺刀”纪念碑成为轴线的构图重心，使广场的纪念氛围达到高潮，纪念馆借助水平方向的伸展及半弧形平面构图，通过强烈的对比突出了超过百米高的纪念碑（图 2–29）。[92] 以上作品无不是通过突出地表现垂直性所形成的高耸而挺拔的形象以及由此所呈现出的豪气冲天的力量来表达纪念主题的崇高精神和蕴含的崇高感。

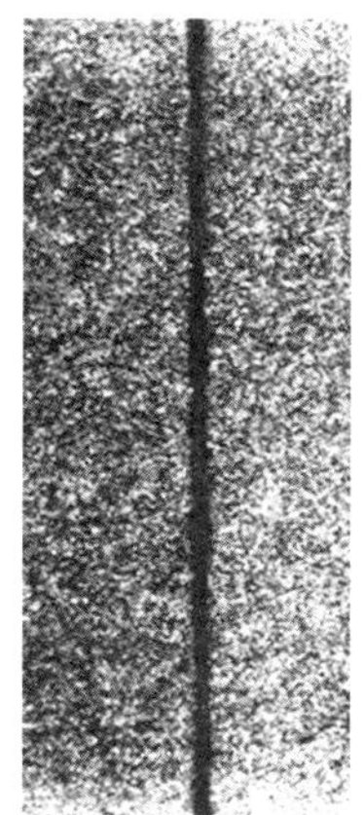

图 2–24 “崇高的英雄”
（来源：（美）丹托．美的滥用 [M]．王春辰译．南京：江苏人民出版社，2007：145.）

图 2–25 纽约 9·11 纪念光碑
（来源：纽约世贸中心纪念光碑 [J]. 世界筑，2003（4）：91.）

图 2–26 美国华盛顿纪念碑
（来源：Landscape Architecture[J]. 2010:（07）: 103.）

图 2–27 中国人民英雄纪念碑
（来源：2005 年 10 月自摄于北京）

图 2–28 朝鲜平壤主体思想纪念碑
（来源：http://you.ctrip.com/travels/pyongyang 314/2123508.html）

图 2–29 俄罗斯莫斯科胜利广场纪念碑
（来源：http://you.ctrip.com/travels/moscow358/2004561.html）

图 2-30　俄罗斯苏联宇宙征服者纪念碑
（来源：博恰罗夫等．苏联建筑艺术[M]．王正夫等译．哈尔滨：黑龙江科学技术出版社，1989：476.）

图 2-31　美国阿灵顿美国空军纪念碑
（来源：http://news.sina.com.cn/w/p/2006-10-15/113111242063.shtml）

图 2-32　中国酒泉东风航天城航天纪念塔
（来源：http://news.sohu.com/20081003/n259841722.shtml）

图 2-33　中国山东孟良崮战役纪念碑
（来源：2008 年 9 月自摄于临沂）

"垂直性"纪念性建筑形态设计也呈现出多样的变化与表现：1964 年为纪念苏联宇航员首次进入太空而建的高达近百米的"苏联宇宙征服者纪念碑"，采用钛金属饰面，形状犹如直冲云霄的火箭喷出的尾焰，以象征"征服"宇宙的崇高精神（图 2-30）；坐落在弗吉尼亚州阿灵顿的美国空军纪念碑，主体由三根高约 80 余米弧形钢柱组成，再现美国空军"雷鸟"特技表演队战机在空中拖着尾烟进行高难度特技表演的造型，纪念碑通过强调弧形碑体所呈现的巨大张力，以表现美国军事力量乃至国家精神的强大（图 2-31）；我国酒泉东风航天城航天纪念塔通过如长空利剑般的形体组合，表达出了对崇高的航天事业的颂扬（图 2-32）。为了纪念中国解放战争时期重大战役之一的孟良崮战役的胜利而设置的孟良崮战役纪念碑，采用的是象征我方军事力量的组合碑体：三块刺刀状板块的抽象组合碑体，主轴线上的板块略高，形成"山"字形构图，正面稍高象征主力部队，两侧象征地方部队和民兵（图 2-33）。[93] 这座建成于 20 世纪 80 年代的战争纪念碑的"刀"的立意，旨在突出战争中敌我之间的生死对抗、军事力量及战争胜利，有其相应的时代背景，但基本达到了设计的预期效果，纪念碑位于陵园的制高点，碑体比较挺拔雄伟，在空间上起着控制陵园的作用。仅仅由以上这些实例就可以看出以"垂直性"表达崇高感的形态特征及多样化。

3. "三角"的力量的"大"

"三角"形易形成稳定感，易使人联想到诸如稳定、雄峻、永恒的山岳等，基于"三角"→"山岳"→"崇高"之间比较稳定的关联性所建立的观念，也成了纪念性建筑崇高感形态设计的重要思路，如古埃及人就运用三角形构图赋予金字塔以山岳般的形态与象征意义，使得"三角"具有鲜明的纪念性，影响深远，位于埃及开罗新区政治广场上的无名英雄纪念碑通过四片架空的斜墙交接构成了一座现代的"金字塔"，既传承了文化，更表达了崇高（图 2-34）。此外，西班牙阵亡将士纪念碑的"三角"形构图也表现出了山岳般的力度感（图 2-35）。

此外，有的作品在表现无限力量的同时也关注重量感，如孟良崮战役纪念馆新馆、西藏和平解放纪念碑等。孟良崮新馆可以理解为呈现"重量的大"，更是呈现"力量的大"。设计者提到纪念的对象是人而非战争，无论是什么主题的纪念性建筑，归根结底都在纪念"人"，纪念有着丰功伟绩的伟人或纪念某个事件中推动历史车轮的普通人。战役纪念馆与其说是纪念战争，不如说为缅怀在这场战役中浴血牺牲的人[94] 及其所承载的精神。其中力量的表现是纪念馆感性形态设计

图 2-34　开罗无名英雄纪念碑
（来源：http://tupian.baike.com/74111/3.html?prd=zutu_thumbs）

图 2-35　西班牙阵亡将士纪念碑
（来源：严广超先生于 2008 年 9 月摄于西班牙）

图 2-36　孟良崮战役纪念馆新馆
（来源：屈小羽．历史与环境的融合——谈孟良崮战役纪念馆的设计 [J]．世界建筑，2008（5）：130.）

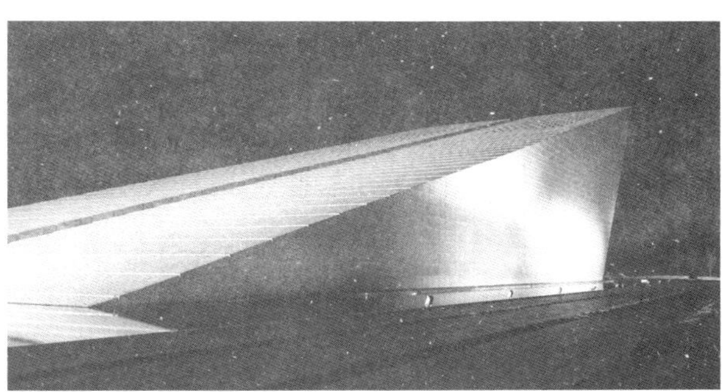

图 2-37　力量的大：合肥渡江战役纪念馆
（来源：孟建民．简形的力量——合肥渡江战役纪念馆 [J]．UED+ 城市环境设计，2014（5）：117.）

的原则，而力量是通过三角形体量表现出来的，纪念馆上部被一分为二后形成两个完全对称的三角形体量，暗喻了战争中两股力量的相互对抗。[95] 关于这样的形态对纪念主题表达的意义，设计者认为平缓简洁的对称三角形在外观形式上对烈士们人性力量的表达高于对战争的魄力、激烈性的表达，它稳重、深沉、含蓄，有着永恒的坚韧和执着。这也是对“崮”的轮廓线的呼应，隐喻如苍苍青山般英烈们的胸怀（图 2-36）。[96] 此外，孟建民先生设计的合肥渡江战役纪念馆通过极简的前倾动感的厚重三角形体量来表达纪念的主题，可以联想到帆船、巨浪、冲锋等，也是近年来这种思路的代表性作品（图 2-37）。前文涉及的淮海战役纪念塔、中国人民抗日雕塑园纪念碑主碑、西藏和平解放纪念碑等同样具有通过垂直性呈现力量的“大”的形态特征，以表现崇高。

4.“螺旋”的力量的“大”

螺旋形以其强烈动感和特殊形态彰显着诸如生命的活力等，相关内容在狂欢感的欢动形态中有所阐述，这里主要以第三国际纪念碑的设计构思为例，阐述“螺旋”对于表现崇高的意义。

为纪念第三国际的成立，塔特林设计了横跨圣彼得堡中心宽阔的涅瓦河，高 400 米的第三国际纪念碑，他坚信现代工艺提供了建造这样一个建筑的可能 [97]，设计意念在于极力创作一个既符合社会主义的和革命的社会的活力又能表现这一活力的真正的革命纪念碑。[98] 设计契合了列宁对

图 2-38 第三国际纪念碑模型
（来源：John milner Vladimir Tatlin and The Russian avant-grade Yale Uniersity，1983：88）

第三国际崇高意义的评价：第三国际即共产国际的世界历史意义在于它已开始实现马克思的一个最伟大的口号，就是无产阶级专政，世界历史的新时代的开始[99]，并展现出对第三国际这一世界上从未有过的新的无产阶级运动已经沸腾起来[100]这样的激情，纪念碑既象征着第三国际这一人类解放运动所具有的永恒活力的革命精神，也是新时代的象征。从感性和情感的视角，既表达了第三国际的永恒、无限、崇高等寓意，同时又展现了对第三国际诞生的欢乐狂喜与激情，构思主要从形态动感与运动这两方面来表达相关的意义与情感（图 2-38）。

首先，动感主要来自于碑体整体螺旋而上及倾斜收缩的形态，外部支架是两个独立的螺旋体，环绕强有力的斜轴线向同一方向旋转而上。[101]关于纪念碑的螺旋效果及象征意义，建筑师康斯坦丁认为，在这个动力学时代，塔特林把螺旋“塔”体看作一个象征的结构，并通过在塔底安装螺旋装置，将螺旋体作为最具活力的形式，是一种时间、能量、明确、奋斗的象征。螺旋金属框架与地面成倾斜视角的形状成为最稳固、悦目的形状[102]，可以说，纪念碑的螺旋形态具有了诸如时间、能量、明确、奋斗等崇高、永恒的象征意义。其次，运动状态主要由纪念碑中悬吊的数个玻璃体量的运动实现。纪念碑由三个巨型玻璃室组成，由复杂的垂直支撑体和螺旋体系统支起。最底层是立方形，按照每年一周的速度绕着它的轴线旋转，意在供立法会议使用，其上一层为金字塔形，按每月一周的速度绕自身轴线旋转，是执行机构的所在，最上层是圆柱形，每日旋转一圈，留给新闻、情报机构。[103]这样的运动形态是新世纪的象征，内部体块的不同速率则是宇宙的象征。[104]第三国际纪念碑以巨塔的螺旋、倾斜、收缩所形成的动感及几何体量的运动等形态状态，通过展现活力、运动、宇宙意象等来象征作为人类解放运动的新生革命政权及由此产生的新时代的永恒活力与崇高精神，既表达了对新权力诞生的狂喜，又寓意了永恒，尽管未能实施，但设计影响深远。

5. 其他力量的“大”的表现方式

在相对抽象地呈现“力大”的形态中，除以上体现出“垂直”、“三角”、“螺旋”等形态特征的构思之外，仍有其他多种通过呈现出力量的“大”的方式来表现无限巨大的抗争和奋斗力量的构思，以表达崇高纪念主题的崇高精神及崇高感。

格罗皮乌斯曾构思过一座纪念碑，其形态鲜明地表现了崇高精神力量的冲突性与抗争性，常被视为表现主义的范例（图 2-39）。小沙里宁设计的纪念美国西部大开发的圣·路易斯拱门所表现出的不仅仅是“门”所具有的诸如开启新时期、进入新阶段等寓意，更是通过具有强烈张力的抛物线形态所呈现出的力量的“大”，表现出了大开发的气魄乃至美利坚的民族精神（图 2-40）。位于上海最繁华地带之一的南京路的五卅运动纪念碑，采取下沉围合等方式，既在闹市中营造了纪念场所感，又与城市轨道交通出入区以及周围都市环境结合，把先烈的革命奋斗与现在的繁荣幸福交融起来，碑体近乎直白地采用表现纪念主题的文字符号“五卅”，呈现出刚健的书法笔韵与力道，以此表现五卅精神的抗争、蓬勃的力量（图 2-41）。此外，青岛五四广场中的“五月的风”五四纪念碑主要由围绕中心球体的力道强劲的层叠弧形体量构成，不仅呈现出体量的巨大，

图 2-39 “抗争”的力量：格罗皮乌斯设计的表现主义纪念碑
（来源：长谷川章. 表现主义的建筑 [M]. 东京：鹿岛出版会，1988：237.）

图 2-40 “开拓”的力量：美国圣·路易斯拱门
（来源：Kim Williams, J. M. Rees.Recalling Eero Saarinen 1910–2010, Nexus Network Journal Volume 12, Architecture and Mathematics, Turin: Kim Williams Books, 2010：167.）

图 2-41 “暴动”的力量：上海 五卅运动纪念碑
（来源：2016 年 2 月自摄于上海）

图 2-42 “运动”的力量：青岛五四广场的五四纪念碑
（来源：2009 年 7 月自摄于青岛）

更凸显了力量的巨大，易使人联想到如旋风、疾风、飓风等充满颠覆性力量的事物，以表现纪念主题的巨大革命精神与力量（图 2-42）。

相对以上有一定雕塑性质的纪念物而言，直接通过呈现出力量的“大”的建筑形态来表达崇高精神与崇高感的相关设计比较罕见，既可能与这样的复杂形态所带来的建造与造价乃至使用上可能出现的困难等问题有关，更可能与强调对抗争后的和谐状态的表现等观念有关。较少见的相关实践如溧阳新四军江南指挥部纪念馆新馆的建筑形态采用了代表纪念对象即新四军的缩写标志“N4A”这一符号形式，并呈现出冲突、扭曲的状态，而非常见的稳定和谐状态，纪念馆形式系统被打散、分装进不同的意义，这一缩写标志刻出了建筑的折线轮廓，象征着革命斗争的复杂性[105]，由此赋予纪念馆形体以强烈的力度和崇高的意义，既表现了激烈、残酷的革命斗争中无限的抗争性力量，也折射出了抗争中的艰辛困苦，而三角形红色铝板所构成的“内筒”也是冲突而非和谐的（图 2-43 ~ 图 2-45）。

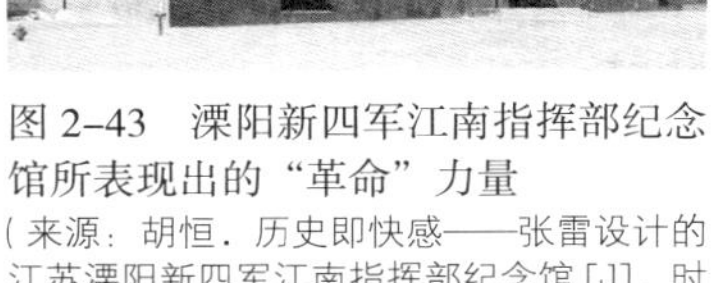

图 2-43　溧阳新四军江南指挥部纪念馆所表现出的“革命”力量
（来源：胡恒．历史即快感——张雷设计的江苏溧阳新四军江南指挥部纪念馆 [J]．时代建筑，2008（2）：82，85，86.）

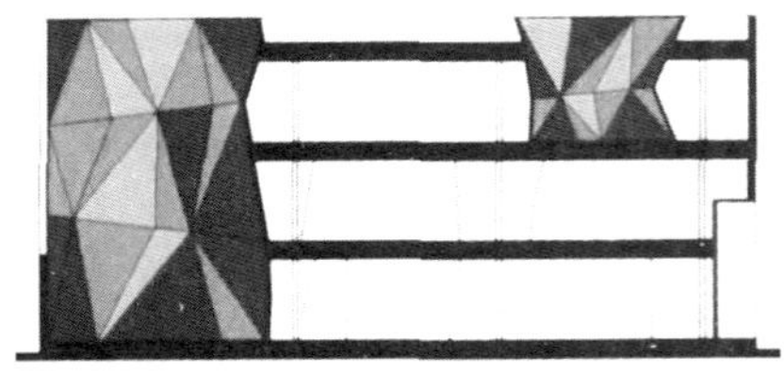

图 2-44　溧阳新四军江南指挥部纪念馆所表现出的“革命”力量
（来源：胡恒．历史即快感——张雷设计的江苏溧阳新四军江南指挥部纪念馆 [J]．时代建筑，2008（2）：82，85，86.）

图 2-45　溧阳新四军江南指挥部纪念馆所表现出的“革命”力量
（来源：胡恒．历史即快感——张雷设计的江苏溧阳新四军江南指挥部纪念馆 [J]．时代建筑，2008（2）：82，85，86.）

以上这些作品各有其相应的纪念对象与寓意，共通之处在于都是通过呈现力量的“大”的方式来表现崇高的抗争、奋斗的无限力量。此外，在相关崇高主题的纪念性建筑感性形态设计中，除了某些高度模式化、规约性的表现方式之外，仍有很多的可能性有待发掘和实现。

三、重量的“大”的崇高感纪念性建筑形态

重量的“大”的形态感受即巨大的重量感、厚重感、沉重感等，马克思曾指出，巨大的形象震撼人心，使人吃惊，精神在物质的重量下感到压抑，而压抑之感正是崇拜的起点。[106] 重量的“大”也是力量的“大”的一种状态，而表现沉重的重量感也是崇高纪念主题相关设计的重要思路，纪念像、碑、堂、亭、馆等类型均有强调重量感的设计作品，不少作品并非直接通过体量的巨大，而是借助重量感及力量感等表现崇高。从表现崇高的视角而言，呈现出重量的“大”的纪念性建筑并不一定兼备体量的“大”这样的形态特征。

1.“肖像”的重量的“大”

“像”所呈现的重量的“大”的作品比较普遍，无论是战争、革命英雄还是文化名人等，如白俄罗斯布列斯特的二次大战纪念碑中的表现抗争力量的巨像（图 2-46）、南京雨花台革命烈士纪念园中表现无畏牺牲精神的革命烈士群像（图 2-47）及北京抗日战争纪念馆门厅中表达抗战精神的山岳般的各界抗战英雄浮雕等，均是通过强调重量感以表达各自蕴涵的崇高精神。上海龙华烈士陵园中受难躺卧而身陷入地，但仍在天地之间挥手的高昂不屈的英烈的背像，不仅呈现出了沉重的重量感，更有强烈的抗争性力量感，可以说是两种力感的高度融合，现场的体验有着比较强烈的感染力（图 2-48）。

2.“碑铭”的重量的“大”

纪念英雄、战争等崇高主题的纪念碑，除了突出强调垂直感、力量感等“力量的大”的形态特征之外，不少设计倾向于强调重量感，或者既强调巨大的力量感又强调重量感。强调重量感实质上也是在呈现一种力量，以表达崇高精神，在相关实践中，二者往往难以或无须严格区分。

如淮海战役烈士纪念塔，通过塔体形态、环境处理、细部处理等方面表现崇高精神。塔体形态在表现垂直感的同时，通过整一、凝练的形体强调塔体的重量与力度的“大”；在环境处理上关注

图 2-46　白俄罗斯布列斯特的二次大战纪念像
（来源：韩林飞等. 苏联二战纪念碑的建筑与艺术浅思[J]. 建筑创作，2005（8）：1.）

图 2-47　南京雨花台革命烈士纪念园烈士群像
（来源：2008 年 9 月自摄于南京）

图 2-48　上海龙华烈士陵园高昂不屈的英烈像
（来源：2016 年 2 月自摄于上海）

图 2-49　淮海战役烈士纪念塔
（来源：孟钧等. 淮海战役烈士纪念塔 [J]. 建筑学报，1979（5）：24.）

图 2-50　中国人民抗日战争纪念碑群主纪念碑
（来源：中国人民抗日战争纪念碑和雕塑园工程设计组等. 新的时代景观，新的历史丰碑——中国人民抗日战争纪念碑和雕塑园规划设计 [J]. 建筑创作，2000（04）：46.）

塔体、阶梯与山林环境的结合及塔体与碑亭等小尺度建筑所表现出的尺度对比，以衬托塔的宏大气势；而在细部处理上，如花岗石饰面采用较粗砺的材质可强化塔的力度，表现烈士的高风亮节，与天地争辉的崇高精神（图 2-49）。[107] 此外，中国人民抗日战争纪念园纪念碑群主碑则是通过简洁到近乎极致的矩形体量，强调整体性的重量感，来表达抗日力量及崇高精神的“大”（图 2-50）。

3. “庙堂”的重量的“大”

在纪念性建筑，尤其是纪念庙、堂、殿、亭、馆等类型中，通常也是通过强调重量感或重量的“大”来表现崇高，诸如林肯纪念堂（图 2-51）、列宁墓等作品，仅就形态的感性特征而言，都具有呈现出重量的“大”的特征。比利时公墓烈士纪念堂是几乎纯粹地体现重量感的作品（图 2-52）。列宁墓采用了稳重的阶梯式截锥体的形态来象征种种崇高的寓意，舒舍夫凭着对红场空间和历史文脉的领悟，对列宁的功勋和人格的理解，尤其是多年积累的文化底蕴——对形式判断的准确性，很快绘出了草图，并获得了各方的认可。关于列宁墓的体量及其效果，尽管列宁墓在红场中是最小的，但感觉上却是最重要、最显赫的，设计采取了反其道而行的对策，选择了矮小、低平、朴素、简单的陵墓造型，陵墓形式采用阶梯式截锥体状，总体上犹如石垒的方整基座，形态的简单朴素正象征着列宁的平民风范，方整低平象征着列宁的坚强性格，阶梯式基座象征着新政权基础稳固，也可以象征列宁奠定了伟大事业的基础（图 2–53）。[108] 天津大学百年校庆纪念亭也是强调重量感，整体采用现代雕塑造型手法，檐口 45 度斜角削切，四角上部三分之一削出凹槽，使立方体盒子的体形丰富多变，富于雕塑感、时代感（图 2–54）。[109]

关于本书相关理论基础——康德的"数学的崇高"、"力学的崇高"的分类阐述，学界也同样存在着争议，法国美学家巴希反对把崇高分为数量的和力量的两种，认为实际上崇高只有力量的伟大一种，数量的伟大之所以能产生崇高感，实际上还是因为它表现出了力量的伟大。[110] 英国美学家柏拉德莱也认为体积的大小在崇高感中不是主要的因素，主要的因素是力量或气魄。[111] 本书

图 2–51 美国华盛顿林肯纪念堂
（来源：Landscape Architecture [J]．2010（07）：102.）

图 2–52 比利时阿登烈士墓纪念堂
（来源：http://news.qq.com/a/20080326/019443.htm）

图 2–53 俄罗斯莫斯科红场列宁墓
（来源：博恰罗夫等．苏联建筑艺术 [M]：王正夫等译．哈尔滨：黑龙江科学技术出版社，1989：46.）

图 2–54 中国天津大学百年校庆纪念亭
（来源：杨秉德．知不是雪 为有暗香来——评天津大学百年校庆纪念亭 [J]．新建筑，1997（2）：55.）

倾向于认同崇高的主要因素是力量或气魄这样的说法，这类看法与康德对崇高的区分并不矛盾，康德在对崇高分类时已经强调了二者的相通性，这样的区分在揭示崇高的复杂多样的形态表现时具有重要意义，对于相关纪念性建筑形态设计而言也是如此。由此，无论相关纪念性建筑形态具体呈现出怎样的体量的“大”或者数量的“大”的形态特征，设计的根本出发点都与通过“大”的形态来表达相应纪念主题中所蕴含的具有“无限”力量的崇高精神与崇高感密不可分。

第四节　“晦暗”

一、“晦暗”的内涵

关于“晦暗”，德国神学家鲁道夫·奥托解释为由半暗、半光明状[112]所呈现出的状态，在阐述表达神秘的诸方式时，奥托指出了晦暗状态及其与崇高乃至与神秘的关系，认为西方艺术只有两种明显的而且是否定性的“形式”，即黑暗与静默。黑暗在与光明的某种余晖相对照时变得格外触目，而余晖正在被它吞没。因而，神秘效力就开始于这种半暗状。如果崇高这一因素能与这种半黑暗相结合、相补充，那么它的影响力就会变得更完满。进而以宗教场所的光影状态分析迸射在拱形大厅中间等处的半黑暗，它们因为半光明的神秘作用而被神奇地加强与活跃起来，雄辩有力地感染灵魂，而庙宇、寺院和教堂的建造者们则充分利用了这种半黑暗。[113]这里阐明了晦暗的半暗、半光明状的含义及其模糊、朦胧的光色感受、运用及效果等内容，认为晦暗是表现崇高的较直接的方式。

伯克也认为，在自然中阴暗混茫的形象比明确清楚的形象能产生更大的效果，并指出：“在自然本性中可以找到理由，能引起我们的钦慕和激发我们的情绪都有一个主要原因是我们对事物的无知。在我们的所有观念之中最能感动人的莫过于永恒和无限；实际上我们知道得最少的也就莫过于永恒和无限。”[114]伯克深入阐述了晦暗的光色效果及其与崇高的关系，认为崇高的对象带有可怖性和与人敌对的性质，给人一种可怖的神秘性。同理，在某些寺庙里，其偶像往往都处在黑暗中。色彩方面，常常呈现黑、褐、紫等深湆之色，从性质上将其归类为“晦暗”，所有这些状态均指向或者说具有可怖性和敌对性。朦胧、阴暗、模糊不清的形象之所以比清晰明朗的形象更崇高，也是因为它们具有更大的力量来激发人们的想象。[115]以上阐述涵盖了由晦暗激起崇高及其崇高感所涉及的状态、感受、超越这三方面内容。其中晦暗状态方面，基于社会生活经验，认为那些异乎寻常的晦暗状态是崇高的客体的具体形态；晦暗感受方面，人对这样的状态，基于原始的自我保存的本能而生恐惧感，由此而体会到自身的有限性；对晦暗的超越方面，人基于自身精神力量等的强大，在这样的压力、恐惧中得以超越，正是恐惧的感受激发出了人的存在的力量、尊严乃至使命等，崇高就在这样的精神力量引领下所呈现出的冲突性、抗争性的超越中得以生成。

前文所阐述的体量的“大”、力量的“大”等能生成崇高，而“晦暗”同样能激起恐惧进而生成崇高。晦暗表现在这里被概分为光的晦暗及色的晦暗两方面[116]，晦暗的实际表现比较复杂，光的晦暗与色的晦暗往往相互作用，有时难以或无须严格区分。

二、“晦暗”的崇高感纪念性建筑形态

1.“光的晦暗”

关于“光的晦暗”与崇高的生成的关系问题，姚君喜先生指出，模糊很可能是为了使事物显得可怖的必要条件，如黑暗的神庙就易引起恐惧，如弥尔顿对恐怖之王的描写，显得黑暗、不定、混淆、恐惧、令人极度敬畏，因为模糊、含混、不确定的形象对幻想来说比清晰确定的形象拥有更强大的力量，更易激起崇高的情感，恐惧源于对事物的无知，等认识和熟悉后，哪怕曾经最惊人的东西也都不大容易再起作用了。[117] 晦暗激起的恐惧对于崇高的意义在于强调了人的恐惧的本质根源，这就是对于无限和永恒的认识，它们是最能激起人的恐惧的内在特质，也正是在对它们的超越中，才进入审美的崇高境界。[118] 关于空间中晦暗氛围的产生，卡斯滕谈到相对封闭的空间能形成晦暗并激起恐惧感：既能为人提供庇护，也意味着令人窒息的黑暗，让充满想象力的人感到既诱惑又恐惧。[119] 在封闭性空间中形成这种晦暗、神秘、压抑氛围的基本方式是控制光线，大量神圣性仪式空间神秘氛围的营造，如罗马万神庙（图 2-55）、科隆大教堂等哥特式教堂乃至寺院佛堂（图 2-56）等，常借助光的晦暗表达神圣性。阿恩海姆描述了黑暗中的光明场景及其神秘感受：当一道光束射入狭窄黑暗的场景时，也就是把它所携带的彼岸的生命信息带了进来，这种信息似乎带有一种神秘的不可知的性质。[120] 这些经验性论说和案例都在表明模糊晦暗远比明晰更能激发崇高或神秘。

“晦暗”的感性形态在预期激发崇高感等情感的纪念性建筑设计中运用得比较普遍，如皖南事变烈士陵园及纪念碑的晦暗表现承担了悲怆与崇高两种意义，如汪正章先生所说，皖南事变烈士纪念碑的“悲”、“壮”纪念主题即悲剧英雄类主题。一方面，皖南事变中新四军蒙受巨大损失是民族悲剧；另一方面，新四军浴血奋战表现出的壮烈即崇高精神，这既不同于雨花台烈士陵园纪念碑那种“生的伟大，视死如归”，也有别于侵华日军南京大屠杀纪念馆那种“白骨累累，死的悲惨”的气氛渲染，而是悲与壮交融的主题。[121] 光色的晦暗成为该纪念地“悲”、“壮”纪念寓

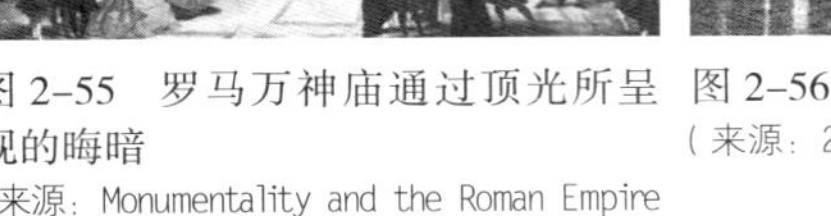

图 2-55　罗马万神庙通过顶光所呈现的晦暗
（来源：Monumentality and the Roman Empire Architecture in the Antonine Age: 69.）

图 2-56　毗卢寺佛堂通过侧光所呈现的晦暗中的佛与人的空间结构
（来源：2004 年 9 月自摄于南京）

图 2-57　皖南事变烈士陵园无名烈士墓通过顶光所呈现的晦暗
（来源：张文起．皖南事变烈士陵园及纪念碑设计[J]．建筑学报，1994（12）：35.）

图 2-58　伏尔加格勒二战胜利纪念馆圆厅通过顶高侧光呈现的晦暗
（来源：http://news.qq.com/a/20130327/000179.htm）

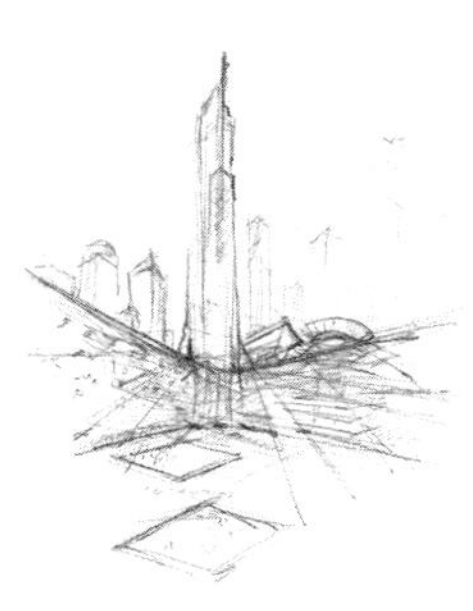
图 2-59　世贸中心重建方案“光之锲”构思
（来源：帕瓦多．“记忆与光”——9·11纪念碑[J]．UED城市环境设计，2014（02，03）：152.）

图 2-60　孟良崮战役纪念馆中的“光明”场景
（来源：屈小羽．历史与环境的融合——谈孟良崮战役纪念馆的设计[J]．世界建筑，2008（5）：133.）

意表达的重要方式，其中光的晦暗主要表现在无名烈士墓悼念场所氛围的营造中，封闭的墓室空间中心设置黑色磨光花岗石圆形墓池，上方开启圆洞，洒下光线，象征先烈虽已壮烈殉国，精神却与日月同辉，光照千秋（图 2-57）。[122] 这类处理方法与西方经典纪念性空间如万神庙中的晦暗场景的营造方式与效果有些类似，而且与南京雨花台烈士纪念碑的基座下纪念空间的相应处理与感受也有着异曲同工之处，后者为了地下纪念大厅及通道的采光，在大平台上设置了三个圆环花圈，圈中装玻璃，花圈可烘托平台的悼念气氛，又为下面深阔幽暗的纪念大厅洒下三束天光，形成晦暗中的光明的氛围。[123] 又如莫斯科胜利广场二战胜利 50 周年纪念建筑群中丰富的晦暗表现，其中圆厅通过屋顶与墙体之间狭长的高侧光带形成了晦暗的气氛，在晦暗中更突出了“巨手”所握举的具有象征性的火炬光芒（图 2-58）。这些纪念空间通过对顶光、高侧光、侧光等方面或多方面的光线控制，营造晦暗，表达崇高。

在当代崇高纪念场景的光色氛围营造中，刻意通过呈现光的晦暗来表达和引起崇高感的实例却并不多见。另一重要方式则是借助呈现光明来实现，而并不采用被认为能激起崇高感的“光的晦暗”状态，或者直接以光明来象征权力、英雄、英勇、奉献、奋斗等内容。在西方文化中“光”常与美、善、上帝等神圣、尊贵价值或存在联系起来，《圣经·新约》中就有多处提及光与上帝、耶稣等的象征关系，如“我（耶稣）到世上来，乃是光，叫凡信我的，不住在黑暗里”[124]，还有“各样美善的恩赐和各样全备的赏赐都是从上头来的，从众光之父那里降下来的”[125]，更有“神就是光，在他毫无黑暗”[126] 这样的论说，直接说明了光在西方文化中是至圣、终极存在、终极价值的形象或媒介，光就是希望、就是美善、就是上帝。这类象征在诸多宗教教义与观念中都有相似认识，在我国文化中光也常是最尊贵的对象、价值、存在的象征。直接以光来表现英雄等的实例也比较多，如为纪念在 9·11 事件中失去生命而成为人们心目中英雄的人，里勃斯金德设计了英雄公园与“光之锲”，后者指每年 9 月 11 日上午 8 时 46 分与 10 时 28 分，即第一架飞机撞击塔楼及第二幢塔楼倒塌时间间隔内，阳光将照耀在英雄公园内，以此作为对英雄的英勇奉献精神的纪念（图 2-59）。[127] 通过光明场景来营造崇高纪念性场所的实践，如孟良崮战役纪念馆设置天窗让馆内沐浴在柔和自然的光环境中，同时将人们的视线引向天空，加强空间的神圣肃穆感（图 2-60）。[128] 同样是天窗的设置，对射入光线的不同控制，使得空间氛围大相径庭，基于感性视角，这类实践可能和当代崇高纪念场景的营造存在着规避通过激发恐惧感以激发崇高感，转而通过其他表达方式的思路有关。

2. “色的晦暗”

柔和及令人振奋的颜色不适宜营造和产生崇高的形象，多云的比蓝色的天空更壮丽，黑夜比白天更显得崇高、庄严，从颜色来看，黯淡、深色的颜色容易达到崇高的程度，如黑、褐或深紫色及类似颜色等[129]，即晦暗色彩主要指黯淡、凝重的深冷色，如黑、褐、深紫及类似颜色等。关于晦暗色彩的基本感受和意义，涉及色彩、情感与意义的关系问题，主要包括共感觉、联想和象征三方面内容，而关联的密切程度大致呈递进关系。

其中晦暗色彩的共感觉，如《设计色彩学》所指出的在视觉形成色觉的同时，往往还会伴生出种种非色觉的感觉，即色彩的共感觉，包括温度感、距离感、轻重感、强弱感等。[130]晦暗色彩的共感觉主要包括冰冷感、后退感、重量感乃至忧郁感等。关于冰冷感：晦暗色彩往往是相对凝重、明度较低的色彩，常呈现灰色调、黑白色调及冷色系的灰蓝、灰紫等色彩，而与阴霾、严冬等情境相似，容易产生灰暗、寒冷、肃杀的联想和感受，尽管并不都是冷色，也易引起冰冷感；关于后退感：明度高的明亮色彩易产生前进感，灰暗色彩易产生后退感，而晦暗色彩容易产生后退的空间感、距离感，进而在人与晦暗色彩所依附乃至象征的对象之间产生距离感；关于重量感：色彩的轻与重主要取决于明度，明度低的感觉重，明度相同，则纯度低的感觉重，而晦暗色彩的明度、纯度均相对较低，易产生重量感、压力感、沉重感；关于忧郁感：低明度、昏暗的晦暗空间易于生成沉闷、忧郁的气氛，或者说晦暗与忧郁有着密切的关系。

基于相关阐述，可推及晦暗色彩所引起的联想。其中，紫的首位联想：悲哀、忧愁、苦难、昏暗、严肃，次位联想：迟钝、老、无生命、死、中性化；黄褐的首位联想：快、恐惧、厌恶、丑陋，次位联想：坚强、有力、男性；灰的首位联想：暧昧、含糊、昏暗、深沉，次位联想：悲哀、苦难、忧虑、严肃；黑的首位联想：悲哀、苦难、忧虑、昏暗、严肃，次位联想：不快、恐惧、厌恶、丑陋[131]等。由此，晦暗色彩常常与严肃、不快、恐惧、悲哀、死亡等消极内容联系起来。

关于晦暗色彩的象征性内容，以黑色为例，基于上述关于晦暗的感受、联想进行分析，在不同文化背景中，黑色的象征意义比较复杂、多样，而且可能发生变化，但通常来说，黑色象征悲哀、苦难、丑陋、恐怖乃至死亡、神秘。在西方文化里，黑暗象征邪恶与妖魔，而光明则是上帝、基督、真理和美德的象征，英语中诸多词语都表明黑与坏的、邪恶的特征相联系。[132]通常，中国尚红、黄，忌黑、白，黑、白二色一般象征不吉、不祥、邪恶，表现痛苦、哀伤等，尽管色彩的象征存在变化，但相对于红所具有的正面意义如政权革命等象征而言，黑与白在政治概念上都代表反革命的一方。[133]

晦暗色彩与崇高感在文化心理等方面关系密切，晦暗色彩也在英雄、战争等主题的纪念性建筑形态中表现突出，大量纪念性塑像呈现出晦暗效果，而这与材料选择观念及相关纪念观念有关，如通常采用青铜、石材等，除了基于金石的坚固耐久象征永恒等观念之外，对晦暗效果的追求，往往也是选择材料的出发点，如圣彼得堡火车站前的列宁立像、华盛顿罗斯福纪念园中的罗斯福坐像、四川广安邓小平同志纪念园中的邓小平坐像（图 2-61）等伟人纪念像均呈现出晦暗的效果。

除纪念像外，相关纪念性建筑也常借助色的晦暗来激发崇高感，如孟良崮战役纪念馆的战争

图 2-61 四川广安邓小平同志纪念园邓小平坐像
(来源：http://hanyu.iciba.com/wiki/4852833.shtml)

图 2-62 孟良崮战役纪念馆所呈现的晦暗与粗粝
(来源：屈小羽．历史与环境的融合——谈孟良崮战役纪念馆的设计[J]．世界建筑，2008(5)：132.)

图 2-63 肯尼迪航天中心“太空镜纪念碑”所呈现的晦暗
(来源：Erika Doss, Memorial Mania: Public Feeling in America,Chicago：University Of Chicago Press,2012：4.)

图 2-64 溧阳新四军江南指挥部纪念馆所呈现的晦暗
(来源：胡恒．历史即快感——张雷设计的江苏溧阳新四军江南指挥部纪念馆[J]．时代建筑，2008(2)：83.)

主题全部统一在这简洁的体量之下，通过表皮肌理的设计进行表达[134]，通过外饰的晦暗、粗粝及失效弹壳等来表达复杂的纪念意义，其中混凝土外饰挂板采用凝重、晦暗的暗红色，以象征革命、热血、激情、战斗、抗争等力量，预期能够更好地表达深沉含蓄的性格，体现历史的力量感，表现战争的沧桑和残酷之感，突出纪念的主题[135]，即对和平的渴望，而不是对战争的歌颂(图 2-62)。[136]

位于肯尼迪航天中心刻有“哥伦比亚”号失事遇难宇航员名字的“太空镜纪念碑”，用以纪念航空烈士为探索太空所做出的卓越贡献与崇高的奉献精神(图 2-63)，纪念碑所呈现的晦暗状态及寓意与皖南事变烈士陵园及纪念碑的晦暗状态及其“悲”与“壮”的主题，从情感表达视角而言，无论在形态特征还是这一主题表达方面均有着相似性。

此外，溧阳新四军江南指挥部纪念馆通过形体的黑、红及阴影与封闭空间等所形成的晦暗空间来表达崇高，外部形体选择色彩灰暗深沉的石板作为贴面，纪念馆整体呈现出晦暗效果，简明的基本几何体表示建筑本身就是纪念物，石板贴面则象征着石碑的经典含义[137]，进而采用各类由红色铝板包裹的“内桶”穿越主体空间，在馆中形成相对封闭的围合空间，由此产生浓重的阴影而营造出“晦暗”的氛围，而且红色内桶象征着革命战争洒在山岩上的鲜血，也有铭刻历史的岩石的意象(图 2-64)。[138]

表现崇高精神的纪念性建筑场景，借助光色的晦暗来激起崇高感，在空间氛围上相对突出地表现为“光的晦暗”，在形体色彩上呈现出“色的晦暗”，尤其是黑、褐、暗红、深铜绿等色的运用，通常会规避使用艳丽的光色。在光的晦暗场景中，场景色彩倒不一定需要呈现出晦暗效果。晦暗的光色在后文悲剧感的相关设计思路中表现得更加突出。

明晰的色彩也常出现在崇高纪念性建筑形态中，仅就所知的案例而言，明晰的色彩表现比较突出，这就出现了现象与理论相当程度的不吻合，也反映出现实的纪念性建筑形态表现远比理论模式研究更复杂多样。可以这样理解：首先，如果说晦暗所形成的力量可以引起恐惧而生崇高的话，那么晦暗是激起崇高感的有效方式，但并非是必需或唯一的方式，也可以选择具有某种特征的“力”的形态来表现崇高和崇高感乃至激起崇高感，如前文提及的数量的“大”、力量的“大”等状态的呈现；其次，表达崇高的纪念性建筑形态的光色设计规律很可能深受“美”的相关观念的影响，即在更多情况下表现崇高的光色形态采用的并非是激起崇高感的晦暗光色形态，而是表达“美”感的明晰光色形态。可以说，这一理论与现象之间的差异性问题本身也是较复杂的。

■ 本章小结

本章基于崇高感视角研究相关纪念性建筑感性形态设计思路问题，包括崇高感的内涵、崇高感涉及的纪念主题及表达崇高感的纪念性建筑形态这三方面内容。关于崇高感的内涵，本书基于康德的崇高论及相关研究成果进行阐述，进而阐述崇高感涉及的纪念主题，尤其是英雄纪念、战争纪念的相关内容。关于崇高感及相关感性形态特征问题，主要以康德的数学与力学的崇高论说及相关研究成果为理论基础，梳理表现英雄、战争及相关丰功伟业等崇高纪念主题的设计思路，着重研究具有“数大”特征即体量的“大”、数量的“大”的纪念性建筑形态，具有“力大”特征即力量的“大”、重量的“大”的纪念性建筑形态以及具有光色“晦暗”特征的纪念性建筑形态这三类主要的借以表达崇高、激起崇高感的纪念性建筑感性形态品质。

基于崇高感视角研究相关设计思路，根本出发点是通过把握形态所呈现的“无限”的、“大”的“力量”来表现崇高的核心内容，即超越有限性的无限抗争、奋斗、拼搏等崇高精神和力量，诚如英国学者柏拉德莱所指出的崇高的体积的大小在崇高感中不是主要的因素。主要因素是力量或气魄，基于力学的崇高所呈现的力量的“大”既是崇高的感性品质的核心内容，也是本章的核心内容。尽管康德的崇高论与崇高纪念性建筑形态特征的理论结合仍然只是一种重要的理论视角，而非绝对定论，但也为相关问题提供一定意义上的重要的理论支撑和阐释。

在相关实践中，长期以来存在着一定的“内容”与“形式”之间的矛盾。无论在西方文化背景下，还是在中国近现代相关纪念性建筑设计中，崇高主题纪念性建筑形态的设计常常受到表达“和谐”美感的相关形式论规则或观念的影响，尤其偏好整体统一、比例和谐、光色明晰等形态，在这类和谐的美的形式规则的影响下，用以表达崇高精神的纪念性建筑形态，尤其是堂、馆、碑等，往往呈现出“和谐”美感的形式特征，而并不直接呈现源自崇高精神的“冲突性”、“抗争性”崇高感的形式特征。关于“崇高”、“和谐”内涵的差异，有学者指出，崇高事物在其发展过程中含有不真的、不合规律的因素，也就是含有丑。只有用不和谐、不稳定的形式丑，才能更充分、更突出地表现出崇高的内在本质力量。[139] 近代的崇高范畴则包含着双重因素：和谐的美和不和谐的即丑。崇高以其动荡的过程打破了古典和谐的宁静美，而和谐与秩序则是指一种合乎规则的审美形态[140]，反映的是诸如某种理想世界的理性社会秩序。由此可大致认为，关乎抗争与冲突的崇高归属于“丑”，而和谐则归属于“美”。在大量崇高主题的纪念性建筑形态设计中，仅从形式感视角而言，实际上表达的是和谐性的美感，而非抗争性的崇高感。

大致可以这样理解这个具有矛盾性的问题，即具备和谐“美”特征的崇高纪念性建筑形态所表现的根本内容是崇高的冲突、抗争、奋斗等之后所达到的理想“和谐”状态，而非直接表现崇高主题中的冲突、抗争、奋斗的性质及其过程。和谐可以说是人类的理想与目标，人不断通过解决矛盾的斗争来追求和谐的境界，同时也达到了相对的和谐状态与心情的愉悦。[141] 本章基于崇高感视角研究崇高纪念性建筑形态的设计，相对更关注纪念性建筑形态对崇高的冲突性、抗争性本质的表现，即对“丑”的因素的呈现，如西方学者哈特曼所说的“愈是否定古典美，愈是向崇高发展，丑的因素也就愈大”[142]，这也是本章梳理与研究“基于崇高感视角的纪念性建筑感性形态设计思路”这一问题的核心内容。直接呈现崇高的冲突性、抗争性等核心内容的作品如江苏溧阳新四军江南指挥部纪念馆，该作品较典型地体现了康德所描述的具有冲突性，可激起崇高感的力量的“大”体量的“大”乃至光色的“晦暗”等形态特征。

此外，关于崇高纪念的基本建筑模式的运用问题，在通常意义上纪念范畴的核心内容不仅指“崇高”纪念范畴，甚至常常将“崇高”纪念范畴等同于纪念的范畴，而采取模式化的“碑、亭、馆”等也易于被等同为表达崇高的纪念性建筑当然乃至必然的方式。关于基本模式的性质，齐康先生在谈到纪念性建筑的模式问题时曾明确地指出：“作为纪念性建筑，它是社会、国家、民族情感的凝聚。历史上的各种纪念建筑，在不同历史时期有着社会约定的不同建筑形态，碑、亭、馆等都只是一种参照。”[143] 其中“社会约定的建筑形态”诸如“碑”、“亭”、“馆”等即本书所指的纪念性建筑形态的基本模式，而这些社会约定的方式与惯例只是相关设计的一种“参照”，而非必须这样，除非有特定背景或者强制性的规约。本书研究基于崇高感视角的相关设计思路的根本预期，也是在模式化形态之外探讨相关纪念性建筑设计的更多可能。

■ 余论

在教学实践中，也尝试将理论与实践进行一定的结合，如2014年苏州科技学院建筑与城规学院由楚超超、周曦等老师负责的设计课题《江南名人纪念馆》，其中孙嘉昕、范本森同学都选择孙武为纪念对象，都在感性地体现纪念对象的崇高性内涵，但所用的表现方式不大相同。孙嘉昕偏向于通过受控制的“蓄而不发”的力量的“大”的力度感体现孙武及其“止戈”的思想核心的崇高性；而范本森借唐朝李贺的一句“风樯阵马”的意象形成的数量的“大”来表现孙武思想的内涵及其崇高性。此外，张丹怡选择设计唐寅纪念馆，采用接近崇高的重山叠嶂意象来表现主人公的行旅与襟怀、画意与生涯。他们都自觉或不自觉地使用了偏向晦暗的色调，体现一种时间感、历史感以烘托纪念主题。这些设计在院系组织的公开教学中也获得了校内外专家的鼓励、鞭策和中肯的好评，虽然作业还难免有些生涩和稚嫩（图2-65～图2-70）。

图 2-65 “力量的大”：“蓄而不发”——孙武纪念馆建筑设计 1
（来源：苏州科技学院建筑与城规学院建筑系 建筑学 2012 级孙嘉昕 课程作业）

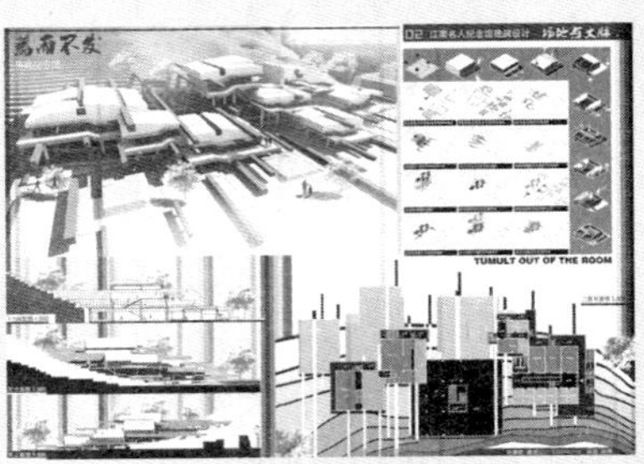

图 2-66 “力量的大”：“蓄而不发”——孙武纪念馆建筑设计 2
（来源：苏州科技学院建筑与城规学院建筑系 建筑学 2012 级孙嘉昕 课程作业）

图 2-67 “数量的大”：“风樯阵马”——孙武纪念馆建筑设计 1
（来源：苏州科技学院建筑与城规学院建筑系 建筑学 2012 级 范本森课程作业）

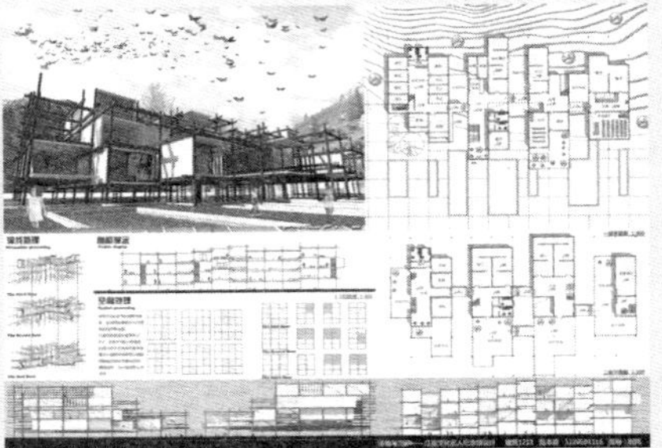

图 2-68 “数量的大”：“风樯阵马”——孙武纪念馆建筑设计 2
（来源：苏州科技学院建筑与城规学院建筑系 建筑学 2012 级 范本森课程作业）

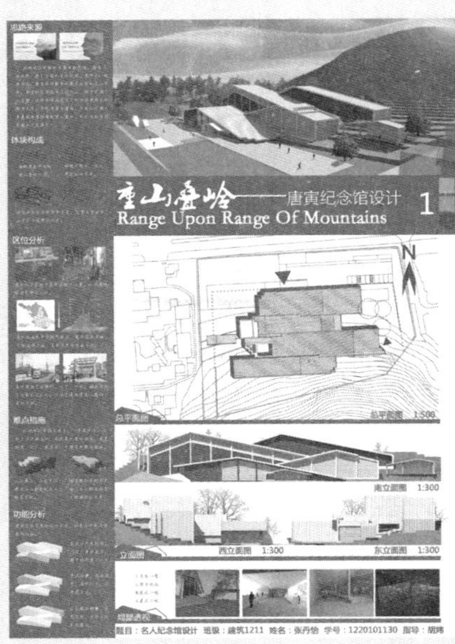

图 2-69 “重山叠嶂”——唐寅纪念馆建筑设计 1
（来源：苏州科技学院建筑与城规学院建筑系 建筑学 2012 级 张丹怡 课程作业）

图 2-70 “重山叠嶂”——唐寅纪念馆建筑设计 2
（来源：苏州科技学院建筑与城规学院建筑系 建筑学 2012 级 张丹怡 课程作业）

注释

1-11，53-57，79，81-83.（德）康德．判断力批判[M].邓晓芒译．北京：人民出版社，2002：83，84，88，89，95-99，100，101，103.

81-83.（德）康德．判断力批判[M].邓晓芒译．北京：人民出版社，2002：99-101 .

12，15，16，58，80，110，111，114. 朱光潜．西方美学史[M]．北京：人民文学出版社，1979：231，234-236，273.

13.（古希腊）亚里士多德．诗学[M].陈中梅译注．北京：商务印书馆，2003：203.

14. 朱智贤．心理学大词典[D]．北京：北京师范大学出版社，1989：367.

17. 朱立元．序//姚君喜．崇高美学[EB/OL]. http://www.culstudies.com/

18. 姚君喜．崇高美的当代阐释[J]．兰州商学院学报，2002（5）：19.

19. 朱立元．美学[M]．北京：高等教育出版社，2001：175.

21. 张吉平．崇高—崇高感—崇高感投射[J]．吉林艺术学院学报，1989（1）：84.

22-29.（英）托马斯·卡莱尔．论英雄、英雄崇拜和历史上的英雄业绩[M]．周祖达译．北京：商务印书馆，2005：译序3—4,12,13,15.

30-33，40. 贺麟．文化与人生[M]．北京：商务印书馆，1996：72-74.

20，34. 王斑．历史的崇高形象[M]．上海：上海三联书店，2008：引言2.

35.（英）特里·伊格尔顿．甜蜜的暴力——悲剧的观念[M]．方杰，方宸译．南京：南京大学出版社，2007：34-35.

36，37. 陈瘦竹，沈蔚德．论悲剧与喜剧[M]．上海：上海文艺出版社，1983：5，49.

38，39. 张坚．意识形态、文化和公共纪念性雕塑·当代中国公共纪念性雕塑的回顾与前瞻[J]．美术研究，2000（3）：22 .

41，119.（美）卡斯腾·哈里斯．建筑的伦理功能[M]：申嘉，陈朝晖译．北京：华夏出版社，2001：187，289.

42.（苏）穆希娜．纪念碑雕刻中的主题和形象[J]．奚静之译．世界美术，1979（1）：43.

43，44. 林瑞荣．革命博物馆纪念馆与爱国主义教育[J]．中共南昌市委党校学报，2004（4）：58，57.

45，46.（德）克劳塞维茨．战争论（第一卷）[M]．上海：商务印书馆，1982：3，23.

47. 毛泽东．毛泽东选集（第1卷）[M]．北京：人民出版社，1991：171.

48，49. 毛泽东．毛泽东选集[M]．第1卷．北京：人民出版社，1991：184，185.

50，51.（波兰）埃娃·多曼斯卡．再释历史的崇高：史学中的卑贱的非审美化[M].上海：上海三联出版社，2003：202.

52. 薛永武．康德崇高美之我见[J]．洛阳师范学院学报，2001（4）：11-14.

59.（美）刘易斯·芒福德．城市发展史——起源、演变和前景[M].宋俊岭等译．北京：中国建筑工业出版社，2005：42-43.

60. 谭垣等．纪念性建筑[M].上海：上海科学技术出版社，1987：序．

61，76，78，116. 任军．建筑纪念性读解——纪念本体及纪念性审美研究[D]．天津：天津大学建筑学院，2004：57，77，167-172.

62. 刘滨谊，李开然．纪念性景观设计原则初探[J]．规划师，2003（2）：22.

63. 彭一刚．创意与表现 [M]．哈尔滨：黑龙江科学技术出版社，2002．

64. 范路等．“转盘子”与“提问”式设计方法——建筑师崔恺访谈 [J]．建筑师，2006（2）：12．

65. 彭一刚．建筑空间组合论 [M]．北京：中国建筑工业出版社，1983：41．

66，67. 李俊霞．建筑的比例和尺度 [D]．南京：东南大学建筑学院，2004：42．

68，116. V·G·布塔．德里圣雄甘地纪念碑，印度 [J]．世界建筑，1991（2）：58-59．

69. 韩国建筑世界杂志社．前卫建筑师 雷法尔·维尼奥里 [M]. 水润宇等译．天津：天津大学出版社，2002：164．

70. 李正平．野口勇 [M]．南京：东南大学出版社，2004：3-4．

71. 齐康．城市建筑 [M]．南京：东南大学出版社，2001：331．

72.（美）斯皮罗·科斯托夫．城市的形成——历史进程中的城市模式和城市意义 [M]. 单皓译．北京：中国建筑工业出版社，2005：271-275．

73，120. 彭一刚．漫话纪念碑建筑 [J]．世界建筑，1991（2）：17-21．

74.（苏）利亚布申，谢什金娜．苏维埃建筑 [M]. 吕富珣译．北京：中国建筑工业出版社，1990：84．

75，137，138. 胡恒．历史即快感——张雷设计的江苏溧阳新四军江南指挥部纪念馆 [J]．时代建筑，2008（2）：85，87．

77. 李珊珊．美国国家二战纪念园景观设计 [J]．规划师，95．

79.（德）康德．判断力批判 [M]：邓晓芒译．北京：人民出版社，2002：99．

84. 史春珊．现代形式构图原理 [M]．哈尔滨：黑龙江科技出版社，1985：57．

85，123. 齐康．纪念的凝思——齐康纪念建筑设计 [M]．北京：中国建筑工业出版社，1996：21．

86，87.（美）阿瑟·C·丹托．美的滥用 美学与艺术的概念 [M]. 王春辰译．南京：江苏人民出版社，2007：128，144．

88. 华盛顿纪念碑景观设计，华盛顿特区 D.C.，美国 [J]．世界建筑，2003（3）：76．

89，90. 吴良镛．人民英雄纪念碑的创作成就——纪念人民英雄纪念碑落成廿周年 [J]．建筑学报，1978（2）：5．

91. 郑光中．心灵的丰碑——从梁思成先生的手稿《人民英雄纪念碑设计的经过》谈起 [J]．建筑学报，1991（6）：28．

92. 胜利广场——二战胜利 50 周年纪念建筑群，莫斯科，俄罗斯 [J]．世界建筑，1999（1）：46．

93. 张润武．孟良崮战役纪念碑 [J]．建筑学报，1988（8）：26．

94-96，128，134-136. 屈小羽．历史与环境的融合——谈孟良崮战役纪念馆的设计 [J]．世界建筑，2008（5）：130-133．

97，98，101-104. 克里斯蒂娜·洛德．塔特林与第三国际纪念碑 [J]．林荣森等译．世界美术，1986（4）：37-40．

99，100.（苏）A·季维尔．共产国际的五年（决议和数字）[J]．谷松译．当代世界与社会主义，1982（2）：26，245．

105. 胡恒．历史即快感——张雷设计的江苏溧阳新四军江南指挥部纪念馆 [J]．时代建筑，2008（2）：87．

106. 刘月．和谐：中国传统建筑审美之维 [J]．华中建筑，2004（4）：121．原载：马克思恩格斯全集（第五卷）．莫斯科，1999：67．

107. 孟钧等．淮海战役烈士纪念塔 [J]．建筑学报，1979（5）：23-24．

108. 王世仁. 重读列宁墓[J]. 世界建筑，1999(1): 57-58.

109. 杨秉德. 知不是雪　为有暗香来——评天津大学百年校庆纪念亭[J]. 新建筑，1997(2): 55.

112，113. (德)鲁道夫·奥托. 论神圣[M]. 成穷，周邦宪译. 成都: 四川人民出版社，2003: 80. 其中“半暗状”即semi—darkness，“半光明”即half-lights。鲁道夫·奥托(Rudolf Otto)，宗教学家、哲学家，曾探讨宗教本质与真理、宗教情感与体验、哲学认识论、神圣观念和神秘主义等问题，代表作为《论神圣》等。

115. 刘云桢. 伯克与康德崇高论比较[J]. 三明高等专科学校学报，2002(1): 75.

117，118，129. 姚君喜. 崇高美学·近代崇高: 作为美学范畴的形成——崇高美学[EB/OL]. http://www.culstudies.com/

120. (美)鲁道夫·阿恩海姆. 艺术与视知觉[M]. 腾守尧，朱疆源译. 成都: 四川人民出版社，1998: 438.

121. 汪正章. 千古奇冤碑歌一曲——皖南事变烈士陵园及纪念碑解读[J]. 建筑学报，1994(12): 31.

122. 张文起. 皖南事变烈士陵园及纪念碑设计[J]. 建筑学报，1994(12): 35.

124-126. 圣经·新约. 南京: 中国基督协会，1996: 119，260，273.

127. 彭璞. 当代纪念性建筑发展的新特点[D]. 上海: 同济大学建筑学院，2005: 30—31. 原载于NEW YORK World Trade Center Competition，16.

130-133. 张宪荣，张萱. 设计色彩学[M]. 北京: 化学工业出版社，2003: 99，107.

139，140，142. 王庆卫. 丑的轨迹——理性视阈中的非理性变奏[M]. 北京: 中国社会科学出版社，2006: 12-13，65-66.

141. 曾繁仁. 论希腊古典“和谐美”与中国古代“中和美”[J]. 中国文化研究，2001(34): 62.

143. 齐康. 环境的建筑创作构思——“侵华日军南京大屠杀遇难同胞纪念馆”创作设计[J]. 东南大学学报，1998(2): 1.

第三章

“大美感”的纪念性建筑形态

第一节 “大美感”的纪念

“大美感”即中国式的崇高感、壮美感，类似于庄严感，以此来指代源自中华民族的崇高精神等所蕴涵和激发的情感。之所以选用“大美”一词，主要是强调我国文化背景下大美感所涉及的“大”的文化内涵及“大”的形态特征。在文化建设方面，“大美”可能比“崇高感”更适合，因为我国文化推崇的是和谐性崇高精神，而且二者的基本内涵也是可通约的；在表达精神内容方面，相对于“壮美”或“壮丽”，“大美”所蕴含的文化内涵可能更为博大深邃，有可能更准确地把握中国式崇高的感性品质；而在表达文化内涵方面，也可能比源自佛教文化的“庄严感”更适用。

一、崇高问题的可通约性

中、西方崇高问题的通约性问题比较复杂，也存在着较大的争议乃至对立，所谓不可通约性是对不同理论强调边界，也就是在语词使用上有着各自的规定性[1]，可通约性则强调了理论之间是可理解、可互通的。在《崇高问题的跨文化美学分析》中，通过解释中、西方崇高内涵的相似性，同时也强调这一问题的文化差异性，认为文化传统形成了崇高的一个边界及范畴，即每个民族的文化传统构成了理解该民族崇高事物的一个约定性情境，同时崇高也正是依靠文化传统而具有了可通约的特性。崇高与文化情境相结合的分析方式，既利于提炼不同崇高观念的要素，也利于找到各文化传统中崇高所具有的共通特性，如康德所说，崇高是人的本质力量的自我显现，正是在这个本质意义上，崇高理念是可通约的。[2]

中国文化强调和谐，而我们从来也不缺乏为了理想、大义、独立等而进行艰苦奋斗的崇高精神，在我们的文化中，和谐和崇高也是可通约的，而表现这些崇高精神的纪念性建筑形态，符合民族愿望的感性品质，也突出地表现为“和谐”。

正是因为这样比较复杂的情况，本书把崇高感相关问题的研究分成了两章。一方面，这类认为中西文化中崇高问题与内涵具有可通约性的观念，为本书整合地研究中西方崇高感相关设计思路问题提供了一定的理论依据，可以相对独立地成章；同时也是出于对不同文化背景下崇高内涵的差异性的考虑，独立成章地阐述表达中国式崇高感即“大美感”的纪念性建筑相关问题。

二、“大美感”的内涵

关于源自中国式崇高精神的“大美感”的内涵，主要参照文艺学及美学学者贺天忠先生《庄子的大美与康德的崇高之美》一文的有关阐述。文章基于对老庄大美论的研究阐述了中国式“崇高”与康德式崇高之间的异同，认为当代中国的崇高观念与老、庄等所说的“大”、“大美”等是关系密切的：孔子、孟子、老子、庄子等人都分析比较过“大”与“美”的问题，先贤们对这个问题的研究直接引发并影响了后世中国人的崇高观念[3]，在此，大美与“壮美”基本相通，进而对照康德的崇高论，对大美的内涵、形象、感受、精神这四方面内容进行阐述。

其一，“大美”的内涵方面：庄子的大美概念主要指能激起人的自豪和无限力量的壮美或阳刚之美，是正常的人的本质力量的正常状态的对象化，而康德的崇高之美主要是指令人惧怕和具有毁灭性力量的对象，是扭曲了的人的本质力量的非正常状态的对象化。[4]

其二，“大美”的形象方面：庄子叙说了许多形体巨大的形象，如其翼若垂天之云、扶摇而上九万里的大鹏，高万仞的“栎社树”以及上古大椿，东海之鳖等[5]，而康德式崇高的审美对象多呈现出一种险峻奇崛的气势。[6]

其三，“大美”的感受方面：大美形象的感受并没有恐惧感，而是豪迈的欣喜之情。庄子所说的“大美”是一种无限之美，所产生的审美愉悦伴随着惊叹，但没有恐怖和痛感，是一种最大、最高、最美的至美至乐感受，主体处于主动的、支配的地位，没有不愉快的心理过程[7]；而康德所说的崇高感从本质上看是由于审美对象的威压、强制、阻碍使主体由矛盾冲突的不自由达到审美自由，并指出崇高感是由痛感转化为快感的，而大美感是不经历痛感而直接产生的自由豪放的美感。[8]

其四，“大美”的精神方面：大美精神是一种欢欣鼓舞、奋发昂扬的美，是一种充分肯定人的自由的美[9]，而具有大美精神的人主要指庄子所说的神人、圣人、至人，都是具大美的最理想、最完美的人，他们获得了绝对的自由，拥有超世的宏伟气魄，体现了对理想人格、自由精神的追求和向往。[10]

概言之，“大美”是一种令人欢欣鼓舞、奋发昂扬的美，是一种充分肯定人的自由的美。大美精神的核心内涵可以说是人追求理想人格、“绝对自由”的精神，中国式崇高感可以说是源自这样的大美精神的豪迈欣喜之情或自由豪放的美感，而非康德式源自恐惧的崇高感。这里所讨论的大美或壮美，可以看作是对中华民族崇高精神内涵的一种重要的阐释，也可以看作是对中国文化背景下相关民族英雄、革命英雄、革命战争等纪念主题中所蕴含的中华民族“和谐”崇高精神内涵的理论阐释，由此可以把握中国式崇高精神及崇高感的内核。

三、“大美感”的纪念主题

中国当代“大美感”所涉及的纪念主题主要包括中国历史上乃至当代社会各界的英雄纪念与革命战争纪念，具体内容在前文崇高感所涉及的纪念主题相关内容中有所阐述，在此不再赘述。

四、基于“民族形式”的“大美感”形态设计思路

在表现中华民族崇高精神的纪念性建筑感性形态设计思路中，体现“民族形式”特点的设计思路表现比较突出，这些建筑往往存在着一定的“官式建筑”的特点，可以说是一种高度程式化的认知和高度模式化的设计操作思路的结果。一般而言，具有梁思成先生在《中国建筑的特征》一文中曾概括的中国建筑九大特征中的全部或部分特征，这些特征大致如下：

①中国建筑一般由下部台基、中间屋身和上部翼状屋顶三个主要部分构成；②平面布置上，由围绕庭院或天井的建筑构成一个建筑单元体；③以木材作为主要材料，梁架间用枋、檩等牵搭形成“间”的主要承重构架，墙不承重；④使用斗栱合理受力，并在木构乃至砖石建筑上大力发扬斗栱的装饰性，成为中国建筑的显著特征之一；⑤屋顶的坡度随着举架成为缓和的弯曲面；⑥屋顶在中国建筑中历来占据极重要的位置，其壮丽的装饰性很早就被大力使用，成为中国建筑最主要的特征之一；⑦官式建筑使用朱红作为大建筑物屋身各主要构件的主色，并用彩绘装饰木

构架的上部结构；⑧在木结构建筑中构件交接处往往大半露出，稍经加工即成为建筑装饰；⑨建筑材料中大量使用有色琉璃砖瓦，广用各色油漆，木、石、砖常雕刻精细。[11] 由此，中国建筑的特征包括：单体建筑三段式构成、建筑群体形成院落、木结构体系、斗栱的结构作用及装饰性、举折与举架形成屋面形态、大屋顶及其极重要的装饰性、艳丽的色彩表现、结构与装饰结合、发挥各种材料及建构的装饰性等。这些不仅是建筑的特征，也常被用来象征与表达民族形象、民族成就、民族情感如民族自豪感、民族尊严等。

这些以中国建筑的某类或某些特征乃至特定建筑为原型，进行各种方式与不同程度的相似性模仿或再现所形成的“民族形式”风格，常常被用于民族英雄、革命战争等纪念主题的纪念性建筑的设计中，也已经成为纪念性建筑设计广为认同的重要方式。

关于民族形式的“官式”特征，在《中国建筑艺术史》中曾略及其含义：“既含有官方的，又含有行业公认的、标准化和定型化的意思。既指符合和接近朝廷颁行的建筑规范的建筑式样和风格，也包括那些未见于官方规定但一直为京城地区匠师奉为圭璧的习惯做法。”[12] 近代纪念性建筑对民族形式的重要实践探索如吕彦直先生设计的中山陵，在中山陵图案征集的规则中就明确规定了祭堂须采用中国古式且要含有特殊与纪念性质[13] 等要求，这样的要求在中山陵设计的整体、单体、室内、细部上均有全面的贯彻：整体布局上，汲取了中国古代帝王陵墓的格局特点，严格的中轴对称布局，体现了传统中国式纪念性建筑群体的基本特征；主体建筑——祭堂的建筑风格，提炼了中西方相关经典构成要素，融合了中西方经典三段式构图，屋顶基本延续了传统官式建筑的歇山顶，上覆宝蓝色琉璃瓦，屋身可以说是中西方经典形式的合璧；在室内处理上，如顶部延续了传统建筑中的藻井等；在细部处理上，以混凝土、石、铜等材料再现了传统官式建筑的雀替、斗栱、户牖等。这一系列方式可以说是对基于传统建筑特征并融合西方古典建筑形式特点所进行的混合、复杂建筑风格的探索及其在纪念性建筑设计实践中的运用（图 3–1、图 3–2）。

有学者认为，近代“民族形式”建筑在对中西建筑融合的理解方式上基本还停留在建筑形式层面的传统符号运用上，并且出现了种种设计缺陷并造成使用问题。从中国建筑现代转型的发展

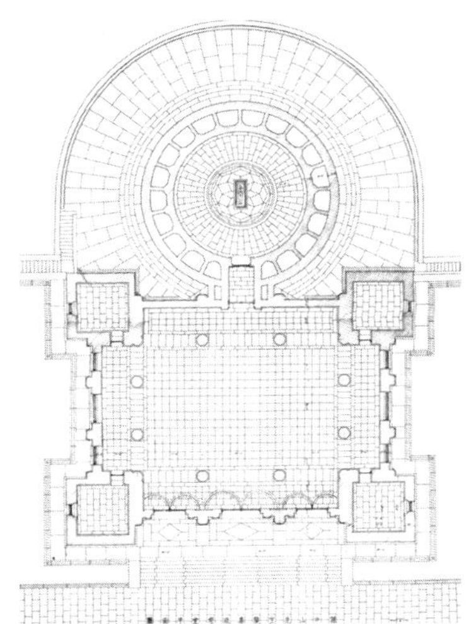

图 3–1 中山陵享殿平面
（来源：建筑文化考察组．中山纪念建筑 [M]．天津：天津大学出版社，2009：110，125.）

图 3–2 中山陵享殿立面
（来源：建筑文化考察组．中山纪念建筑 [M]．天津：天津大学出版社，2009：110，125.）

历程上看，民族形式的建筑设计承担了过于沉重的文化和政治意义，无法真正实现中国传统建筑的“革命性”变革，而不可避免地陷入形式主义的困境之中[14]，从一个侧面揭示了民族形式所面临的困境。近代“中国固有之形式”对当时象征权力的建筑包括纪念性建筑产生了深刻影响，已经成为中国传统文化精华乃至民族精神的象征，这样的设计思维方式影响深远，可以说使得民族形式几乎成了中国当代表现崇高精神的纪念性建筑形态中最主流的形式。

民族形式有着重要的影响力，同时也有着多样的表现，作为崇高纪念主题的建筑常用的表现形式，可以说是一种我们国家与民族的强烈情结使然，既易于被决策者选择与接受，也容易成为设计者的近乎当然的设计思路，一方面有经典的作品，但另一方面或多或少也可能成为一种窠臼。在相关实践中大致呈现出三种基本设计思路，包括：“复制”式、“提炼”式、“自由”式。

首先，“复制”式思路。如梁思成先生的重要作品扬州鉴真大和尚纪念堂，先生将唐招提寺金堂照原样式在扬州复制了一座（图 3–3），梁先生是这样阐述设计思路的：唐招提寺金堂作为鉴真在日本留下的最主要的遗物，是以唐开元、天宝时期中国佛殿为蓝本而建造的，总体风格上与中国现存唐代佛殿极相似，最初设想将金堂按原样式在扬州复制一座，但是如果按照金堂原大，会把基址占去约一半以上，布局将很局促，因此，将面阔七间、进深四间的金堂，减缩为面阔五间、进深三间的纪念堂（图 3–4）。[15] 由此可知，梁先生之所以将金堂作为鉴真纪念堂的原型，主要依据是金堂是鉴真在日本留下的最主要的遗物，由此使得“纪念鉴真的纪念堂”与“金堂”之间具有了很容易被理解与认同的关联性，同时也能展现纪念者所处的时代与文化背景，可以说是直接转化为设计，在对前者进行复制的基础上，调整成为扬州鉴真大和尚纪念堂的建筑形态。

图 3–3　扬州鉴真大和尚纪念堂的原型：日本唐招提寺金堂
（来源：黄勇先生 2015 年 8 月摄于奈良）

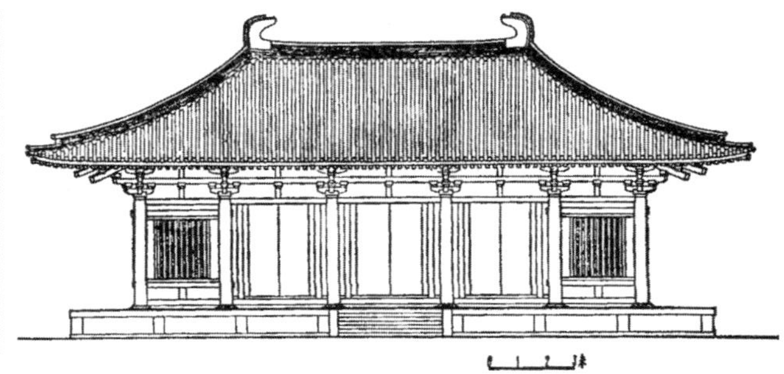

图 3–4　扬州鉴真大和尚纪念堂立面
（来源：梁思成．扬州鉴真大和尚纪念堂设计方案 [J]．建筑学报，1980（3）：3.）

其次，“提炼”式思路。如张锦秋大师的代表作之一——黄帝陵轩辕庙祭祀大殿，在追溯传统的思维力量的推动下，“复制式”思路遇到了困境，因为作为纪念对象的黄帝所处时代的建筑形式几乎不为人所知，即使为人所知，茅茨土阶也很可能不大为当代的观念所接受，大殿建筑最终采用的是古于汉风的风格，造型简洁、古朴、宏伟[16]，既古远又有形态操作的依据，且有需要的气势。具体说，在这样对中国早期礼器、砖石画像等所刻画的建筑形态的“提炼”下，形成的是经过提炼的古于汉风的风格，取一种宏大古风的意象，不等同于真实存在的风格形制（图 3–5）。

提炼式的思路思考了一种纪念性建筑设计思维逻辑，那就是当今纪念历史英雄是否必然要使用纪念对象原型所处时代的建筑风格。仅由此例也可看出：“特定纪念对象的纪念性建筑”→“纪念对象所处时代”→“以纪念对象所处时代的建筑风格为纪念性建筑风格”，这样的思维逻辑也

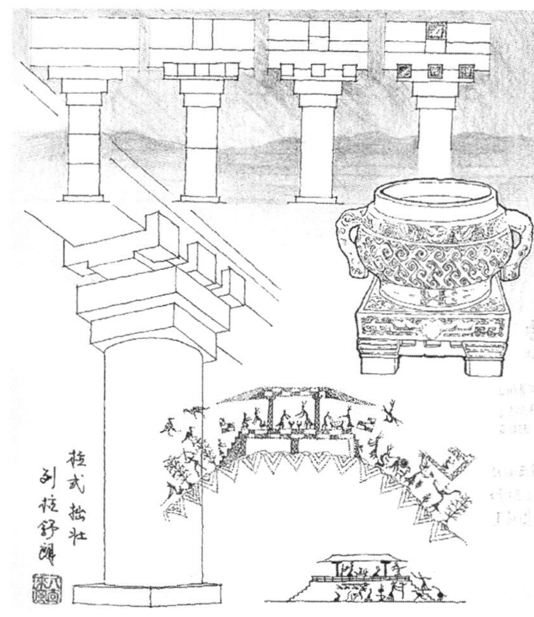

图 3–5 黄帝陵轩辕庙祭祀大殿建筑风格来源
（来源：张锦秋．圣殿记·长安意匠——张锦秋建筑作品集［M］．北京：中国建筑工业出版社，2006：27.）

图 3–6 黄帝陵轩辕庙祭祀大殿
（来源：张锦秋．圣殿记·长安意匠——张锦秋建筑作品集［M］．北京：中国建筑工业出版社，2006：54，55.）

图 3–7 苏州革命博物馆的“民族形式”
（来源：2015 年 11 月自摄于苏州）

不是绝对必然的，而关于这一提炼式思路所取得的效果，程泰宁先生指出，谁也不知道五千年前中国的建筑是什么样的，轩辕庙所表达的已不是形制或尺度的比例问题，而是以“写意”来表达历史感及悠长深远的中国文化精神。祭祀大殿，从整体造型到柱头檐口的处理，不仅会使人联想到汉画像砖上的图式，还有埃及神庙的影子，而大殿内叠涩式的顶部处理跳出了传统建筑梁架藻井的样式，这已不是对传统建筑形式的运用和思考，而是超出了形式，反映了一种文化素质（图 3–6）。[17]

此外，苏州革命博物馆也是采用“民族形式”的模式提炼组合而成的，没有直接采用大屋顶，而采用了简洁的长城意象与简化的传统殿堂披檐模式，建筑主体采用处理简洁的长城意象，在主入口增加了披檐、斗栱以及台阶踏步等传统建筑元素，用以表达博物馆的民族性主题（图 3–7）。

其三，“自由”式思路。如齐康先生的作品——淮安周恩来纪念馆，可以说是“自由”式设计思路的经典，这是一座建筑本身就具有象征性、永恒性、纪念性、艺术性的纪念馆。简洁、明朗的建筑凸显了总理的伟大形象，体现了作品性格，表现了地方性、民族性和世界性，齐先生选择了经典的方形几何体为主体建筑形态的基本原型，并在此基础上进行变通，使得主体建筑大方却并不凝重，以这样方正、简明、稳定而寓意深刻的形态作为周总理“大方”、“方正”、“正直”的人品和崇高精神的象征。方、方锥等是抽象几何中最单一、明确、易理解的体形，自古以来方锥形就是纪念性的象征，希腊神庙的基座三台阶、中国陵的造型都是它的变形，与方体组合，加强了这种形体组合（图 3–8）。[18] 尽管中国传统建筑中也有相似的方形攒尖顶建筑，如故宫中和殿（图 3–9），但事实上纪念馆已经很难说存在着明确的建筑原型，设计已经不拘泥于模仿、复制、再现，而是融汇东西，创造性地领悟、积淀、表达，从而在一定程度上既超越了民族形式的设计思维模式，又表达了鲜明的象征性、地方性乃至民族性，体现出了在纪念性建筑设计中设计思维合目的性的相对“自由”。

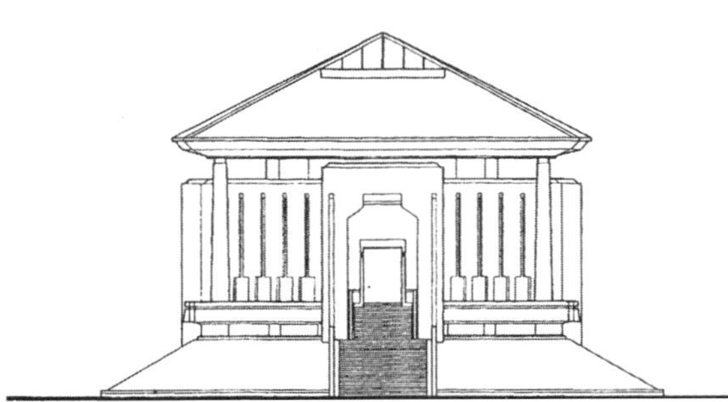

图 3-8　淮安周恩来纪念馆主体建筑
（来源：齐康．建筑思迹[M]．哈尔滨：黑龙江科学技术出版社，1999：104.）

图 3-9　北京故宫中和殿
（来源：2005 年 10 月自摄于北京）

在我国当代崇高纪念性建筑形态设计中，基于民族形式的“复制式”、“提炼式”、“自由式”这三类思路的主要差异可理解为与传统建筑原型的相似度的不同以及对原型要素特征的设计组织与处理的可变适应性。这些思路已经具有了导向性，甚至有些思路已经具有某种惯性，深刻地影响着相关纪念性建筑的设计。尽管在体现我们的集体情感和承载我们的精神方面，相关设计的建筑原型有着由官式转向民风的趋势，但大体的三类方式可以说是没有本质差别的。

下面主要阐述“大美感”感性形态的整体层面的“大壮”、结构层面的“和谐”、表征层面的“明艳”光色并概略涉及质感的“明晰”这四方面感性品质。

第二节　“大壮”

一、“大壮”的内涵

“大壮”在本书中主要包括“大”、“壮”这两方面内容，取宏大、壮丽的意思，《当代建筑文化与美学》提到“大壮”最早出现在《周易》中，指雷在天空轰鸣，龙在天空升腾，其势大且壮也。[19] 根据《说文解字》的说法，大指天大，地大，人亦大，故大象人形[20]，而壮即大也[21]，可见大与壮的含义是相通的。在本书中，单独使用的“大”侧重于表示相关场所的阔、大等方面，而“壮”侧重于表示建筑体量的重、大等方面，大与壮的基本内涵没有本质的不同，行文中的使用也没有严格区分，主要是在阐述场所、空间方面的“大壮”内容时用“大”一词。

关于“大壮”的象征意义，尤其是和权力的关系，有学者指出，宏大壮丽的建筑可以体现政治伦理价值，可以说，建筑是艺术中政治性较强的，可以成为意识形态的工具。维护统治阶级政权的稳定性是一个社会政治伦理的基本准则与目标，如萧何在咸阳兴建了壮丽非凡的未央宫，高祖刘邦看到后感到不安，萧何说：“天子以四海为家，非令壮丽无以重威”，高祖才得以释怀。正是在崇尚威重的意识的支配下，宫殿建筑成了反映封建政治秩序的典型而集中的代表[22]，大壮建筑即为权力强有力的象征形象。

纪念性建筑形态中的“大壮”与中国传统建筑场所的“大壮”特征的差异性主要体现为内涵不同，前者用以象征民族精神、崇高精神等内容，后者则与伦理、等级、皇权等有关，而相似性则主要表现在形态及其感受方面。本节主要从纪念性场所层面、纪念性建筑层面来分析相应的表现。

二、“大壮”的“大美感”纪念性场所形态

纪念性场所环境层面的“大”表现为场所的阔大乃至无限或空无，德国神学家奥托曾阐述过东方艺术中的空无对于崇高乃至神秘的意义，认为除了静默和黑暗之外，东方艺术还采用产生强烈神秘印象的直接方式，即“空”和“空阔”。空阔，即辽阔深远的空无或者空白，认为远伸的沙漠、无限的平川具有真正的崇高性。中国建筑在本质上是一种安排与组合房舍的艺术，而不是以崇宏的拱形大厅或轩昂的高度来产生庄严感，东方封闭的空间、庭院和长廊所具有的无言的恢宏是至为庄严的。[23] 奥托指出，东方绘画中“空无”本身是被当作关注对象来描绘的，是作品的主题所在 [24]，包括中国传统建筑及艺术中的“空阔”、“空无”等都是表现崇高与神圣的最重要方式，东方这种以“空”、“无”与西方以追求“巨”、“大”的实体体量来表达崇高的方式大不相同。

诸多经典的中国传统“纪念性建筑”，其场所空间层面往往呈现出阔大、空无、无限等“大壮”的感性特征，而且建筑与场所的结合也强调大气合一的整体感与和谐的大美感。西方学者也比较关注这样的特点，如奥托所说，建于南京和北京的明代帝王陵墓就包含着整个风景（区域）的空阔设计，也许是呈现“空无”方面最有力的例证。[25] 培根在《城市设计》以及拉斯姆森在《建筑体验》中也都谈论过类似的主题，如天坛也是通过场所环境的阔大、空无来营造祭天仪式所需的无限、神圣的场所感或意境的典范。这类设计思路对当代的纪念性场所氛围的营造依旧产生着影响，齐康先生就曾在南京雨花台烈士纪念碑的崇高感场所氛围营造中提到大平台上的纪念建筑和北京天坛的构思，其手法是共通的，但内涵寓意又是有差别的，想通过碑仰望天空产生一种遥远和无限的感受 [26]，其中场所的“无限感”等意境的营造，可以说是以这种设计方式来展现死难烈士们的业绩与山川同存、与日月同辉的纪念主题。

本书主要以中山陵、黄帝陵轩辕庙祭祀大殿、淮安周恩来纪念馆、平湖弘一大师纪念馆为例来阐述纪念性场所的“大”：

中山陵主要建筑的体量实际都还称不上庞大或巨大，然而以祭堂处于整个陵园地势高处、居于核心地位及其他相关建筑物、构筑物、大台阶等与山势的结合，整体环境呈现出大气磅礴的气势，而成了中国传统相关经验的延续与发展的经典作品。谭垣先生曾赞美中山陵的大气：中山陵，选择在紫金山中的茅山，显得富有万古长青的无限活力；山坡向阳展开，一望无垠，显得巍峨壮丽，空间幽深，富有层次，令人肃然神怡（图 3-10）。[27] 湖南南岳忠烈祠也有着类似中山陵的“大”的气势（图 3-11）。

在黄帝陵轩辕庙祭祀场所与大殿设计中，参照相关专家及政府方面提出的以“大象无形”、“圣地感”[28] 的感性意象为设计的指导原则，大致是这样通过建筑设计来实现圣地感的：作为一座大型国家级祭祀建筑，设计特点可概括为山水形胜、一脉相承、天圆地方、大象无形，为营造宏伟、庄严、古朴的氛围，突出炎黄子孙精神故乡的圣地感，规划设计从宏观上处理好与大环境山水形胜的关系，格局上有鲜明的民族文化特征，凭借山川地貌与植被构成的大环境，体现出大象无形的境界。[29] 这种大象无形等所营造的圣地感与“大美感”可以说是相通的，对于整体场所氛围营造所达到的境界和情感体验，诸多大家有着深刻体会。如吴良镛先生认为达到了“圣地感”意境这样的高度，他说到黄帝陵新建筑群从一般建筑造型上升为雕塑感，形象的表达

图 3-10　中山陵：纪念性场所呈现的“大”
（来源：建筑文化考察组．中山纪念建筑[M]．天津：天津大学出版社，2009：310.）

图 3-11　湖南南岳忠烈祠：纪念性场所呈现的“大”
（来源：金磊．抗战纪念建筑[M]．天津：天津大学出版社，2010：306，311.）

与塑造是纪念性建筑更高的创作境界，进而说到圣地感是指一种场所意境，类似于场所精神，是指一种建筑环境具有感人的精神力量，可能会给人一种神圣的感觉，而纪念性环境的形成与建筑形象的塑造是纪念性建筑获得成功的两个关键方面。这一组新建筑群的塑造与寂静中的巨柏等已凝为一体，庄严肃穆，启示前哲所指天地有大美而不言[30]的境界。关肇邺先生也谈到这个作品成功地营造了壮美的圣地感：以汉风为主，融入了设计者的文化底蕴，融合了现代的观念，以“创造”早期建筑的“壮美”，认为圣地感就要有序列、有广场、有台基、有大殿，雄浑、壮观，其中最具震撼力的是大殿有柱无墙，屋顶的巨大圆形天光最大限度地把人和自然结合起来，寓意无穷（图 3-12）。[31]

关于淮安周恩来纪念馆，齐康先生曾说，为怀念和崇敬伟人，“朴实、浑厚、明朗、大方”[32]是设计的出发点。在总体规划中，齐先生将水、岛和城市的交通道路统一思考，宁静的水面，浩瀚的天空，水天一色，建筑融于自然之中，水、天、大地、建筑交相呼应，显得宁静、壮丽。人民的、自然的、时代的建筑，这就是设计的主题[33]，进而通过一系列娴熟的空间结构秩序组织将建筑与场所结合起来。纪念馆以其整个场所的阔大、浩瀚来纪念总理，以表现总理的平易近人、襟怀坦荡、光明磊落等伟大的人格形象（图 3-13）。

图 3-12　黄帝陵轩辕庙场所的“大”
（来源：张锦秋．圣殿记 长安意匠——张锦秋建筑作品集[M]．北京：中国建筑工业出版社，2006：38-39.）

图 3-13　淮安周恩来纪念馆：纪念性场所呈现的“大”
（来源：http://tupian.baike.com/a1_13_68_01300000025788121662680488542_jpg.html）

三、"大壮"的"大美感"纪念性建筑形态

纪念性主体建筑的"大壮"突出地表现为纪念性场所中主体建筑的"堂"、"馆"等的壮丽、雄伟、宏大，这里以黄帝陵轩辕庙祭祀大殿、淮安周恩来纪念馆主馆以及上海世博会中国国家馆为例来进行分析。其中中国馆虽然不是严格意义上的纪念性建筑，但具有强烈的纪念性，构思立意反映了"大壮"、"形胜"、"方正"等传统文化观念的影响。

黄帝陵轩辕庙祭祀主殿设计的指导原则可概括为雄伟、肃穆、庄严、古朴[34]，对此，张锦秋大师曾提到三层石台上坐落着轩辕殿由圆形石列柱围合成的方形空间，其上为巨型覆斗屋顶，顶中央有直径 14 米的圆形天光，蓝天、白云、灿烂的阳光直接映入殿内，四面青山透过列柱历历在望，整个空间恢宏、神圣而通透、明朗。轩辕殿造型朴拙、手法简练，列柱由整块花岗石加工而成，表现出强大的力度，石材构件不加任何雕饰。石材尺度和肌理的着意处理，使大殿更加古朴、沉稳、大气磅礴[35]，通过形体的宏伟、构件的巨大、材质的朴实和厚重表现强大、厚重的力度成了形成大殿"大壮"的重要方式，成功营造了圣地感的意境和震撼的体验，如"进大殿第一感觉，四面无壁，上露苍穹，令人想起晋朝陆机'磅礴立四极，穹隆放苍天'的诗句，完全能表达对这座大殿的感动"[36]，诸多专家肯定了圣地感意境的确立及表达的纯青，认为它达到了大象无形的境界（图 3-14 ~ 图 3-16）。

图 3-14 黄帝陵轩辕庙大殿的"大壮"
（来源：张锦秋．圣殿记 长安意匠——张锦秋建筑作品集 [M]．北京：中国建筑工业出版社，2006：20.）

图 3-15 黄帝陵轩辕庙祭祀大殿"穹隆放苍天"
（来源：张锦秋．圣殿记・长安意匠——张锦秋建筑作品集 [M]．北京：中国建筑工业出版社，2006：70，78.）

图 3-16 黄帝陵轩辕庙祭祀大殿石材构件呈现的力度
（来源：张锦秋．圣殿记・长安意匠——张锦秋建筑作品集 [M]．北京：中国建筑工业出版社，2006：70，78.）

淮安周恩来纪念馆的主体建筑本身就具有象征性，以简洁、明朗的形态显现了总理的伟大形象。这样的构思表现为纪念主体建筑空间层面的“大”、“方”。齐先生选择了经典整一的方形几何体为主体建筑的基本原型，并在此基础上进行了变通，使得建筑大、方，却并不凝重，以这样方正、简明、稳定的形态作为周总理人品、精神的“大方”、“正直”、“方正”的象征。齐先生指出，在中国的传统思维中以“天圆地方”体现古代传统的宇宙感、永恒感，“正直”、“中和”、“方正”、“四面八方”，而且具有多向性，是形象中最容易的直觉感受。此外，通过以此为基础的形体创构，使得纪念馆具有了一种纪念性、稳定感以及淳朴、大方的庄重感。纪念大厅将四方体旋转了 45 度，可以打破过于凝重的建筑体量，而且以四柱柱廊留出了建筑空间平台，从而使建筑既稳重又不失灵动（图 3–17）。通过这样的方式使得纪念馆达到了建筑形式与精神内容的契合，与四周的环境更加和谐，贯穿而统一。[37] 形态、主题、环境在这里的融合可以说炉火纯青。

“大壮”在以文化精英为纪念对象的纪念性建筑中也有所表现，如程泰宁先生设计的平湖弘一大师纪念馆的清莲之“大”是基于环境的尺度控制的结果。主馆以高雅、洁白之“水上清莲”为形态隐喻，表现了弘一大师的佛教文化背景，也昭示了大师高风亮节、纤尘不染的传奇一生。纪念馆的尺度是设计研究的重点，有两种尺度要求，即建筑尺度和环境尺度。根据各个视角的电脑合成分析，纪念馆外径定为 48 米，建筑高度也考虑了与树冠的互相关系，使凸出在水面上的纪念馆与郁郁葱葱的树木相互映衬，获得了很好的景观效果，使体量既不过大也不过小，体形过大将影响整体环境，过小则似小品。[38] 正是这样基于关照环境的形态设计指导原则，使该馆成了既表达崇高主题又与场所整体和谐的经典之作（图 3–18）。

图 3–17　淮安周恩来纪念馆的“大方”
（来源：http://www.lvping.com/photos-d351-s16600-t2-p1-i3763631-detail.html#photo）

图 3–18　浙江平湖弘一大师纪念馆：纪念馆与场所和谐呈现的“大”
（来源：邱文晓．无数珍奇寄清莲——浙江平湖弘一大师纪念馆 [J]．新建筑，2008（1）：85.）

何镜堂先生曾大致这样叙述位于 2010 年世博园区核心地段的中国国家馆：国家馆居中升起、层叠出挑、庄严华美，形成了“东方之冠”的主体造型。地区馆水平展开，以基座平台的舒展形态映衬国家馆，一眼望去，就是中国的，并且具有很强的冲击力和纪念性，红色钢构件搭建的构架源自中式木构，形成了巨大尺度和跨度的内部空间，成为举办各种重大仪式及宣传活动的标志性场景，展现着和谐的人文关怀。在这里，用“大”一词来理解、概括并解读中国馆的构思。其中，大国风范、天人合一、天地交泰、万物咸亨等体现立意之大；建筑形态融合了天人合一、和谐共生、师法自然等中国哲思，体现意境之大；源自中国传统城市建筑的原型、故宫中的空间秩序等生成了国家馆的“规”、“回”等空间秩序，体现秩序之大；巨型钢构架、巨型四足鼎、下部挑空等体现空间、形体与空间体量之大，可以说是塑造了新的表现中华民族精神的纪念形式。[39]

图 3-19 上海世博会中国馆型体的“大”
（来源：EXPO 2010 SHANGHAI CHINA 上海世博会[M]. 香港：香港科文出版公司，2010：14-15，17.）

图 3-20 上海世博会中国馆空间的“大”
（来源：EXPO 2010 SHANGHAI CHINA 上海世博会[M]. 香港：香港科文出版公司，2010：14-15，17.）

这种创新和后文第六章“传统发明”的思路基本一致。中国馆显然具有“量大”、“力大”等典型的崇高形态的特征，营造出了泱泱大度、中华之冠的“崇高”意境，其本身的寓意及形态也得到了业内人士的肯定，认为：“造型独特，大气磅礴，有很强的震撼力，寓意深刻，以特有的文化内涵表现出中国迅速崛起的气势等。”[40]（图 3-19、图 3-20）

中国当代的纪念性建筑设计在表达崇高英雄等纪念主题，尤其是在强调民族性、表达民族情感、体现“大美”或“崇高”的中华民族精神等宏大纪念主题时，重要的设计思路是通过纪念性场所层面的阔大及纪念建筑主体的大壮等“大壮”形态表现“崇高”，且强调建筑与场所整体性的“和谐”。和谐的相关问题则是接下来的主要内容。

第三节 “和谐”

一、“和谐”的内涵

“和谐”问题本身相对复杂，和谐秩序、和谐状态不仅为中国文化所关注，也可以说是古今中外所普遍追求的理想状态。在这里，“和谐”既包含了精神内涵，也指感性形态品质。对和谐以及和谐形态的追求，在中国当代纪念性建筑设计中也有着突出表现。

这里需要分析中西方文化背景下的和谐内涵。之所以在这里研究西方文化背景下的“和谐”观，主要有两方面考虑：首先是实践方面，在我国相关纪念性建筑设计实践中，由于诸多复杂原因，尤其是设计者专业技能的习得、素养的积淀等，与西方相关思想、实践存在着深刻的渊源，西方式和谐美的形式规则，尤其是相关比例规则，深刻影响了我国当代的崇高纪念性建筑设计，许多重要作品都明显呈现出这一特点；其次是理论方面，西方文化中对和谐问题，尤其是和谐形式论方面有着比较系统、深入的理论阐述，这里也主要基于相关研究来阐述我国当代崇高纪念性建筑设计中的“和谐”问题。

西方文化背景下的和谐说延续了数千年，和谐的内涵阐释也较庞杂，而且对其内涵的理论阐释并非僵死的教条，随着时代的变迁有所变化，但和谐的核心内容也有着强烈的延续性。和谐也是西方美学研究的重要范畴，更为重要的是基于和谐所形成的美学观念，包括“以和谐为美的”感性形态设计规则、审美标准及是否是“美的”的价值判断标准等方面，长期以来占据着权威性的地位，即使在凸显“反和谐”的多元化审美标准的今天。

和谐说可追溯到古希腊、古罗马时期，当时以毕达哥拉斯学派为代表的哲学家等发现了音乐的和谐，进而推及自然万物的和谐，逐渐建立了和谐的审美观念。和谐的观念的基础在于“万物皆数”，即宇宙万物皆能以“数”来度量，基本观点是美在于和谐，而和谐在于数，而只有数的恰当比例关系才能使万物达到完满和谐的状态，即成为一个和谐的整体，而且是否具有恰当比例关系的整一秩序也是判断对象是否是“美的”的标准，毕达哥拉斯就明确指出了什么是最美，即和谐，还将和谐美的基本品格归之为“由杂多导致统一”，其中最主要的因素是统一。以上即“整体说”的核心内容。[41] 柏拉图对和谐生成的动因进行研究，认为其内涵是一种内在的精神和谐，“对物质与感觉的杂多”需要依靠“理式”才能将其统一起来而成为和谐。所谓理式，是一种内在的精神和谐，也是和谐的根本动因，由此提出有机整体说，指出美的外在和谐由内在和谐、精神和谐所决定。[42] 其和谐观的核心内容仍然是整一，但并不是把一切统一于数，而是统一于一个永恒的理念，即理式，同样也关注比例尺度的和谐。亚里士多德也将美的基本特征概括为整一性，整一性的主要形式是秩序、匀称与明确[43]，并指出美的要素包括顺序、比例和限度。[44] 可以说古希腊和谐美已经成为一种万物的形式和谐理论，形式和谐表现为秩序、整一、对称、比例、黄金分割等。[45]

中世纪神学家、美学家阿奎那认为，和谐是源自上帝的美的重要因素，而美在于适当的比例或和谐[46]等。首先，和谐作为事物的整体构成特性，反映了它的各部分组成的是一个完整的实体，每一个别事物都是通过它的形式和功能促进整体的实现，并指向最终目标，部分服从于整体，从而达到和谐；其次，和谐作为一种尺度关系具有量的意义，而量的和谐在美学领域通过数的均衡或比例达到协调一致，于是和谐也可以表现为相同或不同事物的一种质的特性，甚至涉及道德领域和人的行为。[47]

可以说，经典的美学观念里，美的本质在于和谐，和谐的核心内容是整体与秩序，和谐是指构成事物的部分与整体之间的关系，从而形成了整体的和谐性，部分与整体和谐的尺度也是通过数、量关系即比例来界定的，恰当的比例构成了和谐，而和谐的产生也来自恰当的比例。和谐作为重要的美学形态，体现出了对和谐整一、比例秩序等理想美学范式的追求，这样的观念甚至成了具有排他性的威权审美范式，并几乎贯穿了整个西方文明史：和谐既是希腊古典美的基本品格，也是整个西方古典美学最基本的规律之一[48]，作为一种美学重要范畴影响深远。

关于中国传统文化中的“和谐”的内涵，则更强调人与社会、自然等所能达到的理想境界，对和谐的阐述也相当复杂、艰深，这里主要基于美学学者曾繁仁先生的相关阐述，期望对中国式和谐的内涵有所揭示。关于中国传统文化中的和谐，曾先生以“中和”一词来表达，并认为西方古代和谐美与中国古代中和美实际上是两种具有不同内涵的美学形态[49]，进而对中和美的哲学内涵作了进一步阐述，认为中国古代中和美的哲学内涵是“致中和”思想，并援引先秦典籍《礼记・中庸》指出：“喜怒哀乐之未发，谓之中；发而皆中节，谓之和。中也者，天下之大本也，和也者，天下之达道也。致中和，天地位焉，万物育焉。”致中和的内涵复杂如情感的含蓄性，喜怒哀乐之情感含蓄未发；情感的适度性，即情感表现有节度。致中和是天下之大本与大道，反映了天地万物的根本规律，进而推及致中和思想反映的是中国古代“天人合一”的思想，包含了天与人、内容与形式、自然与人文的和谐统一等内涵。[50]致中和关乎人所达到的理想境界，而达到致中和则与“适度”关系密切，曾先生仍用“和谐”一词来诠释致中和的内涵，认为中国式和谐即致中和，是一种为人预期并追求的人与社会、天道等世界万物天人合一的理想状态，对天人合一内涵的诠释同样复杂甚至存在争议，这样的阐释可能仍然有些晦暗不明和神秘色彩。

由此，和谐的内涵主要指事物与事物、人与事物、人与人、人与社会、人与环境等复杂、矛盾的关系之间，经过斗争之后而产生的各个方面的协调统一、整体有序的关系。和谐作为一种美的境界，实际上就是人生的理想追求，而人类所面对的最基本矛盾，即人与自然和社会的对象之间的矛盾，这种矛盾呈现出斗争—和谐—再斗争—再和谐以至无穷的状态。因此，和谐是人类的理想与目标，人不断通过解决矛盾的斗争追求和谐的境界，同时也达到了相对的和谐的状态与心情的愉悦。因此，和谐既是美的境界，也是人类的理想、人生目标。[51]和谐既是作为整体的万物及事物各个部分与整体的和谐，也是美学的理想乃至最高审美范式，更是人的社会生活存在，尤其是行为的理想方式与状态，乃至行为的最高范式。这样的理想范式追求着人与人的和谐、人与社会关系的和谐、人与世界关系的和谐，和谐是人的一种理想状态，包括思想、行为、存在状态、生活方式等方面，我国当代表现崇高精神的相关设计思路的深层寓意也在于此。基于这样观念的整一、比例、秩序、对称、适度、恰当、协调等所构筑的和谐美以及相关建筑美学的形式规则，也已经成为人类对美的创造、对美的判断等诸多方面实践的重要原则与标准，包括相关的建筑实践。

“和谐”的形态问题本身较复杂，本书着重叙述比例和谐在相关建筑中的表现，主要从纪念性场所及纪念性建筑的比例和谐这两个层面分析中国当代表现“和谐”崇高精神的相关设计思路问题。

二、“比例和谐”表达“崇高”

西方文化背景中，比例的内涵本身也较复杂，涉及数、和谐、美乃至绝对存在等重要内容。维特鲁威曾说到，比例指的是各种量度，包括一件完整作品之各部分的量度，也指整体的量度及被选择出来作为标准的某一部分的量度之间的相互一致。[52]阿奎那提出了双重比例说，认为比例有两重意义：其一是指一个数量之间的比例关系，就此而言，它可以是二倍、三倍或相等；另一层意义是指一个事物与另一个事物的各种关系。[53]由此揭示了比例的内涵及其复杂性：一方面，比例指事物的部分与整体之间所存在的特定规则的“数”的关系，尤其是倍数关系，这与维特鲁威的观点基本一致，由此也大致可知西方文化背景下比例和谐与基于数的和谐说的一致性与延续性；另一方面，比例也包括事物之间内在的逻辑、结构、因果等某种性质的关系，比例或和谐即事物各部分的有机协调关系。阿奎那的论说中，比例与和谐关联密切，近乎等同，并认为恰当的比例构成了美的和谐本质，或者说美的和谐本质来自于恰当的比例，而“形状，当它同事物的本性相符时，便与色彩一道使事物成为美的”。[54]

西方学者甚至将建筑比例的功用上升到关乎人的生存的近乎极致的高度，认为建筑比例的目的当然是美学的建筑比例，但功用并非仅仅在于悦目，还在于使我们的身心在世界上存活下去。[55]也有学者强调了比例与价值的关系，如认为基于数学、比例的几何方案的和谐完美代表一种绝对价值，在西方背景下这种人为的和谐是对神圣的和谐的回应。[56]比例—和谐所具有的一定的标准性，通常被认为是具有一定标准、尺度的道德乃至人的本性、人所推崇并追求的尊贵精神价值的象征。在西方文化背景，尤其是美学背景下，比例—和谐所涉及的内容或价值是美，并明确地将美与崇高作为相对立的美学范畴进行了明确而严格的区分，从感性和情感视角而言，“比例—和谐”逻辑所涉及的情感并非源自崇高的崇高感，而是源自美的“美感”；在中国当代相关崇高主题的纪念性建筑形态设计中，存在着比例、和谐与崇高精神密切关联的观念与实践，其中，关于“比例→和谐”→“崇高”关联的建立大致涉及以下关系：

纪念性建筑形态生成方式——精神——价值判断——情感预期——纪念对象、主题

:　　　　:　　　　:　　　　:　　　　:

（和谐）比例等　→ 和谐　→“崇高的”→“大美感”、崇高感→英雄、战争

以上形式、精神、价值、情感、主题等多方面的复杂关联逻辑示意显示出在中国当代相关纪念性建筑设计中，将“比例—和谐”与表达英雄、伟人、革命战争等崇高主题的纪念性建筑形态设计联系起来，以“比例”作为相关纪念性建筑形态设计的重要规则，而如果要追究事实上已经被广为认同的“比例→和谐”→“崇高”之间关联性的根源的话，则应该与中华民族更为推崇的是和谐式崇高精神而非西方文化背景下所推崇的对抗式崇高精神这类的文化观念有关，尽管比例等所代表的西方式和谐精神与中国式和谐精神及中国当代崇高纪念所预期传达的崇高精神的内容并不能等同，然而这样的思路已经被默认为是相关纪念性建筑形态设计的核心原则，以表征崇高纪念主题中所蕴含的中华民族精神，或中国式“崇高”精神等内容。可以说，比例指向和谐进而表现“崇高”的思路，是我国当代崇高纪念性建筑形态设计的一种更为偏好的重要设计思路，这样的思路被广为认同，也易于被认同，但也有可能使设计限于某种套路中。

三、“和谐”的“大美感”纪念性场所形态

纪念性场所的“和谐”突出地表现为场所的比例和谐。在此需涉及中国传统建筑中形成场所和谐的可能的方法。根据傅熹年先生的相关研究，类似比例和谐的设计思路在中国传统建筑中也有着突出表现，傅先生指出，与“比例”、“模数”类似的作为参照基准的方格网曾在中国古代城市规划、大建筑群布局和单体建筑设计规划中起到重要作用。

院落或大建筑群组中往往使用整的丈数，布局中大都利用一定尺度的方格网，建筑物和庭院空间尺寸并不完全与网格相符，不能算模数，但又多有呼应关系，可认为是一种供参照的基准线。方格网的尺度最大可达 50 丈，用于大型宫城的总体布局，一般用于建筑群和院落的，有方 10 丈、5 丈、3 丈几种。自隋至清，包括宫殿、坛庙、寺观、邸宅等大中型建筑群，在规划设计中大都采用这种方法，可以认为它是中国古代规划大型院落或院落群通用的方法。[57] 具体格网尺度往往具有等级差异，以应对空间预设的等级，从而应对人以及相应行为状态等方面的等级，以此形成强调主次的等级性和谐秩序。宫殿方面，对于不同大小规模和重要性的建筑群组，在布置时选用大小不同的方格网，主要选用方 10 丈、5 丈、3 丈三种网格，外朝用方 10 丈，内廷主殿用方 5 丈，妃嫔所居及便殿用方 3 丈，使不同性质和规模的建筑群有很明显的（等级）差异。[58] 傅先生还阐明了院落宽与深之间、院落宽与主体建筑宽之间等关系的意义：古代，在规划院落时，大型的多以 5 丈或 10 丈为单位，如孔庙主殿院为 25 丈 × 50 丈、太庙主殿院为 36 丈 × 65 丈，并指出通过对方格网的分析还可以了解不同性质和重要性的院落的比例关系。在院落内的比例关系中，院落宽与主体建筑宽之比，决定着院落内空间感觉是开阔还是紧凑，而深度与总宽之比决定着视角、大小，如北京太庙正殿、曲阜孔庙正殿均为 5 : 3，说明主殿宽度在院落总宽中所占比

例与其重要性和等级成反比[59]（图 3–21），其中如深度与总宽之比决定着视角的规律在当代建筑群体，尤其是纪念性建筑群体设计中仍有所体现。

总体上，傅先生认为这一系列做法所取得的效果是：从建筑群组布置上看，在特定地盘上，选用大小适当的方格网，实际上是使院落中的各部分包括建筑物的组合和庭院空间有了一个可以共同参照的尺度标准，在此基础上布置较易控制建筑物的尺度、体量、相互关系和庭院大小，有利于增强其整体性，以达到既统一协调又互相衬托、有主有从的效果。[60] 可以说，中国传统建筑群体基于方格网的设计形成场所的和谐的方法可为当代相关设计实践所借鉴，实际上已存在相似思路的纪念性建筑设计实践，这并不是说我国当代纪念性建筑的设计思路直接承继了传统的相关设计方法，而是在强调采用这一类以比例、模数或格网来控制场所的方式，既能够形成场所的统一协调，又能达到主从分明的和谐状态，这也是我国当代崇高纪念性建筑设计所关注的重要方式。

关于比例控制思路在我国崇高纪念性场所中的运用及其效果等问题，齐康先生主编的《城市建筑》中曾指出，尺度和比例的恰当把握是使序列空间产生美感的重要因素，如中国古代建筑群设计中的“框景”就是确定轴向建筑高度与院落空间进深的方法，而且营造制度中的模数制、等级制以及有关主次建筑搭配、衬托等方面的内容都与尺度、比例相关。到文艺复兴阶段，对尺度与比例的追求以及对人体比例、数字美、数学关系等有关尺度与比例的定量化研究方法都被提出，更重要的是强调人的视觉感受原则，这些方法被广为沿用，成为设计中确定空间尺度的基本原则。[61] 这样的基本原则深刻影响着相关纪念性场所的设计，如南京雨花台革命烈士陵园的空间序列中就含有较严格的比例模数[62]，如控制全局的纵轴空间序列的主要比例模数为 [a/2 + a/2] + [a/2 + a/2] + [a] + [a/4] + [a]，其中 a 为 150 米（图 3–22）；淮安周恩来纪念馆等作品的序列空间均是通过严谨的平面比例关系，形成和谐的秩序，作为控制纪念性场所的秩序规则，其中纵轴的主要比例模数为 [a/2] + [a] + [a/2] + [a] + [a/2] + [2a] + [a/2] + [a]（图 3–23）。这样的秩序并不限

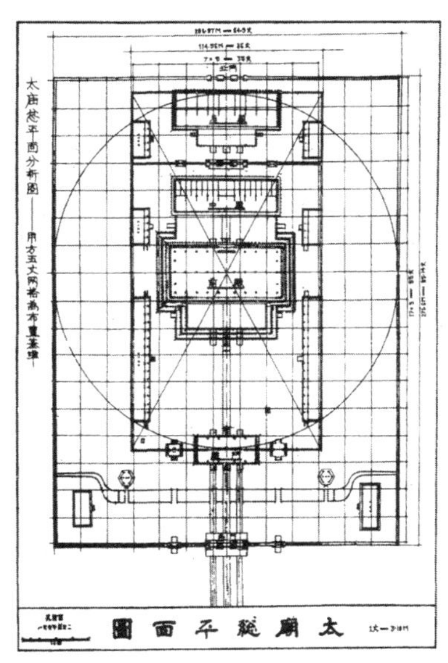

图 3–21 北京太庙总平面分析图——用方五丈网格为布置基准
（来源：傅熹年．中国古代院落布置手法初探[J]．文物，1999（3）：78．）

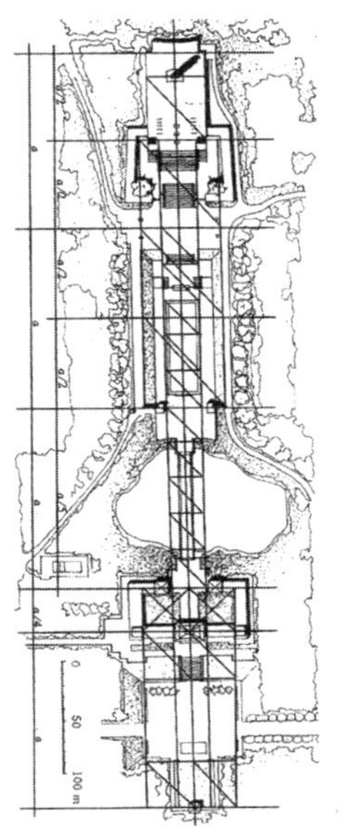

图 3–22 南京雨花台革命烈士陵园纪念场所的比例和谐
（来源：齐康．城市建筑[M]．南京:东南大学出版社，2001：132．）

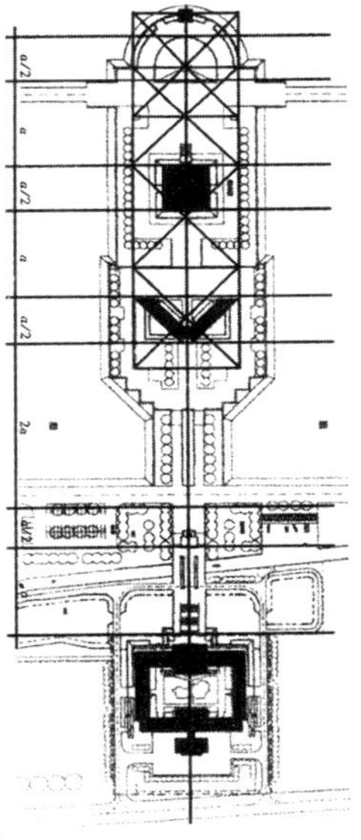

图 3–23 淮安周恩来纪念馆纪念场所的比例和谐
（来源：齐康．城市建筑[M]．南京:东南大学出版社，2001：143．）

于崇高主题的纪念性建筑形态的设计，但确是相关感性形态设计的重要规则，相关的具体控制方式在本书中有着比较详尽的叙述，并指出尺度感的设计和视线控制也是可以通过作图方法实现的。[63] 由此可知，基于“比例→和谐”→“崇高”的设计思路深刻影响着我国当代表现崇高的纪念性场所的营造，我们的文化背景仍然更偏好和谐性的崇高表达，而不是表达冲突性的崇高。此外，纪念性场所的“和谐”还体现在场所的序列和谐及场所的体量和谐等方面，在中国当代经典的“大美感”的纪念性建筑形态中，纪念性场所层面的序列和谐主要由作为主体建筑的“堂”的“大壮”、“形胜”、中轴、对称和由堂等所形成的纪念性场所的中心感以及由堂和堂前主要庭院为中心所形成的等级性纵向空间序列等状态表达出来，可以看出传统建筑相关的大壮、形胜、择中等体现出的和谐空间结构与形态特征对中国当代相关纪念性建筑设计影响深刻，如南京中山陵（图 3-24）、陕西黄帝陵轩辕庙祭祀大殿及庭院（图 3-25、图 3-26）、南京雨花台革命烈士纪念馆及纪念碑等建筑群、淮安周恩来纪念馆等都有类似展现。

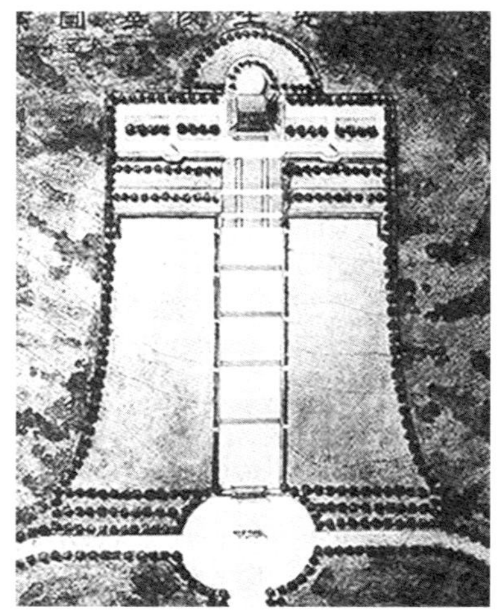

图 3-24 中山陵中“祭堂”与“轴”所形成的场所“和谐”秩序
（来源：赖德霖．中国近代建筑史研究·探寻一座现代中国式的纪念物——南京中山陵设计[M]．北京：清华大学出版社，2007：282.）

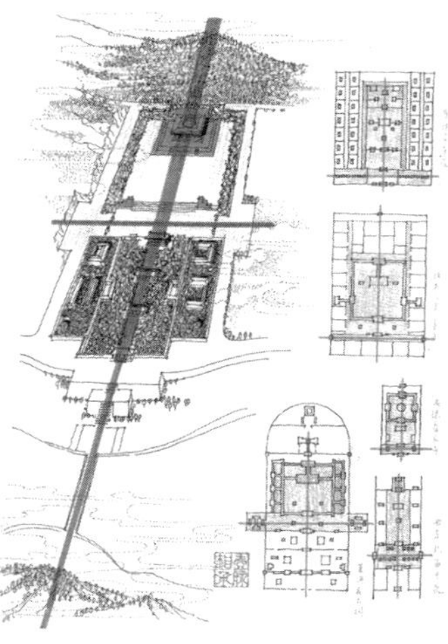

图 3-25 黄帝陵轩辕庙的“祭祀大殿”与“轴”所形成的场所“和谐”秩序
（来源：张锦秋．圣殿记·长安意匠——张锦秋建筑作品集[M]．北京：中国建筑工业出版社，2006：25.）

图 3-26 对黄帝陵轩辕庙构思产生影响的中西方经典纪念性场所与建筑
（来源：张锦秋．圣殿记·长安意匠——张锦秋建筑作品集[M]．北京：中国建筑工业出版社，2006：24.）

四、“和谐”的“大美感”纪念性建筑形态

西方文化背景下，以特定复杂比例控制的整一和谐的美的观念对建筑包括纪念性建筑设计的重要意义是不言而喻的（图 3-27），即使在美学以及建筑美学观念趋于多元化的当今，整一和谐的观念仍然对建筑设计产生着深刻影响，而且依然是对建筑进行审美价值判断的最重要原则。

不仅西方如此，诸多研究表明中国传统建筑单体在整体形态关系上也存在某种比例性的关系，比例的基本模数与柱高、斗口等有密切关系，如傅熹年先生在《中国古代建筑外观设计手法初探》中指出，由于在古代典籍和建筑专著中尚未发现有关记述，要探讨古代木构建筑在外观设计中的大的比例关系问题，只能通过研究现存实物来进行，需要对有精确实测图或实测数据的建筑物进行深入分析，用综合、归纳、寻找共同点的方法逐步反推出来[64]，进而基于大量实例中的

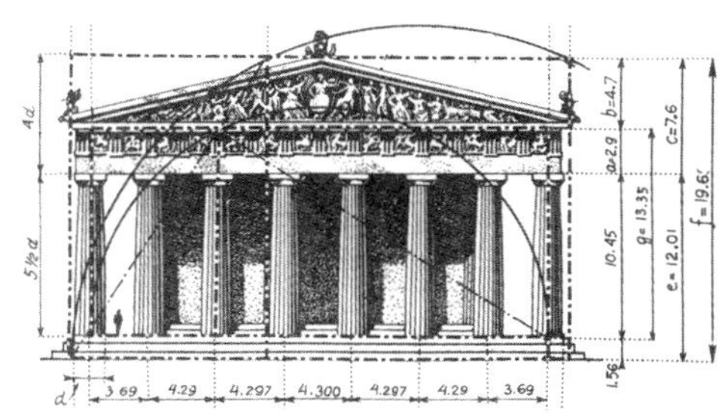

图 3-27 西方古典的比例和谐：古希腊帕提农神庙立面的比例分析（局部）
（来源：刘育东．建筑的含义[M]．天津：百花文艺出版社，2006：81.）

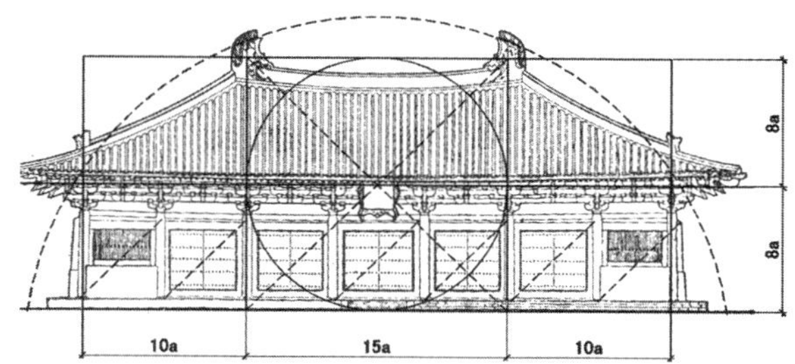

图 3-28 中国古代的“比例和谐”：山西五台县唐佛光寺大殿立面的比例分析
（来源：李俊霞．建筑的比例和尺度［D］．南京：东南大学建筑学院，2004：41.）

具体比例、模数等探悉控制建筑外观的手法、规律，并在结论中指出：“在立面设计上以中心檐柱高为模数，用它作模数网格从整体上控制立面设计。下檐是建筑中最接近人的部位，所以下檐柱之高是决定建筑尺度和尺度感的最重要的构件，它又是正方形网格，以它为基准适当加以调整，也易于保证各间的开间和上下各层之间有较和谐的比例关系，是很有效地达到统一协调的设计方法。”[65] 傅先生的研究不仅归纳了诸多重要实例的比例与形态控制，也表明了中国古代建筑外观所呈现出的和谐状态，并指出这个模数对立面设计原则和方法的探讨所得很有限，一般房屋设计也不大可能只由柱高一个模数来控制。[66] 这类研究思路对相关问题的研究有着重要影响，如在《建筑的比例和尺度》中，基于相似方法，大略分析了佛光寺大殿的比例关系，指出大殿立面包含整数比的关系：4∶5 和 2∶3，剖面中斗栱的高度与柱高的比例为 1∶2，屋面的坡度为 2∶1 等（图 3-28）。[67]

在中国近现代相关“民族形式”风格的建筑以及纪念性建筑的实践中，并没有多少实例真正是以类似中国古代建筑外观设计手法的规律为依据进行设计的，而主要是基于西方式的比例控制规则，这不仅仅是因为当代这一设计手法相关研究成果产生的时间较晚以及相关成果对于建筑设计的实际影响力较弱，也基本没有被纳入设计教学体系中，更与建筑师们所受到的源于西学的专业教育背景关系密切。

将体现和谐“美”的比例与具有中国传统建筑造型特征的民族形式相结合的思路，对中国的建筑设计产生了深刻影响，如在杨廷宝先生的作品中就有着突出的表现。以南京国民党中央党史史料陈列馆的比例控制为例，该馆通过“完美比例”集中体现了借鉴西方古典建筑的比例去规范中国风格新建筑造型这一思路，该建筑从地面到屋脊的高度与歇山顶两垂脊之间的距离几乎相同，从而在立面上构成了一个正方形，下檐横脊的位置接近中线，而且在立面上，平台下檐和屋脊的正交点都是在一个正半圆形之上，建筑高度与正脊到相隔平台边线的距离之比是 1∶1.618 的黄金分割。不仅如此，这栋建筑平面柱网和平台矩形平面的比例也都是 3∶5（图 3-29）。[68]

采用经过严格推敲的一系列比例规则来控制崇高纪念性建筑的这类思路，在中国近代纪念性建筑中的重要代表作品，如吕彦直先生所设计的中山陵祭堂，集合了中国古式和西方风格，以此来作为表现伟人崇高的形式，对祭堂整体的比例控制采取了西方经典的比例规则：“正立面为古典主义的三段式构图，左右对称，两边各有一个凸出的墩台，中轴线的四柱廊庑之后为三扇拱形门，与巴黎大凯旋门一样，形成一几何上的正方形。祭堂的中间部分——三扇拱门和重檐顶——构成一个矩

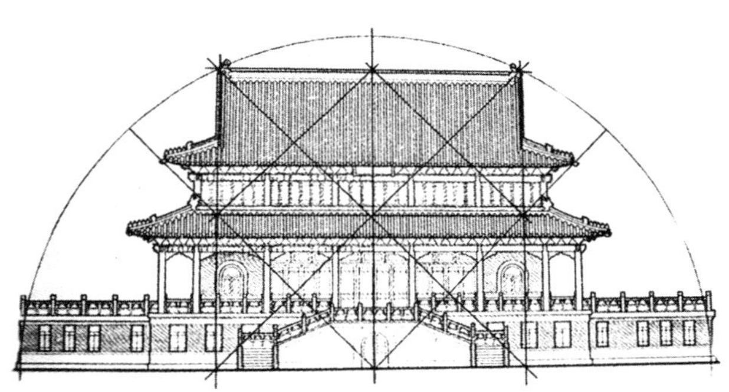

图 3-29 中国近代的“比例和谐”：南京国民党中央党史史料陈列馆立面的比例控制
（来源：赖德霖．中国近代建筑史研究・折中背后的理念——杨廷宝建筑的比例问题研究 [M]．北京：清华大学出版社，2007：309.）

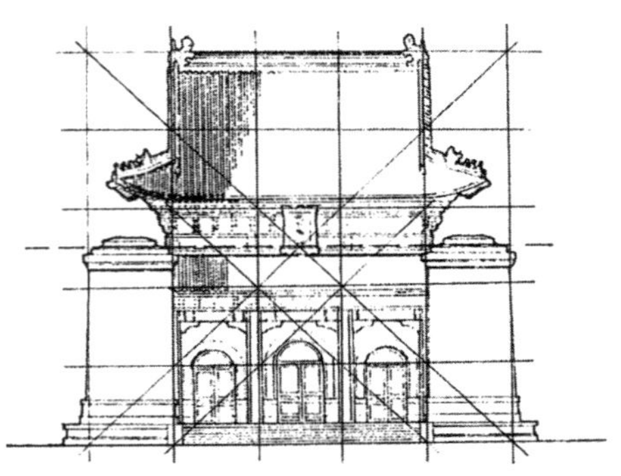

图 3-30 南京中山陵祭殿“和谐”比例分析
（来源：赖德霖．中国近代建筑史研究・探寻一座现代中国式的纪念物——南京中山陵设计 [M]．北京：清华大学出版社，2007：276.）

形，高宽比例为 3：5，两边部分各占五分之一的比例，而这种比例在斐波那契数列之中与正方形一样，都是西方古典式建筑所偏爱的理想比例，由此在中国风格的建筑设计中融入学院派建筑学理论所体现的构图原则。”[69]（图 3-30）当时竞赛评委对中山陵祭堂设计效果的评价是简朴浑厚、建筑费较廉、古雅纯正、形势及气魄极似中山先生之气概及精神[70]，可以说中山陵祭堂是设计者融合了中西方的特定建筑原型的特征及西方经典的比例等所创造出来的中国风格新建筑造型。

在淮安周恩来纪念馆中，主馆的立面比例经过细致推敲，四面相似，正面为经典的基座、屋身、屋顶三段式左右对称构图，整体而言，高宽比大致为 3：4，其中主体部分的高宽比为 1：1，使得主体部分的高与面宽基本形成正方形，并与平面的正方形吻合，由此，整体体量主要被控制在立方体之内，体现着“方正”的精神象征意义，水平、垂直向度分别被六等分的正方形比例格网，几乎成为主馆形态各重要构成部分的控制线，形成了基座、檐口、屋顶、门罩等部分，基座超出控制主体部分的基本正方形网格之外，从而使得构图更趋稳定。这样的基于比例的形态控制不仅体现了和谐，更通过这样整一而方正的形体表达了纪念馆的“方正”精神等象征意义（图 3-31）。在南京雨花台革命烈士纪念馆中也有着严格的比例控制，如纪念馆南立面水平向度采取五段式对称构图，垂直向度基本是三段式构图，基座部分虽未在建筑主体中得以强调，但与建筑所来坐落的平台、栏杆及所处地势高差的结合，仍保持了比例构图的类型模式。其中水平向度的比例秩序对整体的“和谐”起着重要作用，以纪念馆的基本开间为基本比例模度，形成 [a+1.5a+a]+ [8a]+[4a]+[8a]+[a+1.5a+a] 的富有和谐节奏感的比例关系，垂直向度比例关系以主体中部为例，主体中部的上下大致被分为重檐殿宇与基座两段，形成 4a ＋ 3a 的比例关系，4a×4a 的比例关系控制的基座部分形成正方形构图，而重檐殿宇部分的 3a 比例网格也基本控制了其重要边界，如檐口、外廓等，由此形成立面的节奏，从而构筑了纪念馆整体的和谐秩序（图 3-32）。

此外，在中国当代，除了纪念堂、馆等崇高纪念性建筑之外，其他类型的纪念性建筑形态如纪念碑、亭等，其风格、构图、比例、形体等方面的感性形态设计也深受这类“比例—和谐”表达崇高的设计思路的影响，尤其是崇高主题纪念碑的设计。中国人民英雄纪念碑的形态模式成了中国当代各地崇高纪念碑设计的样板，而具体的这类纪念碑除了强调垂直性之外，同样也强调和谐比例的控制与表现，相关重要作品有南京雨花台革命历史纪念碑、八一南昌起义纪念碑等。

由此，中国当代表现崇高的“和谐”的纪念性建筑形态实际上所依循的主导性设计思路是在

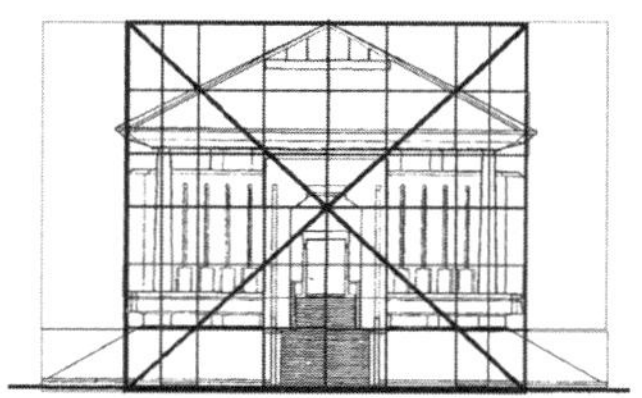

图 3–31 淮安周恩来纪念馆主馆的“和谐”比例分析示意
（来源：基于：齐康．建筑思迹[M]．哈尔滨：黑龙江科学技术出版社，1999：104.自绘）

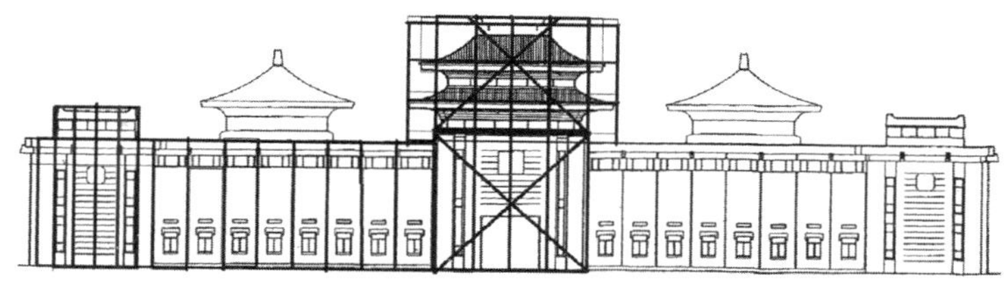

图 3–32 南京雨花台革命烈士纪念馆的“和谐”比例分析示意
（来源：基于：齐康．建筑思迹[M]．哈尔滨：黑龙江科学技术出版社，1999：25.自绘）

西方式和谐比例的控制下，基于民族形式而设计，相关经典作品表现为不断通过解决矛盾的斗争追求和谐的境界，而非直接表现冲突与抗争，以表现民族英雄、革命战争等崇高纪念主题，这样的方式既易于为国人所认同，也易于激起相应的情感共鸣乃至民族自豪感。不乏经典作品，但总体上，这条思路在设计上创新的难度很可能会越来越大。

第四节 “明艳”

一、“明艳”的内涵

“明艳”主要包含两方面含义：“明”主要指光色、质感的“明晰”，“艳”主要指色彩的“艳丽”。明晰、艳丽体现了表现崇高精神的纪念性建筑形态的两类重要的光色状态。长期以来，“艳丽”的色彩在中国传统“纪念性建筑”如宫殿、坛庙、陵墓等建筑类型中有着突出表现，这样的色彩特征对中国当代的崇高纪念性建筑设计仍然产生着影响。明晰则是中国当代崇高纪念性建筑的主要光色特征，而与前文所涉及的激起崇高感的晦暗光色有着较大的差别。

中国传统文化中，色彩存在着对“五色”的偏好与推崇，五色一般指黑、白、红、黄、青，五色与五色五德、五行五色等说法有着密切的关系，象征意义及其形成也较复杂。五色的象征意义主要包括：“青，生也，象物生时色也；赤，赫也，太阳之色也；黄，晃也，犹晃晃，像日光色也；白，启也，如冰启时色也；黑，晦也，如晦冥时色也。”五色与情感、愿望的关系：五色与早期的生产、生活实践的趋利避害相联系，被视为吉利、祥瑞的正色。[71] 五行说则是总结前人对自然规律的认识和对世界万物起源及多样性的统一概括的辩证思想体系，是中国古老而朴素的唯物主义世界观。五行：一曰水，二曰火，三曰木，四曰金，五曰土。[72] 在传统观念中，将五色与五行等联系起来，其中将“青”与东方、木、太昊帝、苍龙等联系起来；将“红”与南方、火、炎帝、朱鸟等联系起来；将“黄”与中央、土、黄帝、黄龙等联系起来；将“白”与西方、金、少昊帝、白虎等联系起来；将“黑”与北方、水、颛顼帝、玄武等联系起来。[73]

中国传统的色彩观深刻影响着社会生活，色彩同天地神、古代人类社会的重要组成部分——礼乐、华夏吉祥物以及中国古代纪年的天干地支和五行相结合。这种神圣象征性在中国传统文化史上与人们的认知方式相联系，影响了人们的价值观念、艺术审美观念，同时奠定了天、地、人感应的传统文化理念，也对建筑营造观念[74]产生了深刻影响，一方面表现出对黑、白等素色的淡雅的追求，另一方面更表现出对红、黄等艳丽色彩的尊崇，其中关乎权力的重要建筑类型主要采用红、黄等艳丽色彩，这样的色彩偏好也对当代纪念性建筑的设计产生了影响，如毛主席纪念堂所呈现出的“艳丽”色彩。

二、“明艳”的“大美感”纪念性建筑形态

1. “明晰”

“明晰”主要指与“晦暗”相对的，具有明快、光亮、素雅、鲜明等特点的光色感受，明晰光色的具体表现也较多样，主要指明度较高的浅色、灰色、白色等色彩，而非艳丽或沉重的色彩。在西方文化背景下，明晰具有偏向“高贵价值”的寓意，往往与美、美德、天体之光乃至上帝等密切关联。阿奎那认为明晰既指色泽的鲜明，还指精神的明晰，即精神美在于人的行为或者人的行动与理智的、精神上的明晰构成良好的比例。[75]对此，《西方美学史》分析到，阿奎那不仅把明晰与色泽的鲜明联系在一起，而且也将其与人的精神的、理智的清晰联系在一起，更着重于人的理性的光辉。[76]在中国的文化背景下“明晰”也常常具有精神高洁等寓意，如白色的基本情感特征及其寓意包括能给人以纯洁、明亮、干净的感觉，能够稳定情绪、让人冷静，寓意和平与神圣[77]等。明晰往往被认为是人的高贵品质与精神的象征。

在我们比较熟悉的中国传统建筑中，关乎权力的重要建筑类型往往推崇红、黄等艳丽色彩，而非明晰淡雅的色彩。中国当代崇高纪念性建筑形态的色彩表现，愈来愈体现出对“明晰”光色的运用乃至推崇，诸多纪念先祖、政治英雄、文化精英的纪念性建筑呈现出明晰的光色特征，如南京中山陵的主要色调为灰白与宝蓝，陕西黄帝陵轩辕庙祭祀大殿的主要色调为灰白（图 3–14），南京雨花台革命烈士纪念馆、碑等也以灰白为主（图 3–33），而淮安周恩来纪念馆以白、蔚蓝为主色调，营造宁静、优雅乃至圣洁的纪念氛围，以体现周总理崇高的人格与精神[78]，且室内也强调对“明晰”光色的纪念氛围的营造（图 3–34）。此外，同为程泰宁先生设计的绍兴鲁迅纪念馆，内、外形体空间均采用表现“清莲”的纯白色彩，共同营造明晰光色氛围感受（图 3–35）。从

图 3–33 南京雨花台革命烈士纪念馆的“明晰”色彩
（来源：2007 年 7 月自摄于南京）

图 3–34 淮安周恩来纪念馆室内的“明晰”光色
（来源：齐康．周恩来纪念馆[M]．沈阳：辽宁科学技术出版社，1999：49.）

图 3–35 绍兴鲁迅纪念馆的“明晰”光色
（来源：2015 年 9 月自摄于绍兴）

图 3-36 费孝通江村纪念馆亲民的态度与室内外明晰的光色
（来源：李立．费孝通江村纪念馆[J]．城市·环境·设计，2011（5+6）：190.）

建筑与环境的关系视角看，由于明暗对比等因素，明晰的建筑也易于从环境中凸显出来。此外，这些色彩明晰的纪念性建筑的质感往往呈现出相对光洁、相对平滑、相对细腻的特征，并不强调粗糙、粗粝的质感。李立先生设计的费孝通江村纪念馆，在空间组织或者模式上并没有采用惯用的对称、庄严的“官式”纪念馆样式和秩序，而是采用了类似民居及园林式的相对自由的布局和亲民的体量，色彩上也没有官式纪念馆常见的凝重色彩，而是和空间布局风格相匹配的类似民居的明晰光色，纪念馆从空间形态、光色上与所在村落恰当地融合，也易于产生与村民大众融合的联想、共鸣与认同（图 3-36）。仅从色彩来看，我国当代相关纪念性建筑中所具有的明晰光色的表达方式和特点与西方纪念性建筑追求光色的明晰等观念也有着相通之处。

2. “艳丽”

“艳丽”即色彩的鲜明、鲜艳、绚丽、绮丽等，“艳丽”色彩感觉的呈现，往往使用纯度及明度较高的单色，尤其是红、黄等原色，之所以不用“绮丽”一词，主要是因为绮丽容易使人产生诸如“奢靡”等不详的联想。[79] 于倬云先生在《故宫三大殿形制探源》一文中指出，诗人李白曾说自建安以来，绮丽不足珍，绮丽风格可以说就是当时奢靡之风的代名词，还暗含有隋炀帝追求奢靡而亡国的警示，可以折射出当时对曾被推崇的绮丽装饰风格的态度鲜明的批判。“艳丽”可能不是最恰当的措辞，但能够表达出中国传统“纪念性建筑”或官式建筑的色彩特征。

（1）中国传统“纪念性”类建筑的“艳丽”

这里的中国传统“纪念性”类建筑泛指陵墓、坛庙、宫殿等相关类型，尽管不同历史时期的建筑反映出了不同的色彩偏好，如早期宫殿曾存在着尚黑的风尚或制度，但相关的“艳丽”色彩观念与呈现影响深远。长期以来，中国传统纪念性类建筑突出地表现为以艳丽色彩为主调，具体的色彩选用、搭配往往具有较明确的象征性，尤其象征着权力，在相当长的历史时期内，特定的色彩为特定的阶层所专属，乃至制度化，可以说，在中国的文化背景下，艳丽的色彩象征着权力与尊贵。由此推想，在艳丽与权力等的象征关联持续有效的历史时期，艳丽色彩所能引起的情感体验则很有可能类似于当时民众对于权力的情感体验，如恐惧感等。

在中国的文化背景下，被推认为五色之首的红，对于国人有着至关重要的意义，红可以说是中国的国色，也是国人钟爱的颜色。作为可见光中波长最长的红色易于引人注意，人处在大面积的红色的环境中，生理反应上，如心跳，往往会加剧，血液循环可能会加快，进而引起人情绪的激动；而在心理反应上，可能产生温暖、热烈等感受。红所能呈现出的色彩效果及象征意义比较复杂，红的多样色彩表现可能具有艳丽、绚烂甚至晦暗等色彩特征，而红的联想与象征意义则可包括火焰、阳光、血液、生命、阳刚、权力、革命等。

具有明亮、辉煌特点的黄、金，往往具有光明、华美、富丽等寓意。黄对于国人而言更有着特殊意义，黄是我们的肤色，如古语所言："天玄而地黄"，黄象征着土地。此外，黄也是权力、智慧、文明等的象征，而对黄的感受往往具有辉煌庄严的崇高感。[80]帝王、权贵等常采用黄来彰显与炫耀权威与尊贵；而在宗教文化方面，尤其是佛教中，黄又象征着神圣、智慧等；此外，黄也常与秋季、丰收等概念联系在一起，含有欢乐、庆祝等寓意。在色彩搭配方面，国人尤其偏好红黄搭配，红黄二色均居于光谱分析序列的亮色一端，热烈辉煌，更富于刺激性，而红、黄二色对心灵的震撼是比较强烈的，反映出了国人对刚健、笃实、光辉的传统审美理想的心理需求。[81]

中国传统纪念性类建筑尤其偏爱采用五色中"艳丽"的红、黄、青等色彩以及这些色彩之间的搭配，就整体而言，传统纪念性类建筑所呈现出的是强烈而纯粹的以红黄为主的艳丽色彩搭配效果。典型的官式建筑的色彩搭配如屋顶以黄色为主，屋身以红色为主，屋顶与屋身之间檐下彩绘的主色调是金黄、青绿等重彩。可以说红、黄是中国传统纪念性类建筑的主色调（图 3–37 ~ 图 3–39）。不仅如此，在社会生活中的其他领域也存在着对红、黄及其搭配的偏好和推崇。

图 3–37 北京太庙院落空间的"艳丽"色彩
（来源：2005 年 10 月自摄于北京）

图 3–38 曲阜孔庙大成殿的"艳丽"色彩
（来源：2008 年 9 月自摄于曲阜）

图 3–39 曲阜孔庙大成殿的"艳丽"色彩
（来源：2008 年 9 月自摄于曲阜）

（2）中国当代纪念性建筑的"艳丽"

中国当代纪念性建筑中具有"艳丽"色彩特征的作品并不多见，其中有影响力的作品如天安门广场中的毛主席纪念堂，对应着纪念堂的三段式构图分别采用三种鲜艳的色彩，建筑檐部的琉璃瓦采用黄色，屋身玻璃采用蓝色，而基座的花岗石选用红色。纪念堂檐部所采用的黄色琉璃瓦可以说延续了传统文化中的形态与寓意之间的象征关系，象征着无与伦比的崇高、神圣的贡献、地位、权力，也可以理解为是对相关传统文化精髓的承继与创新，而红色台基则象征着无产阶级红色江山的基业永不变色。可见，出于种种复杂因素的考虑，包括对政治意义的象征，纪念堂最终呈现出的是鲜明的"艳丽"效果（图 3–40）。

对这样的效果存在着一定程度质疑性的评价，主要是认为纪念堂大面积采用了黄、蓝、红这三种色彩，由于这三种近乎原色的色彩对比强烈，使得纪念堂整体色彩并不统一而破坏了整体

图 3-40 北京毛主席纪念堂的“艳丽”色彩
（来源：毛主席纪念堂建筑设计[J]. 建筑学报，1977（4）：23.）

图 3-41 景山方案中的毛主席纪念堂呈现出与环境协调的“艳丽”色彩
（来源：袁镜身．毛主席纪念堂的设计过程[J]．设计与研究，2007（3）：31.）

感，而且过于强烈而艳丽的色彩效果也与通常意义上的纪念性建筑所强调的，即通过整体感的色彩配置而形成庄重、严肃的气氛相左。在此可以反思的是，纪念堂这样的色彩搭配就不“美”？或者说，对崇高精神与寓意的表达就不恰当吗？想来至少在寓意层面上应该不会有太大分歧，因为从审美视角而言，本书认为采用“统一”这样一个较典型的西方式美的判断标准，而且是孤立地来判断作为审美对象的纪念堂本身是“美的”或是“不美的”，乃至以此为依据进而认为这样的设计是“好的”或是“不好的”，有可能并不全然适用。基于对“艳丽”内容的分析，长期以来中国传统建筑体系中表征权力等社会生活中神圣、崇高内容的色彩特征突出地表现为红、黄、绿等多种原色搭配所形成的艳丽效果，而并非强调整体色彩的统一。虽然毛主席纪念堂的色彩搭配并非严格基于相关传统建筑的基本色彩搭配规律，且本书悬置了纪念堂在色彩搭配上是否承继了相关传统这类问题，但纪念堂的艳丽色彩与所处环境的色调仍然具有相似性，仅从这个方面来说，纪念堂与所处场所环境也可以说是整体协调和融合的（图 3-41），这样的艳丽色彩的表达体现了相当程度的民族特色，也可以说恰当地表达了中国文化背景下的崇高内容。

■ 本章小结

基于本书将崇高感概略分为西方式崇高感与中国式崇高感这样两大基本类型，本章主要从“大美感”即中国式崇高感的视角，梳理我国当代民族英雄、革命战争等崇高主题的纪念性建筑感性形态设计思路问题。之所以采用“大美感”一词，并不是刻意选用“新”词，而是为了强调不同文化背景下，中国式崇高精神的和谐性与西方式崇高精神的抗争性之间内涵的差异，并由此强调在中国文化背景下表达中国式崇高感的纪念性建筑形态所具有的民族文化特色。同时也没有把这样的差异绝对化，不同文化背景下的崇高问题往往是有一定可通约性的，中西方文化都在“大”与崇高、崇高感之间建立了较普遍认同的联系，崇高与“大美感”所蕴含的人类无限性、抗争性的奋斗力量和精神，在深层寓意上也是相通的。在我国文化背景下，纪念性建筑形态对崇高精神的表现，侧重于呈现抗争后的“和谐”状态，而并不过多地直接呈现“抗争”的状态和过程。

本章在分析崇高主题纪念性建筑的“复制”、“提炼”、“自由”这三类“民族形式”的基本设计思路之后，主要研究包含民族形式的更接近本质的相关感性形态的设计，但又不局限于此，即基于纪念性建筑形态整体视角而言的“大壮”形态、基于纪念性建筑形态的秩序视角而言的“和谐”形态及纪念性建筑形态光色的“明艳”形态这三方面的内容。其中，比例和谐在纪念性场所的营造及纪念性建筑的设计方面均有深刻影响，而相关比例规则与其说是承继了当代学者对中国传统建筑相关规律的分析与归纳成果，不如说是深受西方文化背景下相关比例规则的影响，可以说中国当代的“和谐”纪念性建筑形态比较突出的表现是实际所依循的主导性思路是在西方式“比例和谐”的控制下，主要基于“民族形式”设计的，而转向民风可以说是一个趋势。

注释

1，2. 林新华．崇高问题的跨文化美学分析[D]．上海：复旦大学，2006：2-3.

3-10. 贺天忠．庄子的大美与康德的崇高之美[J]．文艺理论研究，2005（1）：116-120.

11. 梁思成．中国建筑的特征[J]．建筑学报，1954（1）：36-39.

12. 萧默．中国建筑艺术史[M]．北京：文物出版社，1999：816.

13，69，70. 赖德霖．中国近代建筑史研究·探寻一座现代中国式的纪念物——南京中山陵设计[M]．北京：清华大学出版社，2007：246，275-277.

14. 陈志宏．近代“民族形式”建筑思潮在福建的传播与影响[J]．福建工程学院学报，2006（6）：786-790.

15. 梁思成．扬州鉴真大和尚纪念堂设计方案[J]．建筑学报，1980（3）：1-2.

16. 张锦秋．圣殿记·长安意匠—张锦秋建筑作品集[M]．北京：中国建筑工业出版社，2006：6.

17. 程泰宁．黄帝陵轩辕庙祭祀大殿建筑创作座谈会[J]．建筑学报，2006（6）：8.

28，30，31，34，36. 黄帝陵轩辕庙祭祀大殿建筑创作座谈会[J]．建筑学报，2006（6）：6，13，15.

18，33，37，78. 齐康．象征不朽精神寄托无尽思念——淮安周恩来纪念馆建筑创作设计[J]．建筑学报，1993（3）：25，26，28.

19. 顾孟潮等．当代建筑文化与美学[M]．天津：天津科学技术出版社，1989：80.

20，21. 许慎．说文解字[M]．天津：天津古籍出版社，1991：14，213.

22. 秦红岭．建筑艺术审美的伦理意义[M]．北京：高等建筑教育，2005（2）：6-7.

23，24.（德）鲁道夫·奥托．论神圣[M].成穷，周邦宪译．成都：四川人民出版社，2003：81，82.

25.（德）鲁道夫·奥托．论神圣[M]．成穷，周邦宪译．成都：四川人民出版社，2003：81.

26. 齐康．纪念的凝思——齐康纪念建筑设计[M]．北京：中国建筑工业出版社，1996：21.

27. 谭垣等．纪念性建筑[M]．上海：上海科学技术出版社，1987：序.

29，35. 张锦秋．为炎黄子孙的祭祖圣地增辉——黄帝陵祭祀大院（殿）设计[J]．建筑学报，2006（6）：20-21.

32. http://info.upla.cn/html/2006/10-25/6686.shtml

38. 邱文晓．无数珍奇寄清莲——浙江平湖弘一大师纪念馆[J]．新建筑，2008（1）：85.

39. 开放的中国用建筑与世界对话——与中国馆总设计师面对面[EB/OL]．http://www.expo2010china.com/expo/sh_expo/zlzx/index.html

40. 郭明卓．中国馆：传统韵味的现代演绎[J]．建筑学报，2007（10）：7.

41-43，45，48-51. 曾繁仁. 论希腊古典“和谐美”与中国古代“中和美”[J]. 中国文化研究，2001（冬之卷）：65-67.

44.（古希腊）亚里士多德. 诗学[M]. 陈中梅译注. 北京：商务印书馆，2003：75.

46，47，53，75，76. 汝信. 凌继尧，徐恒醇. 西方美学史[M]. 第一卷. 北京：中国社会科学出版社，2005：625，627，630-632.

52，55，56.（英）理查德·帕多万. 比例——科学·哲学·建筑[M]. 周玉鹏等译. 北京：中国建筑工业出版社，2005：4，151，162.

54. 郭玉生，曾耀农. 欧洲中世纪美学的集大成者——圣托马斯·阿奎那美学思想新论[J]. 新余高专学报，2002（3）：32-33. 原载：（波）塔塔科维兹. 中世纪美学[M]. 褚朔维等译. 北京：中国社会科学出版社，1991：298-319.

57，60. 傅熹年. 中国古代院落布置手法初探[J]. 文物，1999（3）：83.

58，59，61，62. 齐康. 城市建筑[M]. 南京：东南大学出版社，2001：131-132.

64-66. 傅熹年. 傅熹年建筑史论文集·中国古代建筑外观设计手法初探[M]. 天津：百花文艺出版社，2009：437，455.

67. 李俊霞. 建筑的比例和尺度[D]. 南京：东南大学建筑学院，2004：41.

68. 赖德霖. 中国近代建筑史研究·折中背后的理念——杨廷宝建筑的比例问题研[M]. 北京：清华大学出版社，2007：308.

71-74. 周跃西. 试论汉代形成的中国五行色彩学体系[J]. 装饰，2003（4）：86.

77. 刘振武等. 色彩的构成教程[M]. 北京：中国传媒大学出版社，2006：43.

79. 于倬云. 故宫三大殿形制探源[J]. 北京：故宫博物院院刊，1993（3）：10-11.

80，81. 梁一儒等. 中国人的审美心理研究[M]. 济南：山东人民出版社，2002：87-89.

第四章

悲剧感的纪念性建筑形态

第一节　悲剧感的纪念

一、悲剧感的内涵

这里主要从悲剧性、悲剧精神这两方面阐述悲剧感的内涵。其中悲剧性主要指生活各领域中所呈现的各种不幸、苦难、灾难、祸乱、死亡、毁灭等惨痛事件的破坏性、毁灭性内容；而悲剧精神则主要是指对悲剧性的抗争和超越，尤其是精神层面的超越。悲剧感可以说根源于悲剧性，没有生活中的悲剧性事态，就没有悲剧感的产生，然而人的精神和行动力量并不会只是囿于承受悲剧性，而是会对悲剧性进行各种方式的抗争和超越，以彰显人的存在和生命力量的崇高性。

1. 源自悲剧性的悲剧感

鲁迅先生曾说，悲剧将人生有价值的东西毁灭给人看[1]，而价值的无情毁灭是悲剧性的核心内容。美学学者邱紫华先生指出，美学的悲剧性包含两方面特征：其一是指形成悲剧的矛盾诸方都是以消灭掉、否定掉对方为目的的，只有这种以毁灭对方为目的冲突，其性质才够得上美学悲剧冲突，其二是指冲突以一方或双方的毁灭崩溃为结局，只有这种结局才显出悲剧惊心动魄的美感[2]，悲剧性即生命过程中的不幸、苦难和毁灭。[3]西方学者希勒的解释更直接、简明，即某种价值必须遭到破坏，这样才能属于悲剧性范畴，当一种具有纯粹价值的对象产生一种力量去破坏更高贵的纯粹价值时，悲剧性才显而易见[4]；文艺理论家柯列根也认为悲剧性的本质是指无可避免的必败乃至必死，从悲剧人生观的角度指出悲剧性在于我们深知自己力不从心，终于失败的事实：不管怎样艰苦努力，我们的意志、体力、仁爱、想象，到头来都没有用，最能充分肯定生活的只有死亡[5]。悲剧人生观首先就是肯定人们逃不脱命运规定的无可避免的劫难，这一生活的真实就是悲剧作品的源泉。[6]以上这些论说不仅指出了悲剧性所具有的无可避免的苦、难、祸、乱、死、亡、毁、灭等实质，也揭示了人生的悲剧性。概括来说，悲剧性的核心内涵就是价值毁灭的必然性，而悲剧感的发生则往往源于那些被视为具有尊贵价值的对象被破坏、被毁灭。

源自悲剧性的悲剧感的基本情绪就是悲伤，悲伤是人类的基本情绪之一，是对失落和丧失的自然反应。首先，悲伤的产生依赖于一个丧失或失败的评价。丧失的目标或对象根据重要程度或类型的不同而变化。它可能是一个人、一个地方、未能实现的抱负、对个体有价值的物体或是抽象的理想与道德价值；其次，丧失的主体还可以是他人，是团体；第三，悲伤的体验可包含沮丧、失望、孤独和孤立，其强度和持续性也有相当的不同；第四，丧失的时间系统可以随从过去到现在再到将来而变化。人们可能缅怀往事，为一去不复返而悲伤，也可为尚未发生的、想象中的丧失而悲伤。悲伤源自失去，或者说，失去引发了悲伤以应对失去。[7]源自事物悲剧性的悲伤感就成了人类所体验到的主要心理状态之一，悲伤感主要源自一种失落的情感体验。就个人而言，挫折、失意、失败、死亡等都很可能产生悲伤感；就社会层面而言，国家民族命运的多舛、危难以及无论由于自然的力量还是人为使然的社会性灾难，以其近乎无可遏制，也无法摆脱的力量所带来的巨大的破坏、痛苦、死难等，这些悲剧性因素都可能引起基于悲伤情绪的悲剧感。

尽管悲伤常常会减退生命的活力与激情，乃至使人体会到无奈、抑郁、失落，甚至沦为消极，但是当人们在悲悼所失、磨难、死亡的同时，也会由此激发出对人生意义和希望的反思，失落和痛苦往往会迫使人们寻求能消除悲伤及其带来的消极影响的渠道与方式，而相关的纪念行为与活动正是通过反映特定事件的悲剧性以及精神上的悲伤和痛苦，从而成为人类社会群体对悲剧性事件的集体情感的宣泄与慰藉的重要方式。

源自悲剧性的悲剧感体现了人类在追求真、善、美、幸福等美好愿望、理想与努力的过程中，与人类实际所面对的假、恶、丑、苦难等具有局限性、破坏性的力量所造成的不理想、不完美之间的矛盾、冲突等所产生的失落而激发的情感。西方学者认为悲剧感是指一种哀愁的性情，亲密地联系着关于死亡和个人命运的忧思，缺乏“意识”的人，就不会经验悲剧感，这种悲剧感本质上就是一种崇高的使命感、一种近乎宗教神圣感的心理状态[8]，这和面对强力而由使命感激发崇高感的激发机制是相通的。人生悲剧感则源自人们“持续地觉察到人类命运总是被不受控制的因素所支配，而其经常状态就是毫无幸福，那么人生悲剧感便存在于这持续道德觉察之中”[9]，这样的论说揭示了源自个体人生悲剧性的西方式悲剧感的内涵。我国学者也描述过悲怆感，可作为解释中国文化背景下源自悲剧性的悲剧感内涵的注脚。悲怆感来自政治情感上的南辕北辙、思乡之痛、亡国之恨等大至国家民族，小至个人的失意、衰亡等悲剧性状态，而悲怆感的感受如苦涩，内心深处积郁着一种难以言状的隐怨、深悲、遗憾、失望、哀伤和悲痛的情感体验，一种凝重的、难掩抑的、剪不断理还乱的伤感意绪，包含着许多无法回避的、无法改变的人生缺憾所触发的无可奈何的悲怆凄凉[10]，其中无法回避的、无法改变的人生缺憾就是悲剧性的核心内容，也是相关悲剧感的核心内容。

概言之，源自悲剧性的悲剧感主要是指理想、愿望与悲剧性现实之间的落差、矛盾、冲突等所造成的失落、苦涩、悲伤、痛苦、寂灭等感受和心理状态。在这方面，东、西方文化悲剧感的内容可以说没有实质性差异。这可以说是对源自悲剧性的悲剧感的内涵的一般性阐述，也基本解释了中、西方文化背景下源自悲剧性的悲剧感的内涵，尤其是西方文化中的内涵。

尽管悲剧性、悲剧感的内涵差异不大，但文化背景等方面存在着不同。中国文化中的悲剧观，对待悲剧、悲剧性、悲剧感的态度，往往倾向于对悲剧性后果进行理想化地“大团圆”式的转化，以超越巨大的苦难，最终达到“和谐”的状态。邱紫华先生指出，中国的悲剧结局往往是富于想象的浪漫大团圆，具有悲中有喜、悲喜交融的审美情趣以及相信善必胜恶的乐观主义人生态度等[11]，中国文化背景下强调的是“哀而不伤”、“怨而不怒”等节制、隐忍、承受性的悲剧感。在《悲剧精神与民族意识》中提到，中国悲剧作品这种大团圆结局模式，从形成以来就遭到了历代众多理论家的抨击。孔尚任、曹雪芹一反传统，写出大苦大悲的毁灭结局，之后胡适、鲁迅、王国维等理论家立足于民族精神、社会历史特点、民族文化心理结构，抨击大团圆结局既是民族精神中的消极因素的表现，又是专制统治钳制思想、压抑人的个性的结果，这使得无论是设计者还是体验者的审美心理从现实走向理想性的幻想[12]，并认为“不能一悲到底、最终走向大团圆正是中国悲剧的弱点，它是中国悲剧精神受到腐蚀、淡化后的产物”。[13]

2. 源自悲剧精神的悲剧感

悲剧感根源于悲剧性，没有那些苦痛就不会引起悲剧感，但人的力量并不会受限于此，不会一味陷入消沉或丧失生活和存在的意义，悲剧精神正是这样的超越困苦的精神乃至实践力量，悲剧精神即“明知必死而求其生，明知生命有限而求其永久！人类就是这样首先在生命领域中，其次在一切领域中同必然法则抗争，企图并敢于超越必然而跨入无限的自由领域。”[14]这样的言说表明了悲剧精神的抗争性、超越性。基于悲剧精神视角，朱光潜先生指出悲剧感区别于纯粹的悲哀，因为它具有纯粹的悲哀所缺乏的鼓舞人心的振奋力量[15]，先生强调的是源自在毁灭中实现自身价值的、具有积极抗争性的悲剧精神的悲剧感。关于抗争精神的力量源泉，席勒认为来自道德，依据康德的思想把悲剧情感归结为道德的胜利，是人们由感性上产生的痛苦而得到理性或道德上的快慰，从而得到伦理精神上的提高。[16]中、西文化背景下的悲剧精神“显示了中西方各自历史文化选择的自身矛盾在历史长河中的激化与深化，同时也显示了各自人文艺术精神的本质力量对其矛盾的消解、融化和升华”。[17]这些言说指出了源自悲剧精神的悲剧感的抗争性、超越性的一面，悲剧精神即人面对悲剧性死、难等，不甘愿局限于此，乃至进行反思、抗争，由此产生的“超越”残酷悲剧性的自我肯定、艰苦奋斗、不屈抗争的崇高精神。源自悲剧精神的悲剧感类似崇高感，是人类的力量、精神、道德等对悲剧性后果的精神与行动的抗争及精神超越，由此展现出崇高精神。

中、西方文化背景下悲剧精神的内涵存在着较大差异，主要在于对冲突或矛盾的化解和超越方式不同：西方悲剧精神可理解为“高举利剑，斩断激起冲突或矛盾的原因，从而以血腥的方式开辟出继续向前的新路”[18]，源自西方悲剧精神的悲剧感侧重于以一种自我作践、自我毁灭的方式，使人产生痛感，而后又通过这一痛苦过程中灵魂的升华，从悲壮走向崇高，进而实现精神超越[19]，强调强烈、张扬、激愤、抗争性的悲剧感或崇高感；中国悲剧强调理想化的大团圆结局，尽管我们从不缺乏悲剧精神，如邱紫华先生所说，中华民族面对人生中的不幸、苦难和毁灭时的基本态度毫无疑义就是坚决抗争，如果我们缺乏这样的人生态度和悲剧精神，早就沦为亡国奴了[20]，中国的悲剧精神更趋向于“以主动退让，甚至勇敢赴死的自我牺牲精神，使对立化归平衡、矛盾回归和谐”[21]，由此，相应的悲剧感是指“以惩戒邪恶、讴颂善良而产生愉悦和快感，这种愉悦感常常伴随着善良遭受磨难的不可逆转的遗憾，但换来了现实的美妙报应和历史长河中的美好名声”，进而以“以天理昭彰、疏而不漏的自信，让人获得愉悦与欢欣的同时，更得到一种伦理道德充分发扬的审美自由解放”。[22]

概言之，西方悲剧精神侧重的是对矛盾冲突的抗争，而中国悲剧精神侧重的是化矛盾冲突为和谐，常常营造悲剧后的美好幻象。中、西方文化背景下悲剧精神内涵的差异性决定了源自悲剧精神的悲剧感内涵的差异性，中国文化侧重于转化为大和谐结果，西方文化侧重于呈现激烈抗争的过程和精神，这样的精神诉求与差异深刻影响了不同文化背景下“悲”的纪念性建筑感性形态的设计。

3. 悲剧感的内涵

由此，悲剧感主要源自悲剧性与悲剧精神这两方面。

其一，源自悲剧性的悲剧感，主要涉及苦痛、承受、死难等方面以及由无可避免的失败、死亡、毁灭等悲剧性乃至残酷的灾难性后果所激发的失意、悲伤、痛苦、悲怆等复杂情感，其中巨大的破坏性力量对于人类的生存、欲望、理想等无情地否定所造成的悲伤，可以使人深刻体会到人类力量的有限性。

其二，源自悲剧精神的悲剧感，主要涉及英勇、抗争、超越等方面，即由抗争性的悲剧精神所激发的悲剧感，尤其是超越悲剧性的悲壮感或崇高感，更包含了在思想观念层面超越悲剧性后果的慰藉、乐观、希望、崇高等情感，以激励人的抗争精神、激发生命的力量、彰显生命的价值。在中、西方文化中的悲剧观的影响下，悲剧感的内涵存在着较大差异。相对而言，西方文化背景下的悲剧感往往既强调悲剧精神，即主动而激烈地进行抗争的崇高精神，同时也理性地呈现无可避免的失败、死亡、毁灭等惨烈的悲剧性内容；而中国文化背景下的悲剧感淡化悲剧性内容，而侧重于体现和谐性的“大团圆”悲剧观或者悲剧精神。

鉴于西方式“抗争性”的悲剧感与抗争性崇高感相关内容的相似性以及中国式“和谐性”悲剧感与和谐的大美感相关内容的相似性，后者基本都可以作为前者的参照，于是本章侧重研究的是源自悲剧性的悲剧感纪念性建筑形态的设计思路问题。

二、悲剧感的纪念主题

悲剧感涉及的纪念主题，往往侧重于展现危害人类和谐生活的破坏性乃至毁灭性力量所造成的后果与人类对和谐美好生活的追求之间的矛盾性，悲剧感涉及的纪念主题主要包括“灾难”、“战争”、“死亡”等。

1.“灾难”纪念

人类希冀社会与世界的和平与和谐，然而无论天灾还是人祸等破坏性力量所引起的种种危机、动乱、惨剧、死难、灾难等却几乎从未消失，“灾难”纪念范畴，也包括死难的内涵，以强调这类纪念主题所具有的与一般“死亡”不同的磨难、摧折、惨烈等性质。

“灾难”纪念大致涉及因灾祸导致的个体性死难、集体性与社会性死难及灾难等方面的纪念。其中个体性“灾难”纪念突出地表现为对悲剧英雄的纪念，悲剧英雄主要指那些为群体乃至全人类所追求的革命事业、民族大义、科学发展等真善美事业而受难、献身、牺牲的人物，尤其是精英、英雄、英烈等，相关问题主要在崇高的英雄纪念主题范畴内进行探讨。

灾难一般指由自然界或人为的祸害所引起的苦难[23]，即通常所说的天灾人祸，集体性、社会性死难的纪念往往涉及悲剧性后果影响巨大的灾难。灾难所祸及的对象可能是个体或群体乃至整个民族或国家，甚至全人类。灾难主要包括自然与人为性质的灾难：自然性质的灾难主要指如地震、火山爆发、飓风、雪崩、海啸乃至病毒引发的病疫等所造成的灾害；人为性质的灾难主要指人为因素为主造成的灾祸事件，如因意识形态冲突、政治因素、经济因素等复杂原因而造成的冲突、苦难、死亡、杀戮、恐怖事件、屠杀、战乱等影响深广的灾难。灾难往往具有巨大的破坏性后果，对人类社会各方面产生巨大的影响、冲击乃至改变，如侵华日军南京大屠杀造成的30万民众惨遭屠杀、第二次世界大战期间纳粹德国对犹太民族的种族大清洗所造成的约600万犹太人被屠杀等，这些人间惨剧不仅是中华民族、犹太民族等所遭遇的民族灾难，也是人类史上罕见的大灾难。这些“灾难”纪念主题无论通过怎样的表现，都难以回避其中的悲剧性，即造成死难的破坏性力量的强大、残酷，灾难性后果尤其惨烈的死难，灾难性后果所激起的悲伤、痛苦及灾难性后果本身的无可避免或无可挽回。

中、西方文化背景下的“悲剧观”存在着差异性，也影响着“灾难”纪念主题的相关设计。在西方文化中，尤其是宗教观念强调原罪、惩罚、冲突、悲痛等悲剧性内容，对死、难纪念的破坏性后果如受难、死亡、毁灭、绝望、苦痛、悲伤、惨烈等消极状态的呈现更直接，甚至强调恐怖感的表现与激发，表现死难惨状及营造悲惨氛围，往往直接表达甚至可能直接激发体验者的恐惧、悲伤乃至痛苦等消极情绪和感受，这些状态在相关原罪、救赎、受难等主题的宗教艺术形式中表现突出。

中国文化观念、民族愿望及主流意识形态强调的是和谐、稳定、平安、团圆等“大团圆式”内容。团圆所表达的是和谐美满、正义必胜、亲情永续、其乐融融等被公认为充分体现着国人的乐观主义精神的内容。[24]“灾难”纪念性建筑形态的表现角度比较多元，一方面强调“万众一心”、“众志成城”的抗灾、抗争、支援、英雄等崇高精神、悲剧精神，如侧重表现超越灾难的悲剧性、灾后重建等崇高精神与崇高感的唐山大地震纪念碑等以及灾后的乐观与新生等和谐性的积极美好状态的呈现，而另一方面也会有节制地表现死难的悲剧性后果，如在南京大屠杀新馆设计中，何镜堂先生就曾强调相关构思预期激起悲怆感与爱国主义激情，认为大屠杀尽管是一个悲怆事件，但纪念馆呈现给国人的也不能太过悲惨，而是通过一种序列空间组织，把战争、屠杀、抗争乃至和平主题展现出来，让人们总体感觉到悲怆、震撼，又能激发国人的爱国主义激情[25]，如“铸剑为犁”、“和平女神”等和谐性主题的纪念场景的设置。对此，王建国先生从国人的悲剧观角度指出了其“大团圆式”的理想愿望，我们在民族灾难的叙事记忆中有自己独特的诠释，除了悲以外还有正义、胜利、和平等美好愿望与积极情感。国外这类纪念馆表达悲怆，只是悲，到里面只是想哭，但在中国文化特定的语境下，是悲怆中有正义，有最后的胜利，从序幕、高潮到尾声，通过建筑场景序列组织表达的不仅仅是对屠杀的悲愤，也是对从杀戮到中华民族崛起再到希冀世界和平的完整诠释。[26]这样的纪念性建筑形态的情感与意义表达，也折射出了中西方相关文化观念的差异性，更重要的是，由此也鲜明地反映出了“灾难”纪念的意义，往往既呈现出人类面对灾难的悲剧性的悲怆，又彰显出人类面对灾难时的顽强、新生、不屈等悲剧精神，在这一根本点上，中西方的“灾难”纪念性建筑的设计都离不开人文关怀。

2. “战争”纪念

战争与和平几乎是永恒的纪念主题，由于战争问题本身的特殊性，更因为涉及参战的民族、国家利害及复杂的意识形态与价值观，通常的观念里，现实中能够被选择进行纪念的战争本身较少会被判断为“灾难性的”，对“战争”纪念的表现角度，一般不会选择侧重于表现战争造成的伤亡、死难和残杀。事实上，在相当长时期内，战争主题通常是从崇高的视角予以表现，强调敌与我、正与邪、敬与恨乃至敌我、正邪之间剧烈的对抗与冲突，从我方视角赞美战争的胜利、合法、正义等，进而由此贬斥敌方的失败、不合法、非正义等。相应的纪念性建筑形态也突出地表现为对崇高精神的表现，崇高战争的相关纪念性建筑设计思路可以参照崇高纪念的相关内容。

实事求是地看，无论是对正义方还是非正义方，无论是对胜利方还是失败方，战争所造成的后果本身几乎无可避免地具有破坏性、残酷性、灾难性甚至可能是毁灭性的，如毛泽东所指出的，战争这个人类互相残杀的怪物，人类社会的发展终究要把它消灭。[27]面对20世纪的两次世界大战对人类社会生活各方面造成的极其残酷的巨大破坏性后果，人类越来越强调反思战争的复杂性以及对战争的价值判断问题，这类反思性的战争观也开始深刻地影响战争主题的建筑乃至纪念性建筑感性形态设计，已经出现了不同于崇高表现模式的、反思式的战争观及相关建筑实践，如著名的华盛顿越战纪念碑、曼彻斯特市帝国战争博物馆、加拿大战争博物馆等。

直接地、突出地呈现战争的破坏性、悲剧性，而非正义性、崇高精神的纪念物比较罕见，如越战纪念碑可认为是无声地表达战争悲剧性而非歌颂的作品，纪念碑名为“越战老兵纪念碑”

（Vietnam Veterans Memorial）而非“越南战争纪念碑”，但在人们的观念里似乎更愿意把这处纪念碑和越战直接联系起来。美国官方或主流意识形态对越战持明确的否定性态度，如尼克松曾说：“越战的失败玷污了我们的理想，腐蚀了我们的精神，削弱了我们的意志。”[28] 仅由此可知，越战不仅是失败的，更严重的是玷污了美国的理想价值信念，伤害了民族自豪感，削弱了民族凝聚力，而在对越战大致如此的价值判断的社会背景下，当年全美公开竞赛的设计要求就明确表示越战纪念的根本意图是：“缅怀这场战争的死难者、失踪者和退伍兵的贡献，而不是战争本身。这个纪念碑应当是抚慰性的，并超越战争的不幸。”[29] 大致可以理解这一要求的深层寓意主要包括三方面内容：其一，敬意。对越战非肯定性的价值判断，也决定了越战纪念的直接对象或者说表示敬意的对象是越战战士，尤其是死难者，而非战争本身。其二，避讳。避讳直接触及并直接表现对越南战争本身的类似“悲剧性的”而并非“崇高的”价值判断。其三，抚慰。抚慰战争所带来的痛苦与不幸，并希冀通过“纪念”这样的抚慰与疗伤方式超越痛苦。由此，越战纪念碑设置的根本目的包括悼念亡灵、慰藉生者、反思越战等，更为重要的是重建民众对国家形象、美国式价值观的信念，恢复民族的自豪感。

3.“死亡”纪念

涉及死亡主题的纪念和建筑形态相关问题本身相当复杂，基于本书的研究视角，这里侧重研究的是以悲剧感为主题的“死亡”纪念相关建筑形态的生成思路问题，而不是死亡主题的相关纪念性建筑形态这类复杂的问题，在一定文化背景下，常有模式化表现，关注的核心主题不一定和悲伤感有关。“死亡”纪念主要是对已故者的悼念与追忆等，往往并非是对死亡的纪念。“死亡”纪念与死亡观关系密切，人类的死亡观相当复杂，不同的文化背景对死亡的界定、对死亡现象等往往有着不同的复杂的理解和态度。面对人的必死性以及由此所带来的一般意义上的人的悲剧性，即任何人无论贫、富、贵、贱均不可避免地最终走向死亡，如贝克尔在《拒斥死亡》中所言“我们来自虚无，拥有名字，拥有自我意识和内心深处的情感，胸中极度渴求生命和自我表现——即便如此，还是要死”[30]，还有死亡所带来的痛苦、恐惧乃至对生的意义的消解，各种死亡观很大程度上都试图通过诠释死的意义来确立生的意义，试图通过各种观念、方式乃至臆想来面对死亡，以缓解对死亡的恐惧，慰藉死亡所引起的悲伤与痛苦，甚至试图“超越”死亡对生的意义的消解。

死亡涉及的情感问题也较复杂，主要包括对死亡的情感以及对死者的情感这两方面。在不同死亡观的影响下，对死亡的情感态度往往也不同。在当代社会中对死亡比较普遍的情感态度是恐惧、悲伤、痛苦等，如贝克尔所说的“凝视死亡之事实，必然伴随着畏惧、害怕和本体意义上的焦虑”。[31] 有学者提到对死亡的恐惧是持续性的，认为没有人能够摆脱对死亡的恐惧，而且会永远存在于我们的精神活动之中。[32] 尽管当代人们对死亡的恐惧具有一定的普遍性，人类学家霍卡特却指出原始人并不一定为死亡而苦恼，相反，死亡常常伴随着欢乐和欢宴，死亡似乎成为庆典而不是恐惧，因为他们相信人由此进入某种永恒的快乐，但大多数西方学人都对此表示困扰。[33] 这类死亡观在苏联学者巴赫金那里也有所体现，他所阐述的特定文化背景下死亡的情感基调就是没有任何悲观、伤痛和恐惧的色彩。李泽厚先生也曾指出在中国文化中儒家哲人诸如“逝者如斯夫，不舍昼夜”的生死观中所体现出的对死亡的态度——非但无需恐惧、哀伤，而且从容、乐观，并指出“未知生，焉知死”，“未能事人，焉能事鬼”讲的正是因为生是有价值、有意义的，对死亡就可以无视，甚至不屑一顾，让个体生命自然终结而无需恐惧、哀伤，这便是儒家哲人所追求的生死理想。[34] 陶渊明也曾在《挽歌三首》中直言："有生必有死，早终非命促"，"亲戚或余悲，他人亦已歌，死去何所道，托体同山阿"，直白而强烈地表达了一种乐观的死亡观。

悲伤、悲痛等悲情是一般而言的对死者的情感表现，但并不是如此简单，如通常所说的"亲者痛，仇者快"表明了对死者情感的主观的复杂性，往往与个体乃至社会对死者的价值判断、社会或群体对死者应该表达出的情感规约等关系密切。人类学家爱弥尔·涂尔干曾指出葬礼中悲伤感的社会性根源，认为葬礼中人们的悲伤与哭泣的流露未必都是真情实感，认为哀悼并不是个体情感自发的表达，亲属们流泪、悲伤、虐待自己，往往并非是其本人感受到了死去亲人的影响，尽管在特定情况下人们有可能真实地感受到其表达出来的遗憾之情。[35] 他反复强调哀悼并不只是或者很多时候并不是因为骤然失去亲人而受到伤害的个人情感的自然流露，而是群体强加给他们的责任，一个人流泪，不仅是因为他真的很悲伤，更是因为他不得不这样做，不能不接受这样的仪式态度，这种态度在很大程度上与他的感情状态并没有什么关系。而且有这种必须这么做的义务，否则会受到社会规约的惩罚[36]，在这样的义务规定下，社会会对集体成员施加强大的压力，使他们的情感与这个情境协调起来。换个角度来说，如果社会允许其成员对社会所遭受的打击无动于衷、等闲视之，这就等于宣告了社会在其成员的心目中丧失了其应有的地位。[37] 涂尔干并不否认对死者的悲伤有可能是出自真情，但是认为葬礼中表现出悲伤首先是被规约的、是"必需的"，葬仪中的悲伤表现如绝望、呼喊和眼泪等只是仪式的规则[38]，可以理解为更多是社会要求和仪式的规则使然。

"死亡"纪念的基本作用常常是缓解、安抚对死亡及其后果的恐惧、痛苦与悲伤，或追思故者，彰显其存在的价值乃至功业，通过对死后理想状态的描述如永生、新生乃至重生等，既告慰亡灵，更慰藉生者，或余荫后人，或给予生以精神的启示、鼓舞与支撑等复杂的寄望。芒福德曾提及人类早期葬祭活动的重要意义，指出远古人类尤其关心死者的安葬问题，会精心安排安葬的形式，可明显看出人们对于死亡的虔诚观念和忧惧心理。旧石器时代人类不安定的游动生涯中，获得永久性居留地的首先是死去的人：一个墓穴，或以石冢为标记的坟丘，或是一处集体安葬的古冢。它很容易成为地面上显而易见的人工地标，活着的人会时常回到这些安葬地点来，表达对祖先的怀念，或抚慰他们的灵魂。[39] 在中国的文化背景下，追忆与"余荫"成为"死亡"纪念的重要内容，其中"余荫"即生者期望故者，尤其是祖灵在死后所具有的力量能够并且有责任实现生者的主要是趋利避害的愿望，这也是中国文化中"死亡"纪念的核心内容之一。

一般而言，在相应的死亡观影响下，"死亡"纪念的相关建筑形态往往都试图规避直接表现死亡的真实客观的情况，常常规避对死亡的焦虑与恐惧以及对死者的悲伤与痛苦等消极情感的直接表达。"死亡"纪念与悲伤、悲剧感关系密切，而以上无论"灾难"还是"死亡"纪念，在西方文化中，涂尔干所阐释的具有"赎罪"等寓意的禳解仪式概念，从一个侧面深刻揭示了"灾难"纪念的意义，认为许多悲伤的仪典，要么是为了迎接一场灾难，要么是为了纪念或哀悼这场灾难。他建议把这些仪典称为"禳解仪式"，而采用"禳解"是因为不仅包含有赎罪的观念而且含义更广泛。所有的不幸，所有凶兆，所有能够带来悲伤和恐惧感的事物，都使禳解成为必要。[40] 从对生者的情感关照视角而言，"死亡"纪念的纪念性建筑形态如"殡"、"葬"、"祭"[41] 等建筑类型，在很大程度上是为了消解或者禳解对死亡的恐惧，抚慰生者的悲痛等消极情感而设置的，强调诸如永恒、永生、彼岸等各类理想愿望与寓意，以"超越"死对生的终结。

三、基于“破坏力量”的悲剧感形态设计思路

悲剧根源于破坏性的力量及其作用后果，由此形成复杂的悲剧观念或悲剧意识等。对人类而言，相关破坏性力量及后果主要包括灾害、战乱、病疫、死亡等，在这里所关注的是表现悲剧性的纪念性建筑感性形态设计思路，这些思路与破坏性力量这一造成悲剧性后果从而激起相应的复杂悲剧感的根源关系密切，主要有以下三类设计思路。

思路之一，呈现破坏力量。相关纪念性建筑形态通过呈现破坏性力量来表现悲剧性，对破坏性力量的直接表现往往预期激起恐惧等情感。出于情感慰藉、人文关怀，纪念性建筑的感性形态侧重于表现正面意义，即表现尊贵价值的形象，而不大去直接表现破坏尊贵价值的力量。相关设计中通常会规避对破坏性力量自身形象的直接呈现，即使表现了，要么结合破坏性后果加以表现，要么转为表达其他意象如表达对破坏力量的抗争等。

思路之二，呈现破坏力量的后果及情感状态。相关纪念性建筑形态通过呈现破坏性力量的悲剧性后果如混乱、废墟、死亡等以及人们对这些后果的承受状态如痛苦、隐忍、悲伤等，预期激起悲伤感、悲怆感、恐惧感、悲愤感等悲剧情感。

思路之三，呈现对破坏力量的抗争状态。相关纪念性建筑形态通过表现纪念对象对破坏性力量及其悲剧性后果的抗争性状态乃至超越性状态，如理想化的和谐、永恒等，预期激起悲壮感、崇高感等悲剧情感。相关设计思路与表达崇高感的纪念性建筑形态的相关内容相似。

由此，本章涉及前两类基本设计思路的研究，以第二种思路即对破坏性力量的后果及相关情感状态的呈现为主。第三种思路，在西方文化背景下，可大致参照崇高感相关内容，而在我国文化背景，尤其是“大团圆”式悲剧观的影响下，我国当代的悲剧感所涉及的纪念主题往往更倾向于表达崇高、和谐等内容，主流是表现和谐的崇高，可以参照大美感相关内容。本书暂未对我国文化背景下悲剧感相关观念实践进行独立研究。下文主要研究梳理源自悲剧性的悲剧感的感性形态，包括整体层面的“残缺”、结构层面的“失序”以及表征层面的“晦暗”光色质感这三方面的感性品质。

第二节 “残缺”

一、“残缺”的内涵

“残缺”是表达蕴涵悲剧感主题的纪念性建筑形态的重要感性品质，可反映出造成悲剧性灾害、灾难的破坏性力量的作用下整体性或完美性的破坏、缺失等意象，体现出对象或事物整体性方面的不完全、不完满状态，以此表达悲剧性纪念的内容。在此需回溯体现完美、完满的“整一说”，以便进一步深入分析“残缺”的内涵。

关于“整一说”，西方经典美学突出地表现为对整一、整体、统一、完整、和谐等完美或理想的美学形态的审美追求，相关学者曾指出，毕达哥拉斯的希腊古典“和谐美”理论的核心内容就是整一说，毕氏明确地将和谐美的基本品格归为“由杂多导致统一”，在此，对美而言，最主

要的因素是统一。以上即整一说的核心内容，也是西方古典美学最基本的规律。[42] 亚里士多德在《诗学》中强调了“美”与整一性或整体性之间的密切关系：“任何由部分组成的整体，若要显得美，就必须符合以下两个条件，即不仅本体各部分的排列要适当，而且要有一定的、不是得之于偶然的体积，因为美取决于体积和顺序”。他进一步指出太大了也不美，而不美的原因在于观看者不能将它一览而尽，而看不到它的整体和全貌 。[43] 亚氏认为只有各部分通过恰当的排列等方式所形成的整一的整体才是美的。阿奎那也曾强调美的首要要素是整一或完善，因为那些残缺的事物就这一方面看便是丑的。[44]《西方美学史》中对此的解释是：整一首先涉及对事物形式的完整性规定，既是对客体自身性质的要求，也是审美对主体感受的整体性要求，并指出阿奎那将整一与完善结合在一起，其中整一反映了事物在结构形式上的完整性，而完善则反映了事物的功能和目的上的实现。[45] 在阿奎那的阐述中，已经揭示了“残缺”与“整一”之间存在着某种相对立的关系。此外，当代建筑理论家亚历山大在《秩序的本质》中也曾提到整体性的概念，认为整体性是自然发生进程的结果等，一切建造活动的最高目标就是要获得整体性，期望人类建造的结构同样具有在自然中才能见到的结构品质。结构是一个有机的、动态的、具有生命力的整体，由诸多中心构成，这些中心又以种种秩序联系在一起，彼此依赖、互相加强从而形成协调运作的有机整体。

关于“残缺”说，“残缺”的纪念性建筑感性形态是在呈现悲剧性的不完美、整体性被破坏的意象，美的事物或对象的整体性、完美性被威胁人类社会与个体和谐生活秩序的破坏性力量所破坏，残缺不仅是指形体的不完整，更是指相关形态系统的不完整或缺失。从美学形态的视角看，残缺被视为美的整一性被破坏的状态，可归为美学意义上的“丑”的范畴，故而说如果一个物体有了应该具有的一切，即包容了组成这个事物所必需的一切要素和部分，这个物体便是完整划一的。[46] 那么，可如此阐释“残缺”，即如果一个“事物”因为破坏性力量的作用而没有具备应该具有的一切，没有包容组成这一“事物”所必需的一切要素和部分，而是缺失、丧失了部分要素，那么这个物体便是残缺的，“残缺”即不完整、不完美，在本书语境下，尤指完整性、完美性的破坏。

基于以上对“残缺”内涵的探讨，主要从“残缺”所涉及的价值、情感、观念、形式这四方面内容进行分析。

从价值角度看，“残缺”往往也象征着人类在对真、善、美、幸福等完美理想价值的追求中所遇到的磨难、挫折与结果的不完美及尊贵价值的破坏，人性乃至社会的扭曲与病态等种种人类社会与个体所呈现的“残缺”状态。

从情感角度看，“残缺”往往与无奈、失落、悲伤、痛苦等有着密切的关系，“残缺”美学并非是消极地对待生活的残缺论，或者只是简单地呈现出无奈、悲伤和痛苦，而是通过展现现实生活的不完美的真实状态，激励人们为追求幸福、完美而去奋斗。

从观念角度看，中西方文化均存在着对现实生活的悲剧性或不完美的深刻认识，在西方文化背景下，尤其是相关宗教观念中，“残缺”意识与原罪、受难等观念有关：人类始祖受引诱违背上帝禁令，偷食禁果而犯“原罪”，被逐出具有美满生活寓意的伊甸园，到人间赎罪，从此失去了平安自由，而面对报应、痛苦、灾难、死亡，过着艰辛、苦难、残缺或者说不完美的生活。我国文化中也存在着残缺意识，或者说悲剧意识，如对人生失意的感伤，对国家命运的危机意识，如中国的国歌仍然采用强调危机意识、抗争精神等内容的《义勇军进行曲》。

从形态角度看，“悲”主题的纪念性建筑形态常常通过呈现“残缺”的“丑”的形态来表达死难的悲剧性及悲剧感。残缺不仅仅是形式设计的手法，更是观念或意象。“残缺”在本书语境中主要涉及三方面内容：首先，在意义方面主要指和谐的美的“整一性”如完整性、整体性、统一性、完美性等被破坏的残缺寓意；其次，在形态方面主要指在强大的悲剧性破坏性力量的作用下，个体乃至社会的和谐生活、和谐秩序等被破坏，从而呈现出完整性的“缺失”、“破裂”等残缺形态特征；其三，在手法方面主要指相关纪念性建筑感性形态的设计手法，尤其是表现悲剧性的“残缺”设计手法。

表达破坏性力量作用下的悲剧感的“残缺”即整体性的破坏状态以及下节所研究的“失序”即和谐性的破坏状态所呈现出的形态特征，与解构主义建筑美学中的“支离破碎”等“不和谐”的形态特征比较相似，萨夫迪曾将解构主义建筑与洛杉矶地震震灾的照片进行过形态比较，认为二者具有相似性，并评论解构主义是“地震建筑”（Earthquake Architecture）。[47] 这两类感性形态设计的逻辑出发点的根本差异主要在于：表现解构主义思想的建筑美学形态，可以说是基于哲学层面的反思，通过“解构整体性”试图从根本上颠覆传统美学形态规则及其权威性，从而具有一定的反叛精神；而表现悲剧性的纪念性建筑形态所呈现出的是表现破坏性力量及其悲剧性后果的“破坏”美学的形态特征，以表达破坏、失去、苦难、死难等内容及其悲怆感等情感。

在表现悲剧性“灾难”纪念主题的纪念性建筑“残缺”形态中，本书主要基于“整体性”被破坏的程度进行类型概分，包括“残·缺”、“断·裂”、“破·碎”、“消·解”等残缺状态。

二、“残缺”的悲剧感纪念性建筑形态

1.“残·缺”

如前文所言，“残·缺”通常表现为破坏性力量作用下完整形态的残、缺、破、裂等状态。侵华日军南京大屠杀遇难同胞纪念馆原馆中表现悲剧性的重要形态特征之一即“残·缺”。基于“残缺”主要指“整体性的破坏”，而不只是一种手法，更要呈现大屠杀所造成的悲剧性、残酷性的意象，齐康先生曾指出，设计中要表达灾难、悲愤、压抑、痛苦，由此产生“生”与“死”、“痛”与“恨”的创作构思，旨在给予参观者心灵上的意念与共鸣以及一种深沉的感受，提醒后来者不忘历史，告慰 30 万无辜死难者及其家属，纪念这场民族灾难。[48]“残缺”就成了相关设计构思主要的感性形态品质，齐先生指出，体会环境设计，首先要明确其意义，着力于构思，其次就是要寻求统一、融汇的结合点。采用的方法之一就是运用“残缺”这一建筑艺术的表现手法，通过不同要素的组合并配以不同的环境、氛围来表现[49]，如原馆二期的“古城灾难”大型雕塑，强调了观念意义上的统一，用残破、死亡的形象求得视觉上的一致，是在统一主题下的整体构图[50]，也由此形成了纪念馆整体形态的“残缺”特征。此外，纪念场景中的雕塑的形态设计也选用了惯用的手法，体块的错位，死难者的仰天长叹、怒目圆瞪的“头颅”，被活埋时挣扎的“手”，残破的城墙以及枪炮射击的痕迹，用缓坡的桥将其连为一体。[51] 原馆的死难纪念墙、悼念墙等均呈现出“残缺”状态。齐先生在此通过种种方式营造了“残缺”、“灾难”意象以表达生、死、痛、恨的构思主题（图 4–1）。

柏林犹太人博物馆被丹尼尔·里勃斯金德赋予了深刻、复杂且具有完整叙事性的寓意，他曾提到：“首先，不了解柏林犹太人在知识、经济和文化方面的贡献就无法理解柏林的历史。其次，必须使这个城市不但从实物上认识并记住大屠杀，而且还要让这种理解和记忆深入其灵魂。第三，只理解、记忆与展望。博物馆突出地强调‘残缺’的形态，以解构的手法创作建筑形象，只有承认灭绝柏林犹太人的这段历史并且在建筑中体现它，柏林和欧洲才会有未来。”[52] 意欲断裂

图4-1　南京大屠杀纪念馆废墟般“残缺”的“古城灾难”构思方案
（来源：齐康．建筑思迹［M］．哈尔滨：黑龙江科学技术出版社，1999：137.）

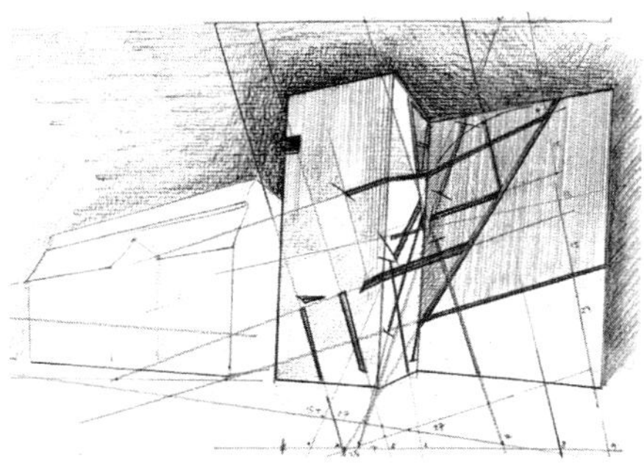

图4-2　柏林犹太人博物馆所呈现的“遍体鳞伤”与“支离破碎”
（来源：柏林犹太博物馆［J］．UED城市环境设计，2014，080（02，03）：116.）

图4-3　柏林犹太人博物馆所呈现的“遍体鳞伤”与“支离破碎”
（来源：柏林犹太博物馆［J］．UED城市环境设计，2014，080（02，03）：116.）

及冲突作为常见的手法在建筑中出现[53]，以此表达诸如犹太民族的悲剧性命运等寓意和情感。主体采用相对封闭的实体，各种不规则斜倾的窗洞犹如身体上无法愈合的伤痕，界面肌理是在保持整体感，即试图展现一种顽强力量的情况下，强调形体触目的不完整性，与倾斜的构图共同表达沉重的悲剧感。张路峰先生曾描述过该馆的“残缺”状态及感受：“一看便知建筑师试图营造一种令人不快的意境。建筑表面上的窗就像模型车间里被刻刀反复刻划过的一块垫板，布满了横七竖八的散乱刻痕。地面上铺砌的图案也让人联想到一些散落的碎屑，由此感受到一个遭到鞭笞后的皮开肉绽、遍体鳞伤的躯体和支离破碎的记忆。”[54]（图4-2、图4-3）犹太人博物馆的总体构思为“两线之间”，其中一条是蜿蜒而扭曲的“大卫之星”，另一条则是被分割为许多片断的断续直线，构成了一个非连续的“虚空”，纵贯公共区域，以墙和其他空间分割开。虚空所表现的虚无与断裂隐喻着柏林历史上那些物质形态虽已消失但却十分丰富的犹太遗产，隐喻着寂静与死亡，设置虚空的意义在于不让博物馆或建筑减弱为分离的记忆或纪念的分离物的概念，是一个能够使犹太、柏林的历史从不可治愈的创伤中重新融合的概念。[55]作为缺席的象征，断续的虚空也是体现不完整性的一种表现“残缺”的方式。

彭一刚先生设计的威海甲午海战纪念馆，为的是纪念1894～1895年在中国黄海和威海卫附近海域内中日之间的那场海战，由于中国的惨败而丧权辱国，继而激起了国人的义愤。[56]先生指明了其中的悲剧性，即甲午海战是一场失败的战争，尽管水师将士浴血奋战，奋不顾身，但最终还是一败涂地而全军覆没，因此海战馆理应表现出惨烈、悲壮的气氛[57]，由此，表现甲午海战的悲剧性即不可避免、无可挽回的惨烈失败等成为纪念馆设计的指导性原则，从环境氛围到选址、从功能到布局、从形象塑造到细部处理，都紧密围绕着如何充分表现这一主题思想而逐步展开。[58]

甲午海战纪念馆通过“残破”的构思表现悲壮的纪念主题，这样的构思来自于先生对甲午海战的残酷破坏性力量所造成的失序后果的联想，也预期体验者能通过这样的形态产生相似联想，从而感受其中的悲与壮：“诸如战斗伊始我方旗舰桅杆即为日方炮火击中而折断，致使联络中断、指挥失灵；致远号管带邓世昌在弹尽舰伤后，率舰撞击日舰……借助于这些启迪，便在体形组合上使各船体相互撞击、穿插。特别是入口处悬挑的巨大雨篷处理，便有意象征一艘斜插到室内的船体，支承它的粗大圆柱延伸上去，被处理成为折断的桅杆形式。”[59]通过“残破”以表现

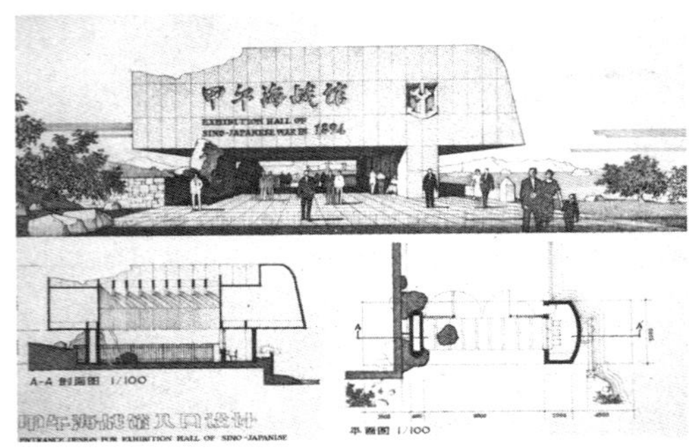

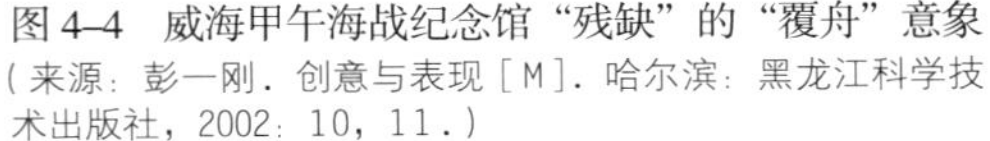

图 4–4 威海甲午海战纪念馆“残缺”的“覆舟”意象（来源：彭一刚．创意与表现［M］．哈尔滨：黑龙江科学技术出版社，2002：10，11．）

图 4–5 威海甲午海战纪念馆整体所呈现的“壮”与“悲”（来源：彭一刚．创意与表现［M］．哈尔滨：黑龙江科学技术出版社，2002：10，11．）

“悲”；通过易于使人联想起丁汝昌、邓世昌等英雄的昂然立于主馆船首以表现民族气节的威武人像，主馆厚重而有力的体量感等以表现“壮”或崇高的程度及“悲”与“壮”的融合。先生也几经犹豫：“海战馆理应表现出惨烈、悲壮的气氛。方案构思初期，也曾想到以残破、断裂等手法来渲染气氛。尽管这些手法在国外已司空见惯，但在国内一时还难以为人们所认同，几经尝试，最后还是割爱。只是在大门的构思中才毅然地采用了一艘残破、断裂、倾覆的船体，从而表现出一种沉重、压抑和悲壮的气氛。”（图 4–4、图 4–5）。此外，关于纪念馆的选址，先生坚持不设置在地势的高处而是邻近事发的大海，而崇高寓意的纪念性建筑常常被安置在高地，由此也折射出场地选择在规避通常用以表达崇高的高耸的场地。由此，最终形成了一幅表现惨烈，但更表现大义凛然的充满悲壮的英雄主义精神的纪念场景。

由此产生了纪念馆整体形态较强的力度表现与感受是否能恰当地表现甲午海战事实上的悲剧性的问题，专业人士曾对此表示过些许遗憾，如：“大面积挡土墙、地面以及台阶的处理都显得‘干净整齐’有余而‘粗野狂乱’不足，从而削弱了海战气氛的烘托与‘悲壮惨烈’主题的表现。”[60]“这种造型的力度似尚有强化的余地……现有的建筑造型可谓是‘壮’有余而‘悲’不足……如能再‘残破’些……将海战的悲壮气氛营造得更浓烈些，那么它震撼人心的教化力量必将更加强劲。”[61] 尽管如此，整体而言，恰如钟训正先生所说：“甲午海战馆不愧为大师手笔下的上乘之作，几点瑕疵无损于它的灿烂光彩。”[62] 从这件中国当代的纪念性建筑名作的设计构思中，可想见对基于情感的纪念性建筑形态表现力度的把握是何其之难，通过彭先生的记述也能隐约感到先生设计时的激情与取舍的艰难。从另一视角而言，这样的“壮”有余而“悲”不足的表现也恰恰反映了中国文化背景中“和谐”悲剧观的影响以及强调超越悲剧性的文化特点。

从感性和情感视角解读，越战纪念碑所表达的无关崇高感，而是悲剧感，下文主要从纪念碑的构思立意、纪念碑的形态、官方对越战的价值判断、纪念碑所表达的情感及纪念碑与相关战争观的关系这几方面阐述其中复杂的情感表达、价值判断与感性形态设计思路。“一个悲哀的阴郁的深深伤口”[63] 一语指明了林璎的构思立意所在，越战纪念碑“在国会大厦广场前国家公园内一块开阔的向南微坡的草地上，向下切割 3 米深，东西各 6 米长，夹角约 132° 的一个等腰三角形，其底边与草地取平微微向前倾斜直至相交于等腰三角形顶点下 3 米深处，形成一块微微下陷的三角地，仿佛人身上被切割了一块肉一样，象征着战争中所受的疮伤”[64]（图 4–6），关于这样的形态与寓意之间的关系，典型的阐释如越战曾经给美国民众带来巨大的创伤，如果说越战纪念碑代表了一道伤痕，那么它也是一道愈合的伤痕，无法视而不见，越战纪念碑使人们不得不面对伤痕，接受它，并且借助它疗伤。然而黑墙就无法暗示一个愈合的伤口（图 4-7）。[65] 事实上，对这样的形态的解读相当多元化，如：这个“纪念碑”是对战争的赞扬抑或是对战争的否定？一个倒栽葱的“V”字，是对“胜利”的表彰抑或是对“胜利”的讥讽？也许，它是一个“人”字——是对“人”的思考或怜悯？那刻满了人名的大墙，是对死者及其亲属的安慰，抑或是死者集体签名的对侵越战争的一份控诉书？[66] 但无论其形态特征还是官方对越战的定性，都易使人产生如下联想：将越战纪念碑比作在一场非正义战争中遗留下来的一道伤疤，由此感受到战争带来的永远无法抚慰的伤痛。然而，这样的展现，如近似体表上伤口的凹陷场地、近似墓碑的黑色碑体等形态特征的设计构思一度遭到强烈反对，指责这样的形态表征了另一种政治性陈述，即突出了美国越战的失败和耻辱，反对的根源在于认为这样的形式从根本上否定了越战老兵参战、献身的价值，认为这样的形态并非是对战争中阵亡将士和老兵的赞扬[67]，当然也并不象征着激奋、荣光、崇高，而是象征着痛苦、死难乃至耻辱。

越战纪念碑契合了官方与民众对越战的态度与评价，虽然林璎的设计意图陈述与权威方选中这一构思的标准有所不同，然而这样的构思实际上契合了竞赛的相关要求，尤其契合了官方对越战的评价。美国官方对越战表现出的是一种国家意识形态层面的否定性、反思性的态度，而林璎所构思的越战纪念碑的形态特征与普遍认同的表现“崇高的”价值判断的纪念性建筑形态，几乎在各方面都相左，这样的形态所表达出的对越战的价值判断就易被认为并非是崇高的，这应该也是老兵们强烈反对的根源。那么，是否可以进一步这样认为：无论设计者本人以及他人如何诠释这样的形态的寓意，这样的越战纪念碑构思能够被权威机构选择，能够被官方认可，能够不顾多方的强烈反对得以实现，进而成为美利坚民族集体记忆中的重要一页的根本原因，是否恰恰就在于这样的形态特征本身契合了官方对越战的否定性价值判断呢？在一幅针对伊拉克战争的政治讽刺漫画中，画面中紧挨越战纪念碑“设计”了“伊战纪念碑”，通过复制越战纪念碑的形式，表达了一种类似越战的否定性价值判断（图 4-8）。

越战纪念碑表达的主要是悲怆而非崇高：从价值判断的视角看，越战纪念碑是美国国家意识形态层面对越战死难士兵本身，而不是对一场失败的、无意义的甚至危及民族信仰的战争本身的纪念，事实上，战争本身非但不是“崇高的”，反而是近乎“耻辱的”，死或生的兵士于是也很难

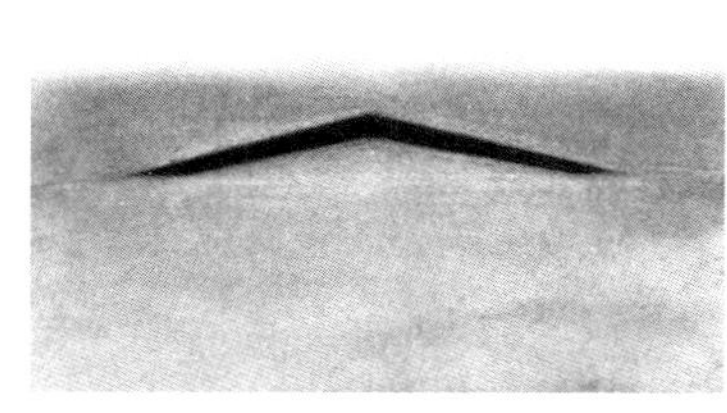

图 4-6 越战纪念碑“一个悲哀的阴郁的深深伤口”的构思表达

（来源：Kirk Savage. Monument Wars Washington, D.C.,the National Mall, and the Transformation of the Memorial Landscape, New York：University of California Press, 2011：269.）

图 4-7 越战纪念碑所呈现的残缺、无力、晦暗与失败

（来源：Kirk Savage. Monument Wars Washington, D.C., the National Mall, and the Transformation of the Memorial Landscape, New York：University of California Press, 2011：271.）

图 4-8 续写的“失败”：“伊拉克战争纪念碑”讽刺漫画

（来源：Canadian Architecture［J］. 2007（02）：24.）

说就是“崇高”的英雄，但国家至少应该给这些兵士的行为本身，尤其是他们所付出的生命的意义给予明确的价值判断，以安抚人心的苦痛，稳定民族信念；从感性形态方面看，除了主导性地诠释越战纪念碑设计所涉及的复杂内涵与动机之外，从一般体验视角而言，越战纪念碑的形态几乎在各方面都与典型的崇高纪念碑相异：凹陷与低调而不是凸起与彰显，水平与失力而不是竖直与抗争，向下与俯就而不是向上与仰视，晦暗与低迷而不是明晰与勃发，概言之，即悲怆，而非崇高。越战纪念碑直接的纪念对象并不是战争而是死难，由此揭示出对越战的反思，对生命价值的关注，对死难的悲伤，释放民众被压抑的悲怆，抚慰民族精神的失落所带来的痛苦，是一座用以悼念死难、表达悲怆、抚慰痛苦，而不是炫耀战功的荣耀与崇高的纪念性场所，其中主要的情感基调是悲怆感而并非崇高感。越战纪念碑涉及的价值判断与形态特征这两方面的特殊性，大约也是对其解读的热情仍然一直持续的主要原因。

此外，作为美国多方意志尤其是官方意志下为越战老兵所设的纪念碑，避免将纪念对象直接指向这场无论美国官方还是民众相对普遍地认为是失败的乃至是耻辱的战争，所以并不是一般意义上的战争纪念碑。越战纪念碑的形态是对越战真实性质即非正义性及其残酷悲剧性后果“实事求是”的反映，逆反传统崇高纪念性建筑形态的方式产生了巨大的影响力，可能会引导人们对越战乃至对战争的反思。

但是该作品的建成并不意味着美国国家意识形态对所有战争的态度从此彻底转向，如后来所修建的居于林肯纪念堂与华盛顿纪念碑之间的宏大轴线上的显要位置的“二战纪念园”，并没有如越战一般偏于一侧，而且二战纪念园的鲜亮、完整、壮丽、欢乐与越战纪念碑的残缺、晦暗、低调、悲怆形成了强烈反差，深刻而形象地反映出了美国对发动越战的“耻辱”的评价与对其参与二战的“伟大”的评价是截然不同的，无论相关阐释如何淡化其中所体现的荣耀感，二战纪念园的“壮丽”形态与氛围，毋庸置疑彰显的是英雄乃至美国国家精神的荣耀与崇高。

如果一定要把越战纪念碑的意义上升到战争主题纪念性建筑形态表现整体性转向的里程碑，甚至进而扩展到这样的形式所表达出的对战争的态度已经超越了特定社会政治、文化观念，而具有了全人类的意义的高度，难免过于拔高了越战纪念碑的立意。越战纪念碑本身只是特定社会背景下对特定主题、特定性质、特定情感的具体纪念形态的表现，或者说是经过官方或主流意识形态选择、确认的一种被认为是恰当的表现形式。

此外，大卫·奇普菲尔德事务所所构思的南京大屠杀新馆竞赛方案也是通过“完整性破坏”的“残缺”意象表达悲剧性的纪念主题。该方案与越战纪念碑的相关构思有着异曲同工之处。该方案采用“裂缝”、“水面”、“树林”以分别寓意“历史”或“屠杀”、“和平”、“未来”等纪念主题。设计者将“裂缝”与痛苦、屠杀联系起来：“基地内的裂缝隐喻历史的沉痛——大屠杀是一种无法形容的损失。”[68] 尽管设计者认为建筑几乎不可能忠实地表达南京大屠杀无边的苦难、无名的伤痛和无尽的沦落这样的悲剧性内容，但仍然选择了一道切入大地的悠长“裂痕”来表现大屠杀的死难悲剧性纪念主题，而且形态极为简洁、凝练，与林璎用“伤痕”来表达越战中牺牲、失踪老兵的悲剧性乃至越战本身的悲剧性一样，该方案所采用的切入大地的裂痕标志着毁灭、打断现状的表面，代表了人类文明的低谷，认为不应树立高塔，那些见证了恐怖的南京大屠杀的场所，将会随着发展、生长和自然美景，变得更加意味深长（图 4-9、图 4-10）。[69] 专家指出，该方案对于作为“平民遇难地”的纪念馆的特性有较好把握，意境较高[70]，只有悲，而没有比较合乎我们文化背景的“和谐化”转换。可以说，该设计无论立意还是表达均达到了凝练的高度。但

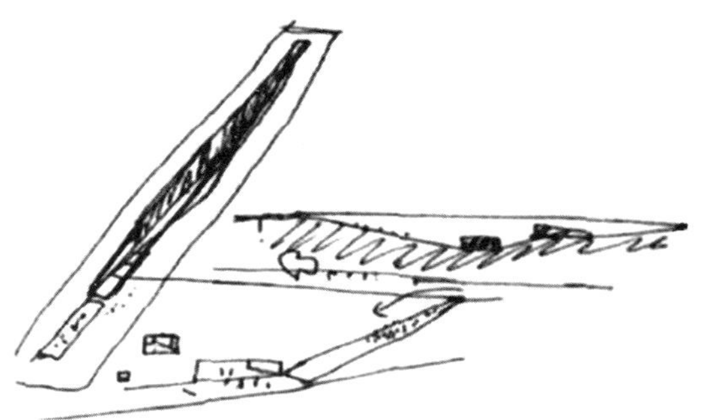

图 4-9　戴卫·奇普菲尔德事务所的南京大屠杀纪念馆新馆“裂痕”构思与表现
（来源：南京大屠杀纪念馆，南京，中国（竞赛方案）[J]. 世界建筑，2007（5）：101.）

图 4-10　戴卫·奇普菲尔德事务所的南京大屠杀纪念馆新馆“裂痕”构思与表现
（来源：南京大屠杀纪念馆，南京，中国（竞赛方案）[J]. 世界建筑，2007（5）：101.）

是是否一定要“和谐化”转换？怎么转化？转化到什么程度？比如高鹗续写的《红楼梦》的大团圆结局，事实上很难否认它严重削弱了让人震撼的悲剧性和悲剧感。对于悲剧性本身无可挽回的这个实质，还是要该悲怆就悲怆，悲怆之后续写崇高。那么，关于悲剧观的“和谐化”偏好与表达问题，不知道是否存在些许可以商榷的可能性，不知道有没有可能在宏大叙事层面出现那么一两件类似主题没有“大团圆化”的作品。

2.“断·裂”

“断·裂”主要指呈现破坏性力量作用下完整形态的断、折、裂、破等“残缺”状态。如清华大学校园中的断柱纪念碑，以传统柱式的柱头斜切折断而留下的残柱为碑，是为纪念 1926 年参加北京各界群众在天安门举行的抗议八国通牒的国民大会和示威游行中，遭到段祺瑞政府屠杀而牺牲的青年学生韦杰三君而立，以表达“精英摧折”这样的悲剧性主题，这样的形态也折射出了其中的悲剧精神（图 4-11）。在皖南事变烈士陵园纪念廊中排列着九根立柱，也体现出了“悲”、“壮”的寓意，除两根完整立柱以外，其余均为高低不同的残柱。其中摧折的残柱象征着当年新四军九千将士中遭遇阴谋围歼而遇难的这批“擎天巨柱”般的民族精英，以此来表现将士被残害的悲怆史实，而两根完整立柱及柱上巨梁象征着其中突围而出，成为国家与民族栋梁的两千将士[71]，这样的形态既表达了悲剧性，同时也表达了其中的悲剧精神。吉林通化杨靖宇纪念馆中的断柱所表达出的精神与情感与韦杰三的断柱纪念碑、皖南事变烈士陵园纪念廊列柱的相关寓意相似，既表现源自英雄遇难的悲剧性，又表现英雄的崇高精神或悲剧精神（图 4-12）。这类体现完整性被破坏的“断裂”纪念性建筑形态在萨夫迪设计的纪念二战中罹难的 150 万犹太儿童的纪念馆中也有所表现，通过被截去上部的阵列柱群来象征残酷屠杀所导致的生命摧折（图 4-13）。

在南京大屠杀纪念馆原馆中表现屠杀死难的纪念墙的形态处理上，齐康先生强调了死难者躯体形象的“断裂”及承载形象的墙体的“断裂”所呈现的不完整性，以营造屠杀场景，契合其悲剧性主题（图 4-14）。新馆中“伤痕”意象的表现也是“残缺”的一种表现，“新建纪念馆的开窗方式采用了类似伤痕的处理手法，既符合纪念建筑独特的采光需要，也凸显了场所精神中的杀戮主题”[72]（图 4-15、图 4-16），主体建筑采用了“断刀”意象，比较直白地“以军刀象征日本帝国主义在中国犯下的滔天罪行，以深埋在土中的折断的军刀隐喻正义战胜邪恶”[73]，反映出了中国文化背景下的“大团圆”式的悲剧观。

图 4-11 纪念清华学生韦杰三的断柱纪念碑
（来源：http://forum.china.com.cn/thread-612661-2-1.html）

图 4-12 东北抗日纪念馆的断柱群
（来源：金磊．抗战纪念建筑［M］．天津：天津大学出版社，2010：360.）

图 4-13 犹太儿童大屠杀纪念馆的断柱群
（来源：（英）埃德温・希思科特．纪念性建筑［M］．朱劲松等译．大连：大连理工大学出版社，2003：195.）

图 4-14 南京大屠杀馆纪念墙“断片”表现
（来源：2015 年 5 月自摄于南京）

图 4-15 南京大屠杀馆主体“伤痕”表现
（来源：2015年5月自摄于南京）

图4-16 南京大屠杀馆的“断刀”意象
（来源：2015年5月自摄于南京）

3. “破・碎”

“破・碎”的纪念性建筑形态主要表现为破、碎、崩、塌等“残缺”状态。曾有学者从设计手法的视角提出“体量破碎”是指：“通过建筑形体相互碰撞、扭曲和肢解等手段来造成紧张性视觉感和片断性空间体验。这种破碎既可以发生在建筑自身组成部分上，也可以在建筑与周边环境之间：它可能与体量内部的使用功能性质有关，也可能仅仅出于美学和哲学意义上的思考。”“破碎的目的在于打破建筑场地现存的秩序和组织逻辑，并通过夸张地表现破碎所导致的不稳定感和断续感来创造出一种动态的异质性空间体验。”[74] 本书所指的“破・碎”主要是通过呈现破坏性力量作用的后果，表现相关纪念主题的悲剧性。

英国曼彻斯特市帝国战争博物馆尽管不是严格意义上的纪念性建筑，但其“破碎”的形态设计逻辑诠释了战争的破坏性、伤害性乃至悲剧性。里勃斯金德“怀着一种执着的信念，设计了一个模仿地壳受冲击所形成的废墟空间，试图创造能使人们体验到生命的意义、悲剧性、牺牲和命运的种种冲突的战争主题空间”。[75] 为表现悲剧性战争纪念主题，相应的设计构思基于代表地球的球体，以“世界”→“冲突”→“破碎”→“博物馆”这一设计逻辑，象征战争的破坏、冲突、痛苦乃至战后秩序重组等（图 4-17），通过图示表明了其中的寓意与手法。基本的象征意义：由于战争的破坏，当代世界变成了残缺的碎片，然后又在这种冲突中实现重组。相互咬接的三大建筑体量就象征着残缺的碎片，其中底部的“大地”碎片形成了项目的主要展览空间，高耸的“天空”碎片是主要的观景和教育空间，而靠运河的“水”碎片则构成了餐饮和表演空间，大地、天

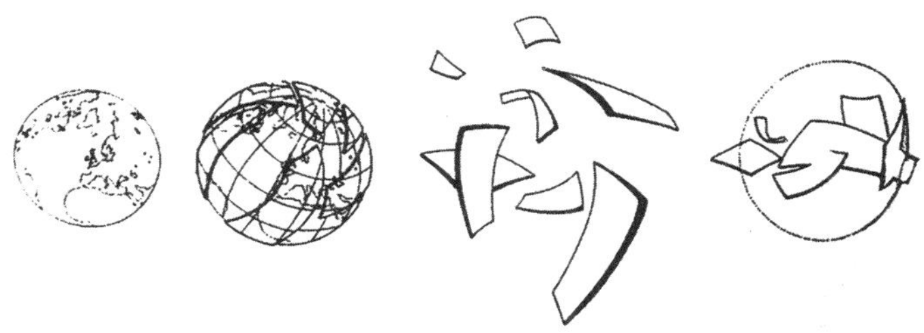

图 4-17 帝国战争博物馆的“破碎”形态设计图示：世界－冲突－碎片－博物馆（world-conflict-shard-museum）
（来源：Architecture［J］. 1989（9）：36.）

图 4-18 帝国战争博物馆所呈现的冲突与破碎
（来源：Architecture［J］. 1989（9）：36.）

空和水可以说代表和象征了战争发生的三个主要场所，这样的破碎形态主要是为表现战争和冲突带给人类的冲击和伤害，并触人深思地反映了当代生活的特征（图 4-18）。[76] 同时，该实例也可作为本书所研究的通过“整体性的破坏”来表现悲剧性的相关设计思路的案例参照。

西班牙建筑师恩里克·米拉莱斯和卡梅·皮诺斯所设计的巴塞罗那伊瓜拉达公墓所呈现的也是整体“破碎”后的不完整、碎片化，或者说墓地呈现出了完整性、完美性被破坏的近乎废墟般的遗址意象，以表达其对死亡的理解与诠释（图 4-19、图 4-20）。[77] 此外，名为“德意志”的艺术作品中，通过象征着德意志民族、国家，尤其是民族精神等内容，具有完整性、秩序性、高贵性，概言之即完美性的白色正方形大理石片，在体验者踩踏等外力作用下，或者说被践踏下而造成的被污损、破裂乃至破碎等状态来表达“德意志”这样寓意复杂、深刻的艺术主题，其中所呈现的表达方式与寓意的关系，与“破碎”的相关内容有着共通之处（图 4-21）。

图 4-19 伊瓜拉达公墓所呈现的“碎片”式的“遗址”形态
（来源：（英）埃德温·希思科特. 纪念性建筑［M］. 朱劲松等译. 大连：大连理工大学出版社，2003：166，168.）

图 4-20 伊瓜拉达公墓所呈现的“碎片”式的“遗址”形态
（来源：（英）埃德温·希思科特. 纪念性建筑［M］. 朱劲松等译. 大连：大连理工大学出版社，2003：166，168.）

图 4-21 “完美性”被破坏的“德意志”
（来源：胡志颖. 西方当代艺术状态［M］. 北京：人民美术出版社，2003：31.）

4. “消·解”

从整体性的破坏视角，“消·解”相当于表现悲剧性的纪念性建筑形态所能呈现的整体性被破坏的一种极致状态。斯坦立·威茨通过六座方形中空的玻璃塔楼构筑了波士顿新英格兰犹太大屠杀纪念馆：“六个地坑和黑色的花岗石排成一行。在每个地坑底部都燃烧着一个炽热的火炉。上方矗立着六个玻璃塔。”[78] 威茨提到它是六只蜡烛，或是六盏烛台，是围在城市广场上的柱廊，是文明的遗迹，是六根代表死亡的柱子，或者是六个毒气室等。有人把这些火坑比作六个死亡集中营，从地下升起的热空气通过玻璃烟囱升向天空时，就像是人的气息。在纳粹统治下的第三帝国，企图彻底永久地灭绝犹太生命，要从历史和记忆中除去犹太人。每一个燃烧的小室都以一个集中营的名字来命名。[79] 威茨用近乎讨伐诗文的笔调表明了设计构思的立意，主要是通过相对密闭透明的空间及其中炽热的蒸汽来表现屠杀的悲怆以及对屠杀的反思，玻璃塔楼象征“地狱房”、“毒气室”等恐怖场景，而炽热的蒸汽则象征着“人的气息”、“仿佛是在地狱烈火中备受煎熬的受难者的喘息”[80] 等诸多压抑、悲惨乃至恐怖的状态，纪念馆通过凝练地、象征性地表现生命被暴力所消解的方式，展现出了大屠杀的异常残酷以及犹太民族的命运多舛，于极简处撼动人心（图 4–22、图 4–23）。

此外，设置在意大利的一处服务于高速公路的餐厅屋顶上的“自动烤架”（AutoGrill）纪念碑，也呈现出“消解”的意象。该路段每次发生交通事故后就将深蓝色的液体注射到高达 20 米的注满水的透明圆柱纪念碑体中，蓝色液体注入、消解的整个过程在离纪念碑 2 公里之外都能被看到，这样的消解过程象征着生命的消解，以此警醒人们和祭奠故者。设置纪念碑有两个意图，纪念那些在欧洲最危险的高速公路上丧生的人们以及告诫那些超速驾驶的人们降速以保安全（图 4–24）。[81]

在这里，体现破坏性力量作用下“完整性”被破坏的“残缺”形态，在当代表现“灾难”纪念主题的悲剧性乃至相应悲剧感的纪念性建筑感性形态设计思路中占据着重要地位，尽管相应的具体表现方式比较复杂多样，但体现“完整性的破坏”是相关纪念性建筑形态设计重要的参照。

图 4–22 波士顿新英格兰大屠杀纪念馆的玻璃蒸汽塔
（来源：（英）埃德温·希思科特. 纪念性建筑 [M]. 朱劲松等译. 大连：大连理工大学出版社，2003：200.）

图 4–23 波士顿新英格兰大屠杀纪念馆玻璃塔中的炽热蒸汽
（来源：Harvard Design Magazine [J]. 78：118.）

图 4–24 意大利高速公路“消解”纪念碑（AutoGrill Monument）
（来源：http://www.lutherthie.com/art/autogrillmonument/home.html）

第三节 “失序”

一、“失序”的内涵

本书用“失序”一词来代称表现“悲剧感”的纪念性建筑形态的这一类感性意象或形态特征，

与此相似或密切相关的措辞有“失和”、“混乱”、“杂乱”、“丑怪”等。“失序”即和谐秩序的破坏，秩序一般是指有条不紊的状态，然而对秩序内涵的阐释却并非易事，在《秩序自由主义》中比较清晰地深入阐释了“秩序”的内涵，本书主要基于此来阐述“失序”的内涵，并基于相关认识，尝试从感性与情感视角揭示“失序”的纪念性建筑感性形态设计的深层机制。

秩序：“拉丁词，原义指一种安排，特别是连续的或适当的顺序、有规则的排列……在政治上指公民的等级、阶级级别等。”[82] 基于宗教视角，秩序来自神授，按中世纪基督教的观点，世界的秩序是神授的秩序，这种秩序才是“本质秩序”、“自然秩序”，才是“合乎理性或人和事物的自然本性的秩序”。[83] 基于宗教视角的对秩序内涵的经典阐释如“中世纪时期教父奥古斯丁将秩序（Ordo）称作合乎理性与人和事物的本质的秩序”。[84] 而基于经济视角，秩序指“合乎人和事物的本质的秩序。它是一种其中存在着度和均衡的秩序……有运行能力的、合乎人的尊严的、持久的秩序。”[85] 所谓“合乎人类尊严”的秩序指的是这样一种秩序：“它对于生活在其中的人来说，根据其自身的估计是合意的。”[86]

这样一些阐释揭示了秩序的核心内涵，也成了本书分析“失序”内容的理论基础。“失序”涉及的主要是在破坏性力作用下和谐秩序遭到破坏的过程及结果所呈现出的“失序”状态，如条理的破坏、理性的破坏、功效的破坏、社会规范化等和谐性秩序的破坏，包括对人类尊严的破坏、对原本合乎理性与人和事物本质秩序的破坏，破坏的后果是不合意的，概言之，“失序”即“和谐秩序的破坏”。

关于“失序”的现实状态，如魏特琳曾描述过南京大屠杀的混乱与悲惨状态，即源自战争、屠杀等造成巨大悲剧性后果的破坏性力量作用下的“失序”状态：“永远也想象不出之前的街道是什么样子，那是我所看到的最悲惨的景象。公共汽车、小汽车翻倒在街上，东一具、西一具地躺着脸已发黑的尸体，到处都是被丢弃的军服，所有的房子和商店不是被洗劫一空就是被烧毁。”[87] 魏特琳通过文字描绘出了一幅凄惨的灾难场景，齐康先生也叙述过其南京大屠杀纪念馆方案构思中激发于灾难惨剧的表达悲愤的形态：“雨水冲去了表层的浮土，露出了催人泪下的累累白骨……对于经历过抗日战争艰苦历程的我，那国破家亡，颠沛流离的往事历历在目，悲愤的波澜激荡着我的胸膛……创作的激情油然而生……让前来凭吊的生者随之悲愤，为之控诉，决不允许复活日本军国主义，加倍努力地建设我们美好的家园，保卫我们神圣的祖国，让死难的同胞得以安息。一座纪念性的大墓地——这就是我创作构思的起始。”[88] 这里的“悲愤”即悲剧感的具体体现，如遗骨、废墟、墓冢等场景再现也是这件名作的设计灵感和情感之源。

“失序”也是表现悲剧性的重要设计思路，或者说“意象”，以期能追忆死难、揭示罪恶、警醒后人等。“失序”与美学形态中的重要范畴“丑”有着密切的关系，内涵方面相似、情感方面相似，而且“失序”的形态表现在很大程度上具有“丑”的形态特征；但并不能简单地等同，“失序”的核心内容侧重于“和谐秩序的破坏”，而“丑”的核心内容侧重于“反和谐”或“不和谐”，且涉及的美学范畴更为广泛，包括崇高、怪诞等。本书主要以国内关注“丑”论的美学学者如张玉能先生等人的相关阐述为理论基础，阐明“失序”的内涵、感受、形态等内容。

“丑”的含义本身比较复杂，也仍然存在争议，一般是基于真善美、和谐等价值观的反向视角界定“丑”的内涵，认为丑是“与美相比较、相对立而并列存在的一个美学范畴。如果说美是人的本质力量的对象化，那么丑就是被异化、被扭曲的人的本质力量在对象世界中的具体、形象的显现。”[89] 与此相似的观点包括：“丑的本质和审美意义就在于，丑是一种非理性意志主体的体现，它用非理性的力量揭示了一种负面的生存意义，即现实生活中存在着非人性的、异化的一面。它与人相对立，是令人厌恶的……美是对美好事物的肯定，丑是否定性的呈现；美是内容与形式的有机统一。”[90]“一般说来，表现为现实对实践的否定，合规律性与合目的性、真与善的分裂、颠倒、混乱、扭曲，是对真与善的完全否定与践踏，是对人的本质力量的绝对贬抑和蔑视。”[91]关于“丑”的产生，认为：“反自由是自由的否定、负面、对立的实践状态和境况，它往往蕴涵着实践——破坏（歪曲）的本质因素。它主要包含着与自由内涵完全相反的因素：合规律性与合目的性的背离、断裂，即反规律性与反目的性的耦合；个体性与集体性的背离、断裂，即反个体性与集体性的耦合；功利性与超功利性的背离、断裂，即功利性与超功利性的耦合。当这些以一定感性形象显示出来时，丑就产生了。”[92]“丑”的实质是与“和谐”、“美”相对立、相背反的范畴，是指不和谐或杂乱、反和谐等，一般认为是对人生正面意义的否定性呈现或者说是对美的背反，而本书所关注的“失序”内涵的核心内容接近于张先生对“丑”的相关阐述，但更强调秩序的“被破坏”。

关于“丑”的形式或感性特征：“如果说美是形式上的和谐、比例、匀称、秩序，那么丑就是形式上的不和谐、失比例、不匀称、无秩序。如果说美是善的形象显现，那么丑就是恶的形象显现。总之，丑就是美的反面和对立面，是美的错位。”[93]虽然以上阐述可能略显简化，如丑与恶是否能如此简单地建立对应关系，但为“丑”的形式特征研究提供了重要的思路。有学者从反和谐的视角认为：“丑是与美相对立的美学范畴，在审美特征和内涵上也与美相对立。美表现为和谐、优雅、秀美、圆润等感性特征，丑则与不和谐关联，呈现为混乱、反常、畸形、残缺等感性特征。”[94]相关阐述凸显了丑的“反常”或“病态”特征，乃至有学者更为明确地指出，在形式上“丑表现为断裂、畸形、残缺、怪异、粗陋、芜杂、错杂、混乱、病态、衰朽、坏死、恶劣等。”[95]以从对美的审视的视角界定了丑的内容：“美是审美对象与理性主宰下的审美理想和契合，是善的形象，是合乎理性要求的和谐、有序、整一；而丑显现的是人的自然欲望、非理性冲动，它是无规律的混杂、芜杂和零散。”[96]

丑常常呈现出残缺、畸形、粗陋、混乱等不完美、不和谐的形态特征，而“失序”的纪念性建筑形态也常常具有这类残缺、畸形、混乱等“丑”的特征，但以上“丑”的形式论本身并不能完全涵盖“失序”的形态表现，基于“失序”内涵的本质即“和谐秩序的破坏”，“失序”的纪念性建筑形态事实上具有多元化的表现，也并不一定表现为残缺、畸形、混乱不堪等状态。本书主要基于相关设计进一步诠释“失序”的具体形态表现。

关于“丑”的感受：“如果说美对人而言是一种肯定性的价值，它在情感上使人振奋、愉悦、欢快、幸福，那么丑对人而言就是一种否定性的价值，它在情感上使人厌恶、鄙弃、反感、痛苦。”[97]对此，相关学者也指出：“从审美感受来看，丑引起的是厌恶感、不快感，但在这种厌恶和不快的背后又包含着对美的肯定和向往。”[98]“丑带给人的始终是压抑、不快、痛苦、厌恶、反感、嫌弃、推拒、恐惧感……从心理效应来说，带给人压抑、不快、痛苦乃至恐惧感，带给人痛感……人在丑面前，只有厌恶、排斥和退避。”[99]国外学者李斯托威尔也认为：“丑所引起的是一种不安甚至痛苦的感情。这种感情，立即和我们所能够得到的满足混合在一起，形成一种混合的感情，一种带有苦味的愉快，一种肯定染上了痛苦色彩的快乐。”[100]这样的一种混合着压抑、不快、痛苦乃至恐惧等源自“丑”的复杂感受，构成了本书所研究的源自悲剧性的悲剧感的主要情感内容，而反和谐的丑感“抛弃了崇高由痛感转化为快感的审美效果，追求着一种刺激和痛感”。[101]

基于上述阐述概言之，从内容上看，“丑”是对和谐、美的背反，常常通过表达“丑”来否定“丑”进而反过来肯定真善美等，“失序”的内涵也大致如此，但更侧重于和谐、美的“被破坏”；

从形式上看，“丑”常常呈现出畸形、粗陋、混乱、残缺等不和谐的形态特征，而“失序”的形式也大致如此，但并不局限于此；从情感上看，“丑”通常是不快、痛苦、恐惧等否定性的消极感受，“失序”所涉及的情感也大致相似。

关于悲剧性的表达，如毕加索名作“格尔尼卡”可以说是通过展现反和谐或和谐生活被破坏的混乱、冲突、破碎、晦暗等“丑”的形态以表达死难、痛苦、恐惧乃至愤怒与痛恨的充分体现了源自悲剧性的“丑”或“失序”所涉及的内涵、形式、情感等诸多方面的经典艺术设计（图 4–25）。其他名作如“拉奥孔”以及纪念性雕塑的经典作品如瑞士卢塞恩的带着伤痛、哀伤的“濒死的雄狮”，通过表现搏斗后垂死的雄狮来象征法国大革命之始为保卫路易十六和玛丽皇后而牺牲的约 800 名瑞士雇佣兵士，可以说突出地表现了相关纪念主题的悲剧性乃至悲剧精神（图 4–26）。

此外，“残缺”也可以理解为“失序”的重要表现，但侧重点不同。“残缺”侧重于体现整体形态被破坏的感性特征，尤其是破坏力量作用的后果；而“失序”侧重于揭示相关感性形态设计的深层机制，不仅体现破坏力量作用的后果，也往往会体现出破坏性力量作用的过程。本书表现悲剧性的“残缺”、“失序”、“晦暗”形态如果划归美学形态范畴的话，都可归属于“丑”的范畴。

图 4–25　“格尔尼卡”所呈现的“失序”、“痛苦”、“灾难”等源自悲剧性的悲剧感
（来源：http://baike.baidu.com/subview/48419/48419.htm）

图 4–26　“濒死的雄狮”
（来源：王艳青先生 2014 年 10 月摄于卢塞恩）

二、“失序”的悲剧感纪念性建筑形态

这里选取“失序”概念来概括在灾害、战乱、病疫、死亡等破坏性力量作用下人类社会乃至个体和谐性秩序被破坏、生命力的寂灭等所呈现的感性状态，以表现“灾难”纪念主题的悲剧性及其悲剧感，而“失序”的纪念性建筑形态主要表现为“灾难”、“废墟”、“扭曲”、“倾斜”、“冲突”及“水平”等意象与特征。

1.“灾难”

“灾难”意象的纪念性建筑形态再现了社会生活中人的特殊存在状态，即“和谐性的破坏”所造成的不和谐状态乃至极端不和谐的状态，以表现人性、人的生命价值等被肆意地摧残、毁灭，乃至人类进步精神的失落、摧折、寂灭所激起的痛苦与悲怆。“灾难”的内涵相当于亚里士多德对“苦难”的解释：“毁灭性的或包含痛苦的行为，如人物在众目睽睽下的死亡、遭受痛苦、受伤以及诸如此类的情况。”[102]

相关“灾难”纪念主题对“痛苦”、“挣扎”、“受难”、“悲伤”、“绝望”、“死亡”等“灾难”

状态的表现也是纪念性建筑形态表现悲剧性的重要方式，相关纪念性建筑形态中对灾难，尤其是灾难与死难的表现主要包括以下三类设计思路：侧重于表现灾难的历程与后果、侧重于表现造成灾难的破坏性力量及其后果、侧重于表现对死难的悲痛与哀悼。

首先，在关于死难后果的相关纪念性形态表现方式中，突出地表现为习以为常、认为理所当然的对死难恐怖照片展示，然而美国文学艺术学院院士苏珊·桑塔格在其著作《关于他人的痛苦》中对此持激烈的反对态度，质疑这些展现和暴露血腥、尸体、性器、残肢、断首、强奸、惨死、屠杀等审丑的“恐怖”照片的目的：“唤起义愤？使我们感到‘不好受’，也即惧怕和悲伤？帮助我们哀悼？真有必要观看这些照片吗？……看了这些照片，是否意味着我们更善良？它们可有给我们任何实际教训？难道它们不是正好证实了我们已经知道的（或想知道的）吗？”[103] 桑塔格认为“大多数有关被折磨、被肢解的身体的描述，会引起淫欲的兴趣”[104]，即这类照片真正能起到的“功效”是取乐且满足的是窥淫欲，并认为这些恐怖图片根本不会起到教育效果，认为效果会不断递减，会使人们变得麻木不仁，乃至毫无感觉，难以唤起人们的良心。[105] 由此，观看恐怖照片的动机与反应不是受教育而是窥淫，不是唤起良心、义愤而是变得冷漠、麻木，进而明确提出反对旁观“他人”的痛苦，并尖锐地指出这些照片“与其说是揭示对不道歉的残忍的毫无保留的欣赏，不如说是揭示一种无耻文化”[106]，即美国的一种“暴力幻想和暴力实践被视为良好的消遣与取乐”[107] 的无耻文化，由此联想到南京大屠杀纪念馆所展示的大量的大幅“恐怖”照片，其中就有由日军摄制，曾刊登于日本当时的主流媒体用以彰显武士道精神、炫耀武力战功，甚至只是为了取乐或见证屠杀之“乐”的照片。尽管上述观点是桑塔格的“一家”之言，然而这样的看法是否对我们也有些许启示？比如直接展示遇难尸骨，理性方面，可能是在证明事实存在，感性方面，以呈现最直接、原真的方式震撼人心，仅仅是初步的体验感觉，前者作为证据可能很难完全使得某方承认事实，而后者是否考虑过让故者以其他方式安妥地安息，同样也可以告慰亡灵。

就恐怖场景再现的尺度把握而言，南京大屠杀纪念馆学生组竞赛方案“魂林·宁魂”的构思，仅从本书的理论视角而言，东南大学高勤同学等通过明确的立意、简练而抽象的象形性的纪念性建筑形态，较好地把握了艺术性再现暴力屠杀作用下所造成的死难惨状的人文关怀尺度（图 4-27）。

从悲剧性的表现而言，造成死难、死亡的破坏性力量是相关纪念性建筑感性形态设计思路的关键性因素，通常相关纪念性建筑形态在表现“将人生的有价值的东西毁灭给人看”这类悲剧性意义时，主要涉及三个方面的表现：其一，对被破坏的价值对象的“死、难”形象、状态的表现，即表现破坏性力量作用的后果；其二，对造成“死、难”破坏性力量的表现，往往配合表现“死、难”的后果；其三，对破坏后果感受的表现，如表现对“死、难”的哀悼、痛苦等。

首先，侧重于表现死难后果、历程的思路。死难历程、死难后果的艺术表现如“耶稣受难”、“基督之死”等均是西方基督教文化中的重要主题，如曼迪那的画作“哀悼基督之死”中逼仄变形的透视效果形成的强烈压抑感强化了悲怆的氛围。在表现悲剧性的纪念性建筑中也常常呈现出“苦难”、“痛苦”、“受难”等主题的相关形态。犹太人博物馆“虚空”的中庭地面上的作品“落叶”通过“杂乱地铺满了无数个锈迹斑斑的圆形生铁铸件，铸件有几种规格但大小都和人脸差不多”，使人联想到“遗骸的脸”。“红褐色的斑斑锈迹也让人联想到已经凝固的血迹”，显然“落叶”再现的是“纳粹时期成千上万的犹太人被屠杀的场景”，这是需要体验者共同参与完成的作品：“把脚踏了上去。脚下的脸形铁件重重叠叠、凹凸不平，脚踩上去时而翘起、时而落下发出的高低不

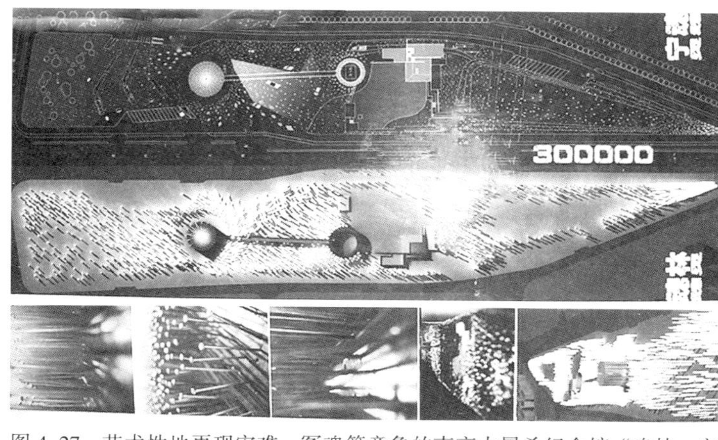

图 4-27　艺术性地再现灾难、冤魂等意象的南京大屠杀纪念馆“魂林·宁魂”构思
（来源：2004 年 12 月自摄于东南大学中大院）

图 4-28　犹太人博物馆的“落叶”装置
（来源：柏林犹太博物馆［J］. UED 城市环境设计，2014，080（02、03）：121.）

同的声音。……声音被周围光秃的混凝土墙面反射来、反射去，在荒凉的庭院中回荡，像地下的阴魂拖着长音在嚎叫，令人不寒而栗。”[108]（图 4-28）

在南京大屠杀纪念馆中采用残缺、断裂等形态的纪念性浮雕墙表现了“劫难”、“屠杀”、“祭奠”等主题，展现出了南京城的混乱、屠杀暴行的凄惨及对死难祭奠的悲痛等恐惧、痛苦、悲伤的场面，纪念墙与其他形态要素共同营造出了纪念场所整体的悲怆氛围。

贾科梅蒂的雕塑作品表现的主题往往与悲观、痛苦有着密切的关系，其形态呈现出在强大外力作用下“干裂秋风”式的状态，尤其是后期的代表性人物作品没有重量感，似乎只有高度这一个维度，如幽灵般憔悴、细长、形销骨立、表面粗糙，似乎饱受折磨[109]（图 4-29），二战死难者纪念塑像所呈现的即是典型的贾科梅蒂式的“苦难”形态。此外，名为“通路”的纪念地，艺术性地再现了精英毁灭的最后历程，该纪念地位于近法国边界的西班牙小村的悬崖之上，以纪念 1940 年在此投海自杀的德国犹太哲学家本雅明，悼念者沿着这条阴森的通路下至悬崖边而接近大海，这条“通路”再现了当年本雅明在纳粹的暴力逼迫下所历经的令人不寒而栗的走向死亡之路（图 4-30、图 4-31）。

其次，侧重于表现造成“灾难”、“混乱”、“失序”等状态的破坏性力量及其作用、历程、后果的思路。对破坏性力量形态的直接呈现在纪念性建筑形态设计中虽然比较罕见，但震撼性的效果比较强烈，如奥斯卡·尼迈耶所构思的巴西里约热内卢的“酷刑：永不再来”纪念碑（图 4-32、图 4-33），纪念的是那些遭受战争迫害的受难者以及在 1964 年政变后备受折磨、残害及失踪的人们。尼迈耶的构思是以充满张力的象征巨大、恐怖的破坏性力量或暴力的利刃穿透象征受难者的胸膛来表现暴力下惨死的英烈与民众的受难，以激起义愤。在意大利米兰大公墓内，为纪念死于德国集中营的意大利人所设的“在德国牺牲者”纪念碑的基本形态是象征着理性和谐秩序等意义的立方体框架上缠绕着锈蚀且带尖刺的铁丝，而一段生锈的铁丝网表现着不堪忍受的痛苦[110]，或者说表现的是破坏“理性和谐秩序”的力量。该纪念碑通过抽象而凝练的形式语言表达了秩序与破坏、痛苦与死难等复杂寓意（图 4-34）。

其三，侧重于表现对死难的“哀悼”的思路。对死难的悲痛、哀悼等的表达，或者对死难与哀悼场景的共同表达的设计思路，也是相关纪念性建筑形态表现悲剧性及悲剧感的重要方式。米

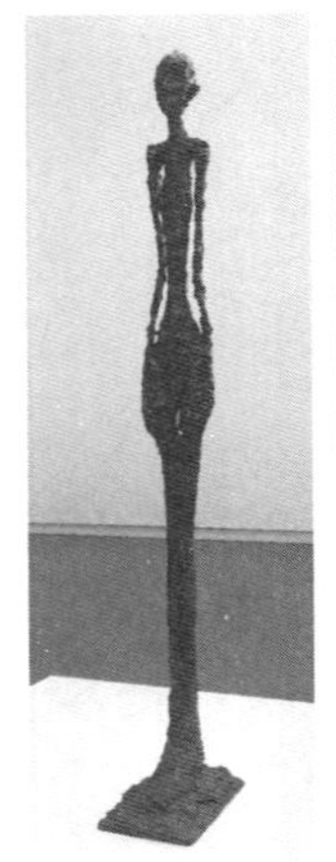

图4-29 贾科梅蒂的“痛苦”意蕴的作品
（来源：2016年6月自摄于上海）

图4-30 纪念本雅明投海遇难“通道”的强烈的压抑和震撼
（来源：http://yydg.paowang.net/2013-03-25/9058.html）

图4-31 纪念本雅明投海遇难“通道”的强烈的压抑和震撼
（来源：Shelley Hornstein, Losing Site Architecture, Memory and Place, Burlington：Ashgate Pub Co, 2011：30.）

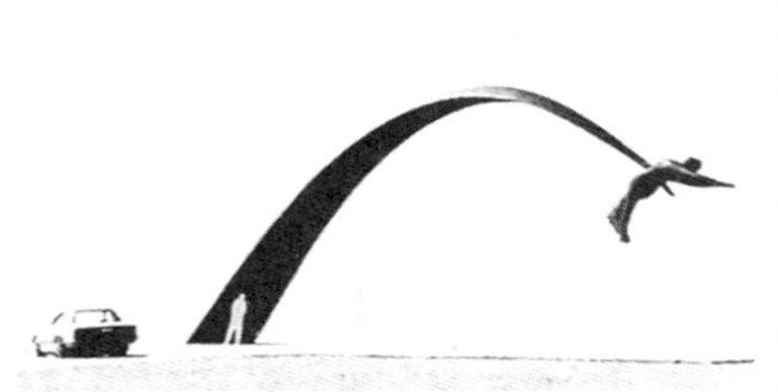

图4-32 尼迈耶设计的“酷刑：永不再来”纪念碑所表现的死难1
（来源：（巴西）约瑟夫·M·博特．奥斯卡·尼迈耶［M］．张建华译．沈阳：辽宁科学技术出版社，2005：217.）

图4-33 尼迈耶设计的“酷刑：永不再来”纪念碑所表现的死难2
（来源：（巴西）约瑟夫·M·博特．奥斯卡·尼迈耶［M］．张建华译．沈阳：辽宁科学技术出版社，2005：217.）

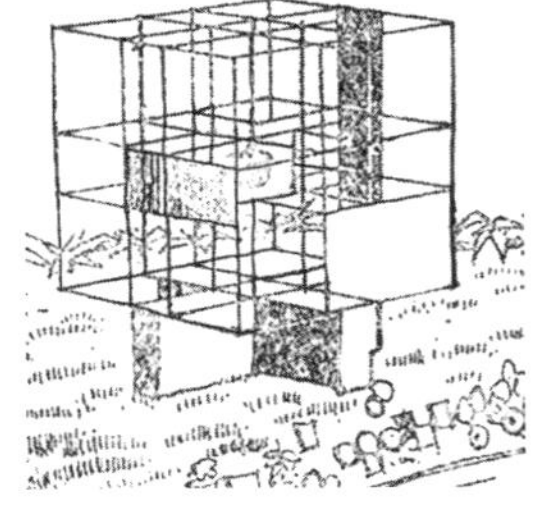

图4-34 米兰“在德国牺牲者”纪念碑所表现的秩序与破坏、痛苦与死难
（来源：谭垣等．纪念性建筑［M］．上海：上海科学技术出版社，1987：170.）

开朗琪罗的名作“哀悼基督”就展现了圣母手托基督尸身的无比哀痛的情景（图4-35），白俄罗斯的哈特尼村庄为纪念二战而立的纪念像也展现了类似的死难与哀痛的情景（图4-36）。作为侵华日军南京大屠杀遇难同胞纪念馆新馆扩建工程的重要组成部分，“南京大屠杀70周年纪念雕塑群”这组铭刻重大民族灾难的文化符号由“家破人亡”、“逃难”、“冤魂的呐喊”、“胜利之墙”四个主题组成。其中“家破人亡”为一个被侮辱过的母亲横抱着被鬼子杀害的幼子，悲怆绝望地向苍天呼号，在她身后是被活埋的丈夫露出地面的手脚，以写意手法塑造了极端的悲愤。雕塑家吴为山先生通过这些表达死难、痛苦、挣扎等寓意的形象展现了撕裂的惨痛记忆和被极端践踏的人性，在创作中也陷入了悲怆的情绪，时常沉浸于悲怆中难以自拔，以致常常梦见屈死的亡灵（图4-37）。[111] 在晦暗的柏林二战死难者纪念堂中哀悼的母亲像也呈现出了圣母般的悲悯（图4-38）。此外，名为“悲伤的泪滴”的纪念9·11恐怖袭击受害者的纪念碑，由俄罗斯政府赠予美国政府，为纪念这次恐怖袭击的受害者遇难五周年，纪念碑中高悬的巨大晶莹的泪滴诉说着无限的伤悲（图4-39）。

图 4-35 “哀悼基督”
（来源：王艳青先生于 2012 年 12 月摄于巴黎圣母院）

图 4-36 白俄罗斯被纳粹毁掉的哈特尼村庄的“悲愤”塑像
（来源：韩林飞，赵喜伦. 苏联二战纪念碑的建筑与艺术浅思［J］. 建筑创作，2005（8）.）

图 4-37 南京大屠杀纪念馆前的“家破人亡”
（来源：胡春良. 悲怆的民族文化符号 南京大屠杀 70 周年雕塑群［J］. 中外文化交流，2008（2）：22.）

图 4-38 新卫兵室（New Guardroom）中哀悼母亲像
（来源：http://photos.nphoto.net/photos/2007-02/09/ff80808110a3bcd60110a6e9982f1e04.shtml）

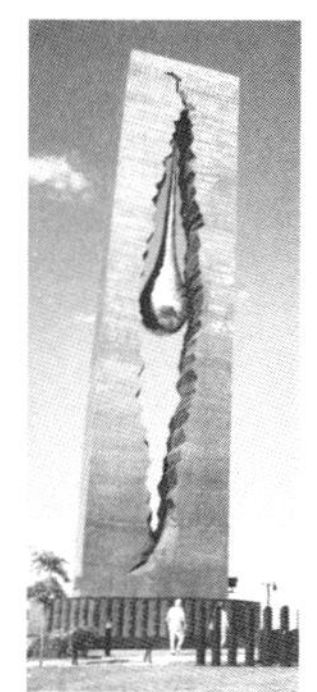

图 4-39 “悲伤的泪滴”：9·11 恐怖袭击受害者的纪念碑
（来源：Canadian Architecture［J］. 2011（09）：141.）

2. “废墟”

“灾难”主题的纪念性建筑形态设计中，常常通过再现破坏性力量导致的“废墟”意象，通过呈现人类社会生活中和谐秩序、和谐环境等被无情地破坏所造成的后果表达纪念寓意。“灾难”意象的纪念性建筑形态表达的是“人的和谐性”被破坏所呈现出的失序状态，而“废墟”意象的纪念性建筑形态则侧重于再现诸如人所处的“环境和谐性”被破坏所呈现出的失序状态，进而折射出对人性、生命价值、进步精神等的摧残与毁灭、悲怆与痛苦等。相关纪念性建筑形态通过呈现废墟意象来表达灾难的悲剧感和悲剧性，属于一种审丑而非审美的设计实践。废墟意象及其所涉及的深层寓意问题比较复杂，本书将概略探讨相关哲学、建筑、纪念性建筑中的废墟意象内容。

（1）哲学中的“废墟”意象

德国犹太裔哲学家本雅明阐述的“废墟”意象具有破旧立新的寓意：“在废墟中，历史物质地融入了背景之中，历史呈现的与其说是永久生命进程的形式，毋宁说是不可抗拒的衰落的形式”[112]，而且“只有在衰落的过程中，历史事件才枯萎消失”[113]。就深层意义而言，“废墟”隐喻着否定与衰落，相关研究认为，对本雅明而言，正是通过对破坏残痕与历史“灾难”的考察，历史学家们才可能批判性地理解现在。在本雅明关于废墟的观念中，破坏与毁弃行为将现存的所有东西并置在新的组合下，不仅粉碎了旧有的关系，更重要的是开启了重新检视历史之门。[114] 对本雅明而言，废墟的哲学意义与其说是一个实在的客体，不如说是一个过程，一种解构或消弭对历史和现实持肯定态度的方式。[115] 在此，同悲剧感涉及悲剧性与悲剧精神而具有复杂性与双重性一样，废墟意象的寓意同样具有复杂性与双重性，既包含毁灭的悲剧性寓意，更包含深刻的重建、新生等积极的具有悲剧精神的寓意，以消解痛苦、超越死难、慰藉生者，并给予生者以希望，这样的复杂性与双重性在表现悲剧性的废墟纪念场景中有着深刻体现。一方面，废墟场景体现着强烈而深刻的悲剧性，废墟中死难的破坏性力量似乎使得一切希望与意义都被消解，“灾难”纪念主题的悲剧感往往在残缺、混乱、沉郁、晦暗的废墟场景的烘托下显得更加浓烈，从而表露出巨大的悲伤、凄凉、痛苦、惨烈等；另一方面，废墟场景的营造绝非是为了表现或崇拜消极的死难

图 4-40　战后欧洲城市沦为废墟
（来源：Post-Traumatic Urbanism Architectural Design［J］. 2010（10，11）12.）

破坏性力量，而是直面死难、灾祸，充满了对生活、理想的热爱与激情以及对暴力、不公、黑暗、死亡的抗拒。正因如此，废墟意象的呈现以凝重、深沉的悲怆之美震撼着人心，更隐喻着人类的旺盛生命力、伟大人格以及崇高精神力量等积极内容（图 4-40）。

（2）建筑中的“废墟”意象

“废墟”意象在建筑理论与设计中也有所表现，如矶崎新所推崇的悲剧性的废墟建筑论：“一座真实的建筑，当它刚刚完成时，都处于理想状态，基本上是完美的。但它会腐朽，以某种方式，走向灭亡，就像人类的身体。”[116] 其中蕴涵了强烈的悲剧意识。矶崎新的经典作品如筑波中心等充满着沉重的悲剧感。在《矶崎新》中曾指出，废墟隐喻暗示不稳定感及物质世界的不可靠，废墟隐喻包含以下双重意义：“第一，它与心理上的忧虑和不安状态密切相连；第二，它象征着丧失了完整性、整体性和平衡性。废墟是一种纪念品，它能诱发人们的思古之情，怀念过去的岁月——各种形式在以往呈完整、自我臻善、整体的状态。废墟又是一种肢解片段，片段的不完整性使人回忆起当初原有的完整形式——不完整的片段是原来完整形式拆卸、解体的结果。”[117] 它体现着衰败和崩溃等寓意，并指出了废墟与残缺的关系：“废墟是死的建筑，它们的整体印象已不复存在。如果要使废墟恢复生机，余留下的残缺部分则需要运用想象加以整合……当它获得完美滋润之后，又会面临另一次空虚并重归废墟状态。”[118] 以上阐述也可成为废墟内涵的注脚，从感性和情感视角而言，废墟与焦虑、不安、恐惧等消极情感关联密切，从其形态寓意视角而言，废墟表现的是不完整性、不和谐性，也从一个侧面反映出了残缺、失序的相通之处，体现着本书所关注的破坏性力量造成的失序的内涵。

（3）纪念性建筑中的“废墟”意象

这里着重以表现悲剧性的“灾难”及“死亡”纪念的相关设计为例研究“废墟”意象的呈现。齐康先生曾描述过南京大屠杀纪念馆废墟般的墓冢场景：这里的“场”是纪念死难者的纪念场，这里使用了“卵石”广场，象征着难以数计的千万死者，通过卵石广场形成荒凉感、悲戚感，以呈现当年的情景；卵石地面寸草不长，一种死亡的象征，焦枯强化了死亡的气氛，墓冢般的纪念馆设在原北入口东北处，尸骨陈列在西南角，既增长了视距，又扩大了视野。“生与死”则采用草地乃至翠柏与卵石相对应，形成对比，反映出历史悲剧和现实生活的共同呈现。[119] 其中寸草不生的卵石广场、悲号的母亲塑像、焦枯的树干等无不表达着屠杀悲剧的悲愤与痛苦。专业人士也曾描述过大屠杀馆所营造出的悲惨的气氛，如“纪念馆及内庭院的设计，抽象地再现了棺椁和坟茔的形象，加之枯树、雕塑的烘托，营造出一种惨痛、悲壮的气氛，加强了纪念馆建筑的艺术感染力”[120]，纪念馆原馆二期“古城灾难”雕塑，整体而言也呈现出了典型的废墟意象（图 4-41）。

9·11 事件纪念以原世贸中心双塔的坑基废墟为主要场地，空无、虚无成为设计意象，巨大的空无与周围密集林立的大厦和新世贸建筑群有着鲜明的对比，于寂静无声处寄托情思（图 4-42）。

在孟加拉大屠杀纪念遗址中，通过废墟般的场景表达了复杂的意义与情感：纪念墙呈现出被严重破坏的状态，象征着孟加拉自由战争的野蛮、残酷程度和大屠杀的规模，牺牲的烈士们永远

图 4-41　南京大屠杀纪念馆“废墟”般的“墓冢”场景
（来源：2016 年 4 月自摄于南京）

图 4-42　“9·11”纪念地的寂静空无与周遭的喧嚣繁华
（来源：Landscape Architecture［J］. 2014（05）：92，93.）

图 4-43　孟加拉 Rayerbazar 的大屠杀纪念遗址的“废墟”场景
（来源：当代亚洲建筑亚洲建筑师协会. 当代亚洲建筑［M］. 沈阳：辽宁科学技术出版社，2004：196.）

在人们心中，水中巨大的黑色纪念石柱象征了他们的存在，可望却不可及[121]（图 4-43），颓垣与立柱等明确地表现了纪念主题所蕴含的悲剧性以及悲剧精神。

“废墟”意象在“死亡”纪念中的呈现，如埃德温·希思科特在《纪念性建筑》中谈到，意大利摩德纳“圣卡塔尔多公墓是罗西最主要的作品，也可能是他尝试着表达纪念、悲伤、死亡和庞大的最具生命力的方案”。[122] 该作品中所呈现的表现死亡悲剧性的“废墟”意象问题大致如下：罗西在摩德纳公墓中所欲意表达的死亡观的核心内容是死亡对生命的否弃；而罗西主要是通过“建筑功能性的失效”即万书元先生所叙述的作为建筑的生命的建筑的功能与意义的消解[123]来表达死亡对生命的否弃这样的悲剧性死亡观。关于该公墓设计的根本逻辑：罗西是通过颠覆建筑的功能、抽空建筑的内容这种特殊的方式来确定理性主义的死亡概念，即瓦解生命的概念的。[124] 摩德纳公墓中，通过功能性的消解，而呈现出“废墟”的意象，以表达死亡对生命的否弃这一悲剧性死亡观，主要有以下表现：

首先，“立方体”象征生活的“废墟”。这座 17 米高、八“层”的立方体现在主要作为安放骨灰的纳骨堂：“空的、无分层、四壁没有窗扇的窗洞。在梦魇式阴影的衬托下，建筑的功能与意义全然被消解了，功能与意义是建筑的生命，建筑的功能与意义的消解，恰恰代表着死亡对生命的否弃。”[125] 在墙面上密布的排排窗洞上却没有窗扇，暴露着其内部的虚空，而象征着人类庇护所的基本形式即屋顶也被取消，纳骨堂周围两圈骨灰安置所中间的街道，容易使人联想起庞贝古城，罗西形容公墓是一个被遗弃的、不完整的住宅，开满窗洞的红砖立方体可视为居所的象征，并对其能够发挥居所功能性效用的各个方面进行消解，如屋顶、楼板、窗扇等均被消解，而非突然地暴力性破坏，从而只剩下躯壳，“住宅”成为一个“已死”的立方体，或者更确切说，象征死后无生命力的废墟般的立方体。

其次，“圆锥体”象征生产的“废墟”。圆锥体建筑物主要可用于集会。圆锥体的原型是一个荒废工厂的烟囱，这一锥体建筑物从几何形式上看，同死亡的立方体产生了一种有意义的对比和呼应，但是从意义层次上看，罗西想要创造一个倒闭工厂无烟烟囱的意象，意味着烟囱不再冒烟，说明工厂不再做工和生产，作为工厂，它的终极意义已经不复存在，已经死了。[126]

其三，“鱼骨”象征生命的“废墟”。罗西早期的一幅绘画中出现的一个鱼的骨架——可能是死的象征，也可能是基督徒永生的象征——正好以平面形式出现在墓窟下面。[127] 由此可以作出这样的联想：死亡力量对人产生悲剧性自然作用之后，即人死后只余下白骨。

摩德纳公墓是一座废墟般的死者的城市：公墓是死者的住宅。文明的早期，坟墓及相关用于丧葬的建筑类型往往都有着相同的特征，即模仿住宅的形态，而被废弃的公墓废墟形象就成了墓地、住宅乃至城市的一个典型形象。圣卡塔尔多公墓项目的形态接近一般人概念中的公墓形象[128]，可以说是通过对作为建筑生命的功能性的消解，呈现出废墟意象，以表达死亡是对生命的否弃这样的悲剧性死亡观（图 4–44、图 4–45），从感性和情感视角而言，所表达出的是源自悲剧性的悲剧观及其悲剧感。

在映秀汶川大地震震中纪念馆设计中，也呈现出了类似废墟的意象，尽管冲突、伤痕的处理仍然可见，更接近于“大地伤口愈合”的寓意，既没有过于突出纪念馆本身的存在，也没有过度直白地表达破坏力和破坏结果的冲突、无序、废墟等状态，而是比较节制和抽象地展现了匍匐于大地的纪念馆与周围自然、城镇环境合为一体的苍茫、沉思又有新生意味的场景。从情感上，没有过于直白地表达痛苦和英雄主义，反而有时间沉淀后安静地愈合，显得更加客观与平和（图 4–46）。

3. “扭曲”

“扭曲”的形态在表达死难、灾难、屠杀、痛苦等纪念主题的建筑中也有着一定的表现，以扭曲的形态象征完整人性、和谐秩序等的扭曲、摧残乃至面对摧残、困苦时进行的抗争等复杂寓意，既表现“扭曲”的悲剧性，更表现一定程度的不屈的悲剧精神。扭曲意象对建川博物

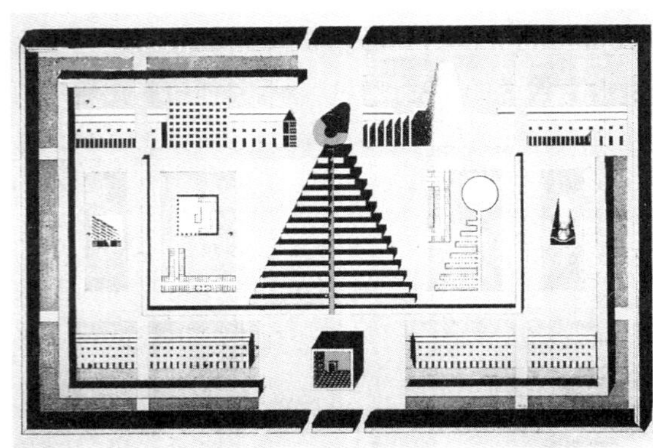

图 4–44　摩德纳公墓废墟意象的整体形态
（来源：Alberto Ferlenga. Aldo Rossi－The Life and Works of an Architecture. Milan：Electa Milan Elemond Editrori Associati，1999：52.）

图 4–45　摩德纳公墓中“废宅”纳骨堂
（来源：（英）埃德温·希思科特．纪念性建筑［M］．朱劲松等译．大连：大连理工大学出版社，2003：182.）

图 4-46　愈合大地伤口的汶川大地震震中纪念馆
（来源：何镜堂．汶川大地震震中纪念馆［J］．城市环境设计，2013（10）：87.）

图 4-47　建川博物馆整体与中庭所呈现的“扭曲”形态
（来源：程泰宁．中国俘虏馆［J］．建筑业导报，2005（5）：65.）

图 4-48　“扭曲”的澳大利亚国家突发事件纪念碑
（来源：水晶石数字传媒编．建筑趋势［M］：北京：中国电力出版社，2005：92.）

馆的设计产生了重要影响，程泰宁先生曾提及对俘虏的理解：“他们像一块石头，在不可抗拒的外力的冲撞撕裂下，有了裂纹，有了扭曲，但是仍然保持了自己完整的人格，保持了自己的惨淡的清白。”[129] 基于这样的理解，纪念馆相应地呈现出扭曲的形态特征：通过建筑自身形体语言和空间序列的安排，反映其沉重、压抑的性格特征，进而借鉴自然山石经过扭曲、褶皱、断裂生成的建筑形态，以达到形态与寓意的有机统一，以期调动参观者的情绪变化，产生情感的共鸣（图 4-47）。[130]

此外，澳大利亚国家突发事件纪念碑是为缅怀那些在火灾、地震和犯罪等突发事件中献出生命的警察、消防员、救护人员和志愿者等而建，纪念碑采用沿地形水平伸展的扭曲折线形式的混凝土墙体，展现出了预期表达的烈士们的沉着、协作、防卫、信任、勇气、牺牲、诚实等高贵品质（图 4-48）。[131] 此外，里勃斯金德以扭曲的“大卫之星”作为犹太人博物馆主体的形态，以象征犹太民族曾历经的波折、苦难与沧桑及面对摧残所呈现出的顽强生命力等复杂寓意。

4．“倾斜”

“灾难”主题的纪念性建筑形态也往往表现出“倾斜”以引起或传达失衡、无力等消极感受。犹太人博物馆的霍夫曼花园由高 6 米的倾斜的密集的方柱林构成，且地面也随之斜倾，张路峰先生描述过在柱林中穿行时产生的失衡感受：“倾斜的柱子与倾斜的地面相互垂直，这样就对置身

图 4–49 “倾斜”的犹太人博物馆霍夫曼花园
（来源：柏林犹太博物馆［J］. UED 城市环境设计，2014，80（02，03）：119.）

图 4–50 “倾斜”的风之丘
（来源：（英）埃德温·希思科特. 纪念性建筑［M］. 朱劲松等译. 大连：大连理工大学出版社，2003：148.）

其中的人构成了错误的空间参照系，重力场和视觉经验产生矛盾让人总感觉自己站不直、站不稳并下意识地纠正调整自己身体的位置，结果头晕目眩。”[132]（图 4–49）槙文彦设计的风之丘火葬场的整体形态呈现出强调水平感的倾斜状态，火葬场的三个部分沿水平方向松散地联系在一起，它们有着低矮的轮廓，仿佛根植于大地。倾斜的八角形葬礼大厅和等候区的三角形外墙像被埋入地面，暗示着生命、死亡、大地、天空之间一种原始的关系。[133]与垂直感相异的是水平感形态往往隐喻着屈服、死亡、崩溃等寓意（图 4–50）。越战纪念碑缓缓倾斜陷入地下，极端地强调水平感，而非通常崇高战争或英雄纪念中的竖直、挺拔的形态，在越战纪念碑的悼念路径中，V 字形一翼指向具有强烈垂直性力度感的华盛顿纪念碑，如此强烈地水平与竖直的形态对比，更凸显了死难的无力、疲软而非勃发的抗争精神。南京大屠杀纪念馆新馆在确定建筑形体效果时采用了“体量消隐”的设计手法，结合刀把形地形条件将新建的纪念馆主体部分埋在地下，地面上的建筑体量犹如一个斜插入地面的三角形体块，向东侧逐渐升高，屋顶作为倾斜的纪念广场，既突出了新馆的特殊风格，又减少了对原馆的压迫感[134]，尽管构思立意并非出于表现“失衡”等寓意，然而整体倾斜的形态也契合了表现悲剧性的“失序”状态。

5.“冲突”

对抗、锐利的“冲突”形态也是用以表现死难的破坏、混乱、痛苦等悲剧性内容的纪念性建筑形态设计的重要方式，尤其是三角形形态、构图呈锐角且不稳定的状态，往往易于使人产生诸如失稳、锐利、刺痛、痛苦、破碎等感受或联想。

南京大屠杀纪念馆新馆中大量地表现了“冲突”的形态特征，如纪念广场上形态锐利的“冤魂的呐喊”以及内部空间结合建筑形体处理，运用倾斜的墙体和缓坡的地面，组合成一种错乱、冲突的非常态空间，以表达同展览主题相适应的场所精神。[135]这样的冲突形态常常被认为是能够恰当地凸显相应的纪念主题的：不规则的主体建筑单体和夸张的建筑空间，给人以强烈的震撼。墙体的错位、撕裂，包括不规则空间的处理手法，让人感到内心异常杂乱，反思当年的历史事件，将无序、杂乱、压抑和黑暗的时空，通过建筑空间和形态语言恰当地体现出来（图 4–51、图 4–52）。[136]

犹太人博物馆可以说处处呈现出“冲突”感，诸如联系主体展馆、大屠杀塔、霍夫曼花园三处主要场景的交叉空间路径，通过支路插入、打断主路径的方式，体现出动荡、压抑、不安乃至令人窒息的冲突感。在主路径中，突生两条支路——一条通往大屠杀塔的支路和一条貌似可以走出困境的通向花园的支路，于是本来目标简单、明确的平常心被反复打乱，"思索变得无序而复杂，相应的顶棚、光槽设计及整体空间感受实际上能时时给人以冲突感，这是因为大量交叉线组织的灯和窗，通过交叉线直露地表达冲突、矛盾和错误，此外顶棚、地面、墙面作了许多斜线分隔，打乱了水平、垂直的方向感，让人们在空间移动中有种失衡的感觉"（图4–53、图4–54）。[137] 对战争进行反思即对战争作了重新的定义的加拿大战争博物馆，告诉人们"战争的内涵广泛却唯独不象征荣耀"[138]，并将建筑融入场所环境的设计中，也呈现出"冲突"的形态与感受（图4–55）。

图4–51　南京大屠杀纪念馆中的"冲突"形态
（来源：2008年3月自摄于南京）

图4–52　南京大屠杀纪念馆中的"冲突"形态
（来源：2008年3月自摄于南京）

图4–53　柏林犹太人博物馆中的"冲突"、"对峙"形态
（来源：柏林犹太博物馆[J]. UED城市环境设计，2014，80（02，03）：120，119.）

图4–54　柏林犹太人博物馆中的"冲突"、"对峙"形态
（来源：柏林犹太博物馆[J]. UED 城市环境设计，2014，80（02，03）：120，119.）

图4–55　加拿大战争博物馆中的"冲突"形态
（来源：Canadian Architecture[J].2005（09）：37.）

相对而言，"失序"的内涵及其表现比较复杂，如上述"灾难"、"废墟"、"扭曲"、"倾斜"、"冲突"等表现。"失序"的根本含义并非简单地等同于全然无序，更主要的是呈现出对合目的性的和谐性秩序的破坏，而相关的形态表现特征也并非必然就是残缺、混乱、畸形。在这里，通过解读彼得·埃森曼设计的欧洲被害犹太人纪念碑所体现的悲剧性"失序"特质，进一步分析"失序"的内涵。关于对犹太大屠杀的理解，埃森曼提到："由于这种事件的发生，使得个体的死亡不再一定代表特定个性生命的终结，它可能代表着更大的悲剧……对于大屠杀的记忆不堪回首。"这样的认识深刻影响着纪念碑设计，埃森曼认为："建筑也不能再像以前那样去纪念某个逝去的生命。"于是，纪念碑呈现的具体形态"包含2700多个混凝土柱，每个柱为92厘米宽，2.3米长，而高则介于0～7.5米之间。柱间距92厘米，只能容纳一个人穿行"，并通过多少有些晦涩的表达阐述了形态的生成机制，指出形态所传达的是"网格和城市街道秩序所产生的安全感的幻觉被打破"等感受，而城市街道秩序的安全感是社会生活和谐秩序的基本、必要的需求，由此很可能是意指德国法西斯暴力下犹太人社会生活的和谐秩序遭到的破坏，而纪念地所呈现出的迷失、孤独、恐惧、不安等特征表现的是"一种看似理性的网格系统中存在的不定与混乱，和它将随着时间而解体的潜在可能"，或者说这样的不安感源自这个世界"看似有序的所有系统的内在的不安与潜在的混乱"。在这里，埃森曼所说的看似理性、有序的网格系统所呈现的是一种诸如安全感被打破、混乱、不定、不安等典型的和谐性被破坏的"失序"状态，揭示了大屠杀造成的巨大的灾难性影响等复杂的内容，通过这样一个特殊而深刻的视角呈现大屠杀这一人间惨剧（图4–56～图4–58）。[139]

图 4-56 “欧洲被害犹太人纪念碑”中的“孤独”、“晦暗”等
（来源：世界建筑，2005（10）：112.）

图 4-57 “欧洲被害犹太人纪念碑”的“迷宫”形态
（来源：世界建筑，2006（9）：123.）

图 4-58 “欧洲被害犹太人纪念碑”可能产生的诸如墓地、废墟等联想，本图为耶路撒冷犹太人墓地
（来源：http://www.njdaily.cn/2012/0605/154187.shtml）

6. “水平”

“水平”感可以说是悲剧主题常见的感性品质。水平感在形态和寓意方面常常与崇高的垂直感相对，“水平感”可以理解为失去生命活力的寂灭状态，如压抑、宁静、倾颓，整体而言，表现死与难主题的感性形态往往侧重于表现破坏，或者侧重于表现破坏后的寂灭等意象，前面讨论的很多经典案例都呈现出水平感的意象，而非垂直感。又如美国 9・11 事件 93 号航班国家纪念园，纪念碑也呈现出了寂静无声的、断裂的、近乎极致的水平感，以表达对事件的哀悼和缅怀（图 4-59）。

在此，本书分析梳理了表现悲剧性的死亡、灾难主题的纪念性建筑形态所呈现的“灾难”、“废墟”、“扭曲”、“倾斜”、“冲突”等“失序”的意象与形态特征，其中“失序”主要指“和谐性破坏”，“失序”与美学范畴中的“丑”关系密切，相关内容也比较复杂。

图 4-59 美国“9・11”事件 93 号航班国家纪念园的宁静、悲怆与神圣
（来源：杨至德．纪念性景观设计［M］．南京：江苏科学技术出版社，2014：140-141.）

第四节 “晦暗”

一、再释“晦暗”

“悲”纪念范畴中的“晦暗”与崇高纪念范畴中的“晦暗”的形态表现基本相似，二者的主要差异不在形态表现上，而在于涉及内容的不同，崇高纪念范畴中的“晦暗”主要涉及崇高感的根源即英雄、战争等的崇高精神，而“悲”纪念范畴中的“晦暗”不仅蕴涵崇高内容，还涉及悲剧感、悲怆感的根源即悲剧性内容，或者说更突出地呈现悲剧性。“悲”纪念范畴中的晦暗仍分为“光”与“色”的晦暗，在相关设计中，这两方面感性品质往往会同时呈现，有时也不必严格区分。

二、“晦暗”的悲剧感纪念性建筑形态

1. “光的晦暗”

“光的晦暗”在“悲”的纪念性建筑形态空间氛围营造中有着突出的表现，主要是通过相对封闭空间中半明半暗的光影场景得以实现，营造悲怆、肃穆、庄严甚至恐惧的氛围，表达“悲”的纪念主题，尤其是相对崇高纪念场景而言，“悲”的纪念场景有时更强调黑暗，这与黑暗常常象征着死亡、灾难、悲伤、痛苦乃至罪恶等这一比较普遍的观念有关。“光的晦暗”中的黑暗常常对应着死亡或毁灭，光明常常对应着新生或生机等寓意。

当代以屠杀惨剧、“灾难”为纪念主题，呈现“光的晦暗”的重要作品有南京大屠杀纪念馆与犹太人博物馆等。关于南京大屠杀纪念馆，何镜堂先生曾阐述过新馆氛围的立意：“在空间序列结尾处的冥思厅，将室内空间有意设计得非常黑暗，参观者在行进过程中将手中的浮动蜡烛装置点燃，放在水池之中。相对而立的两面巨大的磨光花岗石墙面让漂浮于水面上的烛光互相影射，无限延伸。通过人们的活动和特殊光影来传达哀痛悼念的场所精神。”[140] 实际几次体验中，并没有遇到这样仪式性的活动，其他地下展室空间的前厅（图 4–60）、展厅、通道等以及齐康先生所设计的原馆主展厅、尸骨馆等都笼罩在晦暗的光色氛围中。此外，在参赛作品的概念构思中，“晦暗”氛围也有着突出的表现（图 4–61）。

柏林犹太人博物馆也是通过“晦暗”营造出了压抑而近乎恐怖的氛围，表现了大屠杀的压抑、恐怖、残忍乃至犹太人命运的坎坷与沉重，如入口的不祥预感：“从老馆的明亮的门厅里看去，洞口里很黑，只有楼梯扶手上内凹灯槽里发出的一线淡黄色的光，将视线引导向斜下方的地下空间。新馆的地下入口分明是一个不详的信号，让人预感到潜在的危险和不安。”[141]（图 4–62）馆中使人联想到焚尸炉、毒气室等恐怖景象的，“大屠杀塔”的大致体验：“从低矮的通道费力地推开沉重的铁门……空间很高也很黑，仅在顶部有一丝亮光，感觉相当恐怖。空间中弥漫着死亡的气息，阴冷潮湿……在黑暗中沉默、冥想。那一刻时间停滞了，心跳似乎也停止了，心中感到莫名的压抑。”[142] 对此场景其他学者也有类似的情感体验：“透过塔顶的天窗，投下的微弱光线照亮了冷峻的空间……在这个封闭的、枯燥的、空虚的、冰冷的空间里，只有那束光线穿透着它的黑暗，这让每一个置身于其中的人都会在心灵上受到强烈的震撼。”[143]（图 4–63）在这样的空间里，寂静、冰冷、压抑的感受几乎是一致的。

在灾难事件的纪念中，如纽约世贸中心废墟纪念广场，通过呈现当年 9・11 灾难的遗址废墟、广场、水体等元素营造悲怆的纪念氛围。场所中“双塔”废墟基址的巨大空洞表明了曾经的巨构的消失，犹如肌体上不可复原的巨大伤疤，在纪念广场垂直向度上形成上明下暗的基本空间结构，上部强调垂直感，由水幕所围合的塔基空洞形成了充满光的天井，而下部作为主要的哀悼

图 4-60　南京大屠杀纪念馆前厅“光的晦暗”
（来源：2008 年 3 月自摄于南京）

图 4-61　南京大屠杀纪念馆“光的晦暗”场景构思
（来源：个性与国际性的展示统一　侵华日军南京大屠杀遇难同胞纪念馆设计竞赛方案［J］．建筑与文化，2007（2）：23.）

图 4-62　柏林犹太人博物馆的“晦暗”虚空
（来源：柏林犹太博物馆［J］．UED城市环境设计，2014：80（02，03）：120.）

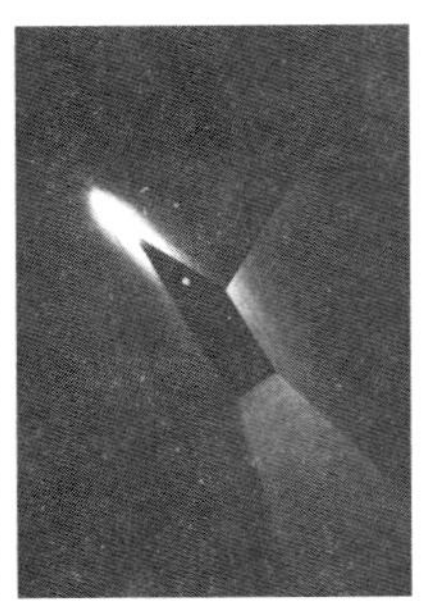

图 4-63　柏林犹太人博物馆“大屠杀塔”的“晦暗”恐怖
（来源：柏林犹太博物馆［J］．UED城市环境设计，2014：80（02，03）：119.）

场所强调水平感，晦暗而压抑（图 4-64）。建于 2007 年的马德里爆炸案遇难者纪念碑是为缅怀马德里爆炸案中的遇难者而建的，垂直向度上，该纪念场所被划分为“希望之光”（上）与“悲叹之地”（下）两部分。希望之光外层主要由玻璃砖垒叠而成，形成强调垂直性的充满光线的圆柱纪念碑体，轻质透明材料构成内层，印满罹难者姓名等文字，成了联系生与死、人世与天堂的光塔；而“悲叹之地”是哀悼死难与仰望希望之光的场所，呈现水平、低矮、黑暗、压抑以表达生者对故者的悼念与哀思，并为衬托希望之光的光辉场景营造出恰当的光环境。[144] 友人曾实地体验，并为其中所营造出的悲怆、凝重乃至神圣气氛而触动（图 4-65）。马德里爆炸案遇难者纪念碑通过光塔形成上明下暗的空间结构，这与 9・11 纪念广场通过水体所形成的上明下暗的空间结构无论在基本寓意、表现方式还是仰视状态的悼念方式等方面都有相似之处，这也是表达悲悯灾难、缅怀死者、慰藉生者之情的重要方式。

殡葬建筑中也常通过封闭空间营造肃穆、庄严的晦暗气氛，既表现死亡的沉重、对死亡的哀痛，也强调对死亡的超越、生命的尊贵等复杂寓意，以满足复杂的精神与情感需要。德国鲍姆舒伦韦格火葬场的中庭，通过封闭的空间、柱林及柱头所投射下的顶光、水池等营造了一个慰藉悲痛、悼念故者的晦暗氛围，设计者曾说到这样一处纪念性空间对复杂、细腻的死亡情感的意义：建筑无法改变人们离开这个世界时的悲痛，所能尽力提供的是一个宁静的安息场所，死者在这里接受最后的祝福，在宣泄沉痛时，也有放松和平静；柱子及发光柱头可以使人联想起神圣的世界。这样的空间对死者情感的意义，如同人类很多不朽的杰作都使人感受到了死后的世界仍然可以拥有持久的庄严、震撼、宁静、肃穆。[145] 整体而言，火葬场中庭空间营造出了晦暗乃至神秘的氛围，深刻而细致地关照了死亡观念、对死者的敬重、对生者的慰藉等复杂的精神寓意与情感状态（图 4-66）。

2.“色的晦暗”

“悲”的纪念性建筑形态中晦暗色彩的运用也是为了营造相应的纪念氛围，表现纪念主题的性质，表达相关复杂的悲的情感。色彩本身无所谓情感，同样，晦暗色彩本身也无所谓是悲伤的或是苦痛的，情感的发生在于色彩给人带来的感受、联想、想象等心理活动与观念，色彩也往往和光影效果结合以营造期望的纪念氛围。

黑色作为典型晦暗色彩，其首位联想是黑夜、丧葬、死亡等，进而引起肃穆、沉重、压抑乃

图 4–64 纽约世贸中心遗址地下纪念空间的晦暗
（来源：徐宗武等. 美国 9·11 国家纪念园［J］. 建筑学报，2012（02）：102.）

图 4–65 马德里爆炸案遇难者纪念碑的“悲叹之地”（Site of Sorrow）
（来源：友人严广超先生 2008 年 9 月摄于马德里）

图 4–66 鲍姆舒伦韦格火葬场中庭光柱所营造的“光的晦暗”
（来源：周湘津编译. 鲍姆舒伦韦格火葬场，柏林［J］. 世界建筑，2001（2）：58.）

至不安、悲伤、恐怖、罪恶、绝望、死亡、毁灭等消极感受与联想。康定斯基曾对紫、黑、灰等与死亡等的象征关系及其对情感的影响进行过剖析，认为紫色是一种冷红色即冷凝下来的红色，具有一种病态的、被熄灭后的炭渣的特点，并认为完全的紫色没有任何快乐的意味，而是一种悲戚[146]；而黑色具有太阳熄灭后死亡的虚无的特点，犹如没有未来和希望的永恒缄默，认为黑色就像是燃尽的篝火，一种熄灭了的、尸体一样寂灭的、对事物毫无反应的东西，强调“黑色是死亡的象征”[147]；至于作为黑色与白色之间的混合色的灰色，认为“灰色越深，就越多地负载令人窒息的绝望”[148]，一般而言，灰色的首位联想是乌云、烟尘、阴霾等，易于引起消沉、衰亡等消极感受。在此，康定斯基将黑与虚无、绝望、缄默、静止、死亡等无生命活力特征的状态联系起来，紫象征着寂灭、悲戚，黑象征着死亡，而灰则象征着生死之间的状态，但更倾向于象征寂灭与死亡。

由此可大致推及晦暗色彩的相关心理作用，如阴郁、恐怖、苦痛等，而晦暗色彩常常用作表达死亡、灾难等悲剧性艺术题材乃至相关纪念主题的主要色彩。在西方文化背景下，大量涉及灾难与死难的纪念性建筑常常借助典型的晦暗色彩即黑色营造象征死亡，表达失落、恐惧与悲怆的纪念场景，如越南战争纪念碑、朝鲜战争纪念碑等均采用黑色抛光石材建造碑体；而在中国传统文化中曾以黑为高贵，存在过尚黑的传统，在当代文化背景下，黑仍然常常与死难、恐怖、悲怆等象征意义和情感联系起来。

在灾难纪念主题中，如南京大屠杀纪念馆新馆中普遍地运用黑、褐、深灰等晦暗色彩，以表现对大屠杀死难的苦痛、哀悼之情。新馆“运用色彩烘托了气氛，大面积黑色墙面的运用，光滑和粗糙的墙面质感对比以及不同锈蚀的墙面对比，使人们的心情，由凝重到沉重，到悲痛，各种不同的空间，引起人们不同的联想和追忆，这是整个色彩运用上的独到之处”[149]（图 4–67）；而原馆也强调实体效果和色调的深沉，无论主展馆、尸骨馆还是纪念墙等都显得厚实沉重，暗灰的石材实体上窗洞口部分相对很少，尤其是形似棺木的尸骨馆采用深褐色石材饰面，接近棺木之色，窗洞深陷墙内形成浓重的阴影，向悼念者反复传达着战争和屠杀的破坏性与惨烈。在欧洲纳粹大屠杀受害者纪念碑落成之后，德国政府就受到了要求官方为二战时期被纳粹所屠杀的男女同性恋受害者立碑纪念的压力，于是纪念碑于 2008 年在柏林落成。略倾斜的纪念碑尺度较小，在环境中显得孤立无援，虽被外力强推却倾而不倒，碑通体采用类似于欧洲纳粹大屠杀受害者纪念碑的混凝土材质与色彩晦暗的涂料饰面，设置小窗演示相关的人物和事件，以表达对同样为纳粹所残杀却常被历史学者、政界人物等所忽略或漠视的男女同性恋者的哀思与追忆（图 4–68）。

在悲剧性事件的纪念性建筑中常采用锈蚀材质营造晦暗效果以表现悲剧性，南京大屠杀纪念馆第三期“胜利广场”区主要是采用经过锈蚀处理的呈现斑驳血迹效果的“胜利之墙”营造刀光剑影、浴血厮杀等纪念场景和体验效果，向我们诉说着胜利的不易（图 4–69、图 4–70）。

此外，在诸多“灾难”纪念的场所营造中，“光的晦暗”与“色的晦暗”都有所表现，营造出悲怆、压抑的气氛，如欧洲犹太死难者纪念碑，无论地上部分由混凝土阵列所构成的“记忆之地”的晦暗色彩、混凝土阵列之间仅能独行的狭窄通道的晦暗光影还是地下用于展示屠杀历史资料、档案的“信息之地”的晦暗氛围，都表达出了死难的寓意与悲怆的情感（图 4–71）。

在涉及战争的“灾难”纪念主题中，如越战纪念碑、朝鲜战争纪念园，突出地表现为晦暗的光色以表达纪念主题的悲剧性及悲怆情感。在华盛顿，表现民族精神的国家纪念碑普遍使用白色石材而呈现出明晰的效果，然而晦暗的越战纪念碑几乎消隐在环境中，低调、哀伤、痛苦，甚至象征着耻辱，纪念性或者说悼念性场所整体陷入地下，形成了场所整体上的晦暗氛围，而且挡墙

图 4–67 南京大屠杀纪念馆悼念地光色的晦暗
（来源：2016 年 4 月自摄于南京）

图 4–68 纳粹大屠杀同性恋受害者纪念碑的晦暗色彩
（来源：Shelley Hornstein. Losing Site Architecture, Memory and Place, Burlington：Ashgate Pub Co, 2011：5.）

图 4–69 热血铸就的胜利：南京大屠杀纪念馆“胜利广场”
（来源：2016 年 4 月自摄于南京）

图 4–70 热血铸就的胜利：南京大屠杀纪念馆“胜利广场”
（来源：2016 年 4 月自摄于南京）

图 4–71 欧洲犹太死难者纪念碑“信息之地”中光的晦暗
（来源：韩国 C3 出版公社．单数·双数［M］．武汉：华中科技大学出版社，2006：270–271.）

图 4–72 美国越战纪念碑：晦暗光色中现实与历史的“轻触”
（来源：Kirk Savage. Monument Wars Washington, D.C., the National Mall, and the Transformation of the Memorial Landscape, New York: University of California Press, 2011: 269.）

采用易于使人联想起墓碑、死亡的黑色磨光花岗石，将遇难将士的姓名镌刻其上，当悼念者看到自身影像反射到光洁但晦暗的纪念碑表面，而与镌刻其上的数目庞大的阵亡将士的姓名相重叠时，似乎可以感觉到亡灵的存在，亦或感觉到生者与故者的接触，甚至可能感觉到自己也成为其中一员。这样类似镜面的晦暗界面既将死与生、过去与现在隔开，又将它们联系起来。对于这样的晦暗光色氛围，当年曾有反对者提出修改原有设计，将颜色改为白色，并使其高出地面。越战纪念碑的晦暗光色恰当地表现出了“悲怆”而非“崇高”（图 4–72）。

20 世纪 90 年代末落成的朝鲜战争纪念园沿袭了越战纪念碑的晦暗表现，朝鲜战争纪念园纪念的对象仍然是参战兵士，而非仿佛已经为集体记忆所遗忘的朝鲜战争本身。纪念园设置了与真人尺度接近的美军“巡逻分队”士兵群像而非高大的纪念像，未设置基座而是散布于荆棘丛中，纪念 像的形象无论是色彩还是精神均呈现出晦暗、孤立、无助、沉重、脆弱乃至痛苦的特征，群像被身后黑色磨光花岗石纪念墙所衬托，墙面蚀刻着更多的美国士兵像，墙上的士兵影像与墙面所反射出的悼念者身影及士兵群像的身影交叠，犹如生与死的交汇，晦暗的光影效果以及所达到的意境可以说与越战纪念碑异曲同工。

在“死亡”纪念中，如美国莱克伍德公墓（图 4–73）的建筑选择了灰黑色彩，呈现出晦暗效果，除了很可能有日本文化对“灰”的偏好与推崇的影响外，这样的色彩选择与建筑所涉及的死亡主题关系密切。而在中国的文化背景下，出于种种复杂的观念，除了墓碑外，当代死亡主题的殡、葬、祭纪念性场所在很大程度上可能倾向于规避乃至避讳晦暗光色与氛围的营造，相关纪念性建筑往往倾向于采用庄重、明晰的色彩，甚至会出现具有传统官式建筑色彩特征的艳丽色彩。

涉及崇高感与涉及悲剧感的纪念性建筑形态设计方式关系密切，如形态的光色特征均强调对“晦暗”的呈现，在对基于崇高感视角的相关问题的阐述中涉及的诸如莫斯科胜利广场二战胜利 50 周年纪念建筑群英雄儿女纪念堂、皖南事变烈士陵园及纪念碑、肯尼迪航天中心太空镜纪念碑等作品以及引言里提及的 MH17 航班纪念馆竞赛中的“天空之祭”、“浮光之祭”、“灵守之环”等构思都展现了“晦暗中的光明”这样的感性氛围特质，更契合对悲剧性的表现：通过“晦暗”既表现了悲剧英雄的悲剧精神，即崇高精神，又表现了其中涉及死难、痛苦的悲剧性内容。在这里需要特别提到胡慧珊纪念馆，在宏大叙事背景下，刘家琨先生罕见地选择纪念一位在地震中遇难

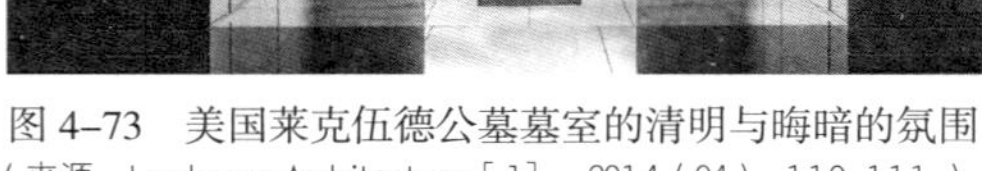

图 4–73　美国莱克伍德公墓墓室的清明与晦暗的氛围
（来源：Landscape Architecture［J］. 2014（04）：110，111.）

图 4–74　丛林里胡慧珊纪念馆的微小、晦暗与宁静
（来源：胡慧珊纪念馆［J］. 世界建筑导报，2011（02）：95.）

的小姑娘胡慧珊，纪念她极其普通、平凡、微小的生命和梦想，纪念馆体量微小、色泽晦暗、空间梦幻、文字凝练而触动心灵、震撼人心（图 4–74）。

由此，在诸多当代中西方的战争、死亡等“灾难”纪念主题的相关纪念性建筑设计实践中，通过各种状态与方式营造出晦暗的光色氛围以表现“灾难”纪念主题的悲剧性及悲剧感已经成为被普遍认同的有效方式，在“灾难”主题的纪念性建筑形态设计中起着重要作用。

■ 本章小结

本章主要研究悲剧感的内涵、悲剧感涉及的纪念主题以及表现悲剧性的纪念性建筑形态这三方面内容。

“悲剧感”是本书所讨论的感性和情感中涉及因素相对比较复杂的内容，基于相关阐述，将悲剧感区分为源自悲剧性的悲剧感以及源自悲剧精神的悲剧感。源自悲剧性的悲剧感主要指理想、愿望等与悲剧性现实之间的落差、矛盾、冲突等所造成的失落、苦涩、悲伤、痛苦、寂灭等感受与状态，而悲剧性的核心内涵是价值毁灭的必然性等。可以说，源自悲剧性的悲剧感主要涉及苦痛、承受、死难以及由无可避免的失败、死亡、毁灭乃至残酷灾难性后果所激发的失意、悲伤、痛苦、悲怆等复杂情感，其巨大的破坏性力量对于人类的生存、欲望、理想等无情地否定所造成的痛苦、悲伤，可以使人深刻体会到人类力量的有限性等。关于源自悲剧精神的悲剧感，主要指崇高感，主要涉及英勇、抗争、精神“超越”等方面的内容，即由抗争性的悲剧精神所激发的悲剧感，尤其是指超越悲剧性的悲壮感或崇高感，更包含了在思想观念层面超越悲剧性后果的慰藉、乐观、希望、崇高等情感，以激励人的抗争精神，激发生命的力量，彰显生命的价值乃至人的崇高。

在西方文化背景下，无论是悲剧观还是相关纪念性建筑形态设计所诉求的悲剧情感，既强调悲剧精神，即强烈而主动的抗争精神及行为的崇高精神，同时也强调无可避免的磨难、失败、死亡、毁灭的悲剧性内容，这两方面内容在相关纪念性建筑形态设计中都有所表现或者同时呈现。其中表现悲剧性的纪念性建筑形态突出地表现“受难”、“痛苦”、“灾难”、“悲伤”、“废墟”等意象；而表现悲剧精神的纪念性建筑形态突出地表现其抗争性，这方面与表现崇高精神的纪念性建筑形态有很大程度的相似性，但内涵并不等同，差别主要在于源自悲剧性或悲剧精神的悲剧感所体现的抗争性是基于纪念主题或对象的悲剧性的，而源自崇高性或崇高精神的崇高感有时彰显

的几乎就是纯粹的抗争性。

在中国，由于观念等复杂的原因，各种相关载体和媒介总体上避讳直接表现这样的悲剧性及悲剧感，在这样的大背景下，直接表现悲剧性的相关纪念性建筑比较罕见，且相关形态表现及影响形态设计的观念也比较复杂，这也是本书没有把我国表现悲剧性的相关理论与设计独立成章的原因。此外，本书在行文中主要基于崇高精神的表现对于纪念的重要性以及明确区分了源自悲剧精神的悲剧感和源自悲剧性的悲剧感等因素，将涉及悲剧性但寓意崇高的相关设计纳入崇高纪念范畴阐述，不过这二者并不完全等同。

在我们的文化中，无论是悲剧观还是与之相关的纪念性建筑形态设计，往往都倾向于淡化悲剧性内容，转而强调理想化地“大团圆”式转化悲剧性的后果，以超越巨大的苦难，终至和谐，或基于“化悲痛为力量”等指导思想，规避或超越对悲剧性的表现而上升为对崇高精神的表现。也有类似西方式的表达悲剧性与悲剧精神的思路，但对表现悲剧性内容的尺度把握，相对而言则相当地节制。

本章分析悲剧感所涉及的纪念主题，即“灾难”纪念、“战争”纪念、“死亡”纪念的相关内容，强调“灾难”与“死亡”所具有的不同的磨难、摧折、惨烈等性质，尤其是从感性和情感视角而言，“死亡”纪念往往会规避表现悲剧性，转而关注其他内容，并抚慰悲伤等消极情感。

关于悲剧性方面的内容，本章侧重于表现悲剧性的相关纪念性建筑形态，尤其是与破坏性力量有关的纪念性建筑形态，包括“残缺”、“失序”、“晦暗”等意象或形态特征。其中“残缺”即“整体性或完美性的破坏”，并主要依据整体性被破坏的不同程度，涉及“残·缺”、“断·裂”、“破·碎”、“消·解”等形态特征；“失序”即“和谐性秩序的破坏”，主要涉及侧重于表现人的和谐性状态被破坏的“灾难”意象或形态特征，侧重于表现社会秩序与环境等的和谐性状态被破坏的“废墟”意象或形态特征以及其他诸如“扭曲”、“倾斜”、“冲突”等“丑”的形态特征；而“晦暗”方面主要阐述“光的晦暗”与“色的晦暗”在“灾难”、“战争”、“死亡”等主题的表现悲剧性的纪念性建筑形态中的诸多表现。相关具体实践的复杂而多样的表现，诚然也并非本章所涉及的相对概念化的形态特征所能完全囊括的。

■ 余论：“去”悲剧感

这里主要分析了具有一定社会俗约性质的悲的情感及相关纪念性建筑感性形态模式问题，包括相关情感与纪念主题及感性形态的关系。尽管总体上是这样，但是这些概念之间的关系并不能说是绝对必然的，它们之间 的关系是可以被重新定义和建构的，就像卡洛·斯卡帕在布瑞恩家族墓园里所营造出的富有生机、愉悦，也不失严肃的天国般的“生后”场景，又一次向我们表明了悲伤与死亡并不是一直都有绝对必然的联系的，想起了陶潜那几句：“亲戚或余悲，他人亦已歌，死去何所道，托体同山阿”。纪念是为了怀念与记忆。怀念什么？不怀念什么？记忆什么？不记忆什么？怀念与不怀念又是为了什么呢？是为了活在过去？还是为了更好地活在当下？还是为了更好地展望将来？还是为了其他什么？答案应该是清楚的。

注释

1，6，17-22. 马小朝. 历史与人伦的痛苦纠缠——比较研究中西悲剧精神的审美意蕴[M]. 北京：中国社会科学出版社，2008：21，39，118，322，335—336.

2，3，11-14，20. 邱紫华. 悲剧精神与民族意识[M]. 武汉：华中师范大学出版社，2000：17，346，349，359.

4，5，8，9. 陈瘦竹，沈蔚德. 论悲剧与喜剧[M]. 上海：上海文艺出版社，1983：34，36，41.

7. 蒋长好. 大中学生面部表情加工的事件相关电位研究[D]. 北京：首都师范大学，2006：6.

10. 杨泽琴，徐灿. 拙政园诗馀 意象析论[J]. 齐齐哈尔师范高等专科学校学报，2008(2)：67.

15. 朱光潜. 悲剧心理学[M]. 合肥：安徽教育出版社，1996：221.

16. 贺天忠. 庄子的大美与康德的崇高之美[J]. 文艺理论研究，2005(1)：117.

23. 田中初. 当代中国灾难新闻研究——以中国实践中的政治控制为视角[D]. 上海：复旦大学，2005.

24. 梁一儒等. 中国人的审美心理研究[M]. 济南：山东人民出版社，2002：310.

25，26. 孟昭华，彭传荣. 中国灾荒辞典[D]. 哈尔滨：黑龙江科学技术出版社，1989：90.

27. 毛泽东. 毛泽东选集(第一卷)[M]. 北京：人民出版社，1991：174.

28. 邓红洲，李玉兰. 越南战争的经验教训、特点及影响[J]. 战争史研究，2004(6)：35. 原载：(美)尼克松. 不再有越战[M]. 北京：世界知识出版社，1999：6.

29，63. (美)卡斯腾·哈里斯. 建筑的伦理功能[M]. 申嘉，陈朝晖译. 北京：华夏出版社，2001：295.

30-33. (美)恩斯特·贝克尔. 拒斥死亡[M]. 林和生译. 北京：华夏出版社，2000：前言2，前言3，前言17，序2.

34. 李泽厚：华夏美学[M]. 天津：天津社会科学院出版社，2002：68—69.

35-38，40. (法)爱弥尔·涂尔干. 宗教生活的基本形式[M]. 渠东等译. 上海：上海人民出版社，2006：371，377，378，380.

39. (美)刘易斯·芒福德. 城市发展史——起源、演变和前景[M]. 宋俊岭等译. 北京：中国建筑工业出版社，2005：3.

41. 关于"殡"、"葬"、"祭"，其中"殡"及其场所一般指"入葬"之前的哀悼、送别等仪式及相应场所与建筑；"葬"及其场所一般指尸体、骨灰、遗物等的保存、安放方式，相关仪式以及相应场所与建筑；"祭"及其场所一般指生者悼念、祭拜死者的相关仪式以及相应场所与建筑。

42. 曾繁仁. 论希腊古典"和谐美"与中国古代"中和美"[J]. 中国文化研究，2001(冬之卷)：66.

43，46，102. (古希腊)亚里士多德. 诗学[M]. 陈中梅译注. 北京：商务印书馆，2003：66，74，89—90.

44，45. 汝信，凌继尧，徐恒醇. 西方美学史(第一卷)[M]. 北京：中国社会科学出版社，2005：625，627.

47. 许安之. 建筑中的动感[J]. 建筑学报，2004(5)：62.

48-51，119. 齐康. 环境的建筑创作构思——"侵华日军南京大屠杀遇难同胞纪念馆"创作设计[J]. 东南大学学报，1998(2)：1-4. 此外，关于南京大屠杀纪念馆的名称，本书主要以"原馆”一词代称齐先生所设计的部分，以“新馆”一词代称何先生所设计的部分。

52. 线与线之间——柏林犹太博物馆 http://blog.sina.com.cn/s/blog_6cf266350100nt2x.html

53. 张蓉．建筑诠释的戏剧美——兼析柏林犹太人博物馆对悲剧美的表现[J]．华中建筑，2008(2)：57．

54，108，132，141，142. 张路峰．体验建筑：柏林犹太人博物馆[J]．建筑师，2008(1)：95—96．

55. 吉国华．“线之间”——里勃斯金德的柏林犹太人博物馆[J]．世界建筑，1999(10)：49．

56-59. 彭一刚．从这一类到这一个——甲午海战馆方案构思[J]．建筑学报，1995(11)：12，15．

60-62. 甲午海战馆暨纪念性建筑创作学术研讨会在威海市召开[J]．建筑学报，1995(11)：8-10．

64. 周卜颐．美国越战纪念碑与青年商会总部的全美设计竞赛[J]．建筑学报，1991(2)：15—16．

65，67.(美)马里塔·斯肯特．墙、屏幕和形象：解析越战老兵纪念碑[M]. 罗岗，顾铮主编．南宁：广西师范大学出版社，2003：128，131．

66. 华盛顿越战纪念碑，美国[J]．世界建筑，1988(1)．

68，70，73，74. 南京市规划局．侵华日军南京大屠杀遇难同胞纪念馆·规划设计扩建工程概念方案国际征集作品集[M]．北京：中国建筑工业出版社，2007：25，42．

69. 南京大屠杀纪念馆，南京，中国(竞赛方案)[J]．世界建筑，2007(5)：101．

71. 张文起．皖南事变烈士陵园及纪念碑设计[J]．建筑学报，1994(12)：36．

72. 广州日报 http://gz.dayoo.com/gb/content/2005-07/10/content_2129119.htm

75. 滕露莹．论当代建筑空间的动态性[D]．上海：同济大学建筑学院，2007：34．

76. 施国平．动态建筑——多元时代的一种新型设计方向[J]．时代建筑，2005(6)：129—130．

80. 任军．纪念心理在建筑中的体现——兼述苏俄建筑的纪念性格 [D]．天津：天津大学，2001：27．

81. http://www.lutherthie.com/art/autogrillmonument/home.html

82-86. 何梦笔．秩序自由主义——德国秩序政策论集[M]．董靖等译．北京：中国社会科学出版社，2002：2—3，31-32．

87.(美)明妮·魏特琳．魏特琳日记[M]. 南京师范大学南京大屠杀研究中心译．南京：江苏人民出版社，2000：205．

88. 齐康．构思的钥匙——南京大屠杀纪念馆方案的创作[J]．新建筑，1986(2)：3．

89. 张玉能．美学教程[M]．武汉：华中师范大学出版社，2002：194 ．

90，94，98. 叶淑媛．论作为美学范畴的“丑”和“荒诞”[J]．甘肃联合大学学报(社会科学版)，2007(2)：46，48．

91，95，96，99，101. 翟洪涛．简论崇高与丑的关系[J]．玉林师范学院学报(哲学社会科学)，2002(1)：76．

92. 张玉能．实践的自由与美的范畴[J]．华中师范大学学报(人文社会科学版)，2003(1)：50．

93，97. 张玉能．美学教程[M]．武汉：华中师范大学出版社，2002：194．

100. 王庆卫．丑的轨迹——理性视阈中的非理性变奏[M]．北京：中国社会科学出版社，

2006，160—161．

103-107.（美）苏珊·桑塔格．关于他人的痛苦[M]. 黄灿然译．上海：上海译文出版社，2006：84，87，95，96，130-132．

109. 任琴嘎．贾克梅蒂的创作危机[D]．北京：中央美术学院，2005：10．

110. 谭垣等．纪念性建筑 [M]. 上海：上海科学技术出版社，1987：171．

111. 胡春良．悲怆的民族文化符号——南京大屠杀 70 周年雕塑群[J]．中外文化交流，2008（2）：23．

112，113.（德）本雅明．本雅明文选[M]. 陈永国，马海良编．北京：中国社会科学出版社，1999：132，133．

114-116. 孙绍谊．寻找消隐的另一半[J]．上海大学学报（社会科学版），2004（2）：92．

117. 邱秀文等．矶崎新[M]．北京：中国建筑工业出版社，1990：30

118. 罗瑞阳等．矶崎新的历史观[J]．新建筑，1989（1）：6．原载：矶崎新．九个援引来源·九个隐喻

120. 宋昆，荆子洋．建筑中的再现[J]．建筑学报，1999（8）：39．

121. 当代亚洲建筑亚洲建筑师协会．当代亚洲建筑[M]．沈阳：辽宁科学技术出版社，2004：194．

77-79，122-128，146.（英）埃德温·希思科特．纪念性建筑[M]. 朱劲松等译．大连：大连理工大学出版社，2003：120，169，187，210．

129. 程泰宁．无形·有形·无形：四川建川博物馆俘虏馆创作札记[J]．建筑创作，2006（8）：2．

130. 程泰宁．中国俘虏馆[J]．建筑业导报，2005（5）：65．

131. 水晶石数字传媒．建筑趋势[M]：北京：北京中国电力出版社，2005：92．

133. 叶子君．生命的极致——重读槙文彦风之丘火葬场[J]．中外建筑，2005（1）：60—62．

134，135，140. 何镜堂等．突出遗址主题营造纪念场所——侵华日军南京大屠杀遇难同胞纪念馆新馆工程设计体会[J]．建筑学报，2008（3）：10，11．

136，149. 周畅．侵华日军南京大屠杀遇难同胞纪念馆新馆工程学术研讨会[J]．建筑学报，2008（3）：3．

137，143. 张蓉．建筑诠释的戏剧美——兼析柏林犹太人博物馆对悲剧美的表现[J]．华中建筑，2008（2）：57．

138. 纪念性景观设计专题[J]．景观设计，2006（1）：1．

139. 欧洲被屠杀犹太人纪念碑，柏林，德国[J]．世界建筑，2004（1）：62．

144. A+U.2008（4）：40-41．

145. 周湘津．鲍姆舒伦韦格火葬场，柏林[J]．世界建筑，2001（2）：56．

146.（俄）康定斯基．艺术中的精神[M]. 李政文，魏大海译．北京：中国人民大学出版社，2003：82．

147，148.（俄）康定斯基．艺术中的精神[M]. 李政文，魏大海译．北京：中国人民大学出版社，2003：76，78．

第五章

狂欢感的纪念性建筑形态

在复杂而多样的纪念性活动中，不仅仅存在推崇崇高、关注悲伤的纪念，更有涉及另一类最基本的情感即快乐的狂欢类或者说“狂欢感”的纪念。这里的“狂欢感”主要指西方文化背景下，在庆典、节日、胜利等相关纪念性活动中与快乐感关系密切的复杂情感状态。

第一节　狂欢感的纪念

一、狂欢感的内涵

1. 西方文化背景下的狂欢感

本书主要以巴赫金的[1]狂欢理论作为阐释西方文化背景下的狂欢感内涵的理论基础。巴赫金的狂欢论深入阐释了源自民间文化中的狂欢节的“狂欢式世界感受”，其中所谓“狂欢式”是指一切狂欢节式的庆贺、仪礼和形式的总和[2]，这一概念可以说是巴赫金狂欢论的关键性术语之一。“狂欢式”概念源自民间的狂欢节，但巴氏的阐述并不局限于狂欢节相关内容本身，也不局限于文学理论，而是一种具有相对独立性的、能够影响人类社会文化生活的重要观念。关于“狂欢式”的总体表现特征，巴赫金描述说，“狂欢式”是没有固定舞台、不分演员和观众的一种狂欢游戏演艺，所有人都是积极的参加者，这个所有人都参与的狂欢戏近乎是生活本身的一场“演出”，也就是说，此时人们过着的是一种狂欢式的“生活”，一种脱离了常规的、颠倒的、反面的“生活”。[3]可以说，狂欢式是巴赫金对狂欢节现象的理论化提炼，进而将“狂欢式世界感受”的内涵概括为四个范畴，即“亲昵”、“插科打诨”、“俯就”和“粗鄙”。[4]

巴赫金说亲昵感受的产生来源于狂欢节时取消了那些制约平常生活的规矩和秩序，如法令、禁令和限制等。首先取消的就是等级制以及相关的如畏惧、恭敬、仰慕、礼貌等人与人之间由此被规约的社会礼仪和表情，根本而言是在消除不平等的社会地位关系以及由此产生的一切社会现象[5]和情感表达。于是，人与人之间的关系状态转变为人们相互之间没有任何距离，而是一种狂欢式的状态，即相互之间随便而又亲昵的接触。[6]这样的亲昵状态与感受，消解了人和人之间的距离，打破了原有的等级制。狂欢式产生的是群众性而不是官方性、是自由和平等而非限制与等级。亲昵接触这一特点，也决定了狂欢式的状态存在着一种自由而随便的姿态。[7]

“插科打诨”与“亲昵”有着密切的关系，巴赫金指出，这也是狂欢式的世界感受中的一个特殊的感受范畴，而且和“亲昵接触”有着有机的联系。[8]这种感受的产生和亲昵一样也是源自狂欢节中等级性的颠覆，是一种插科打诨状态。在狂欢中，人们之间形成了一种新型关系，这种关系同日常非狂欢式生活中强大的社会等级关系全然地相反，人们的行为、姿态、语言，从日常非狂欢式生活里完全左右着人们的阶层、官阶、长幼、贫富等阶级性、等级性的差异里解放出来，于是从普通生活的社会关系逻辑来看，变成了一种很不得体的插科打诨的关系状态，而在日常生活中很不得体的状态在狂欢中却变得非常合适、恰当而得体。[9]

“俯就”是一种随便且亲昵的状态和态度，出现在诸如对待价值、思想、现象和事物的一切对象中。狂欢使得圣与俗、高与卑、智与愚、伟大与渺小等两级分明、对立的观念和对象接近起来成为一体。[10]巴赫金所说的俯就并不局限于某种身体状态或相关感受本身，核心意义是指圣与俗等原本具有等级制关系的“价值”体系之间的等级性关系在狂欢中被取消了，转变为一种并置的关系，进而转变为狂欢化的颠倒性的关系，这可以理解为是对具有权威性的、被预设为尊贵的、等级制的价值观的一种“颠覆”。

“粗鄙”，通俗地说就是狂欢时使用日常生活中和人体生殖力等方面有关的不洁秽语，来对当时最高权威的象征即神圣文字和箴言的模仿讥讽、冒渎不敬等。[11] 在这里，“粗鄙”可以理解为具有“狂欢式世界感受”的相关行为状态的表现，如对视为神圣的、崇高的各种形式和内容的讥讽等，也可理解为相关狂欢感的感性形态设计的一种方式。和“粗鄙”类似的概念，如“降低格调”，即通常说的“降格”及“讥讽”等也是一种狂欢感感性形态设计的重要方式。

概言之，基于“亲昵”、“插科打诨”、“俯就”与“粗鄙”的“狂欢式的世界感受”的基本特征，正如巴赫金所说的，狂欢节是毁坏一切、更新一切的时代才有的节日，而狂欢节中狂欢式的世界感受的核心思想就是交替与变更的精神、死亡与新生的精神，[12]这也是狂欢精神的核心内涵。

尽管具有乌托邦式象征意义的狂欢世界是暂时的、短暂的、相对的，但它的意义和价值恰在于对现实存在的批判与超越，更体现着人类追求至善至美的精神力量，[13] 狂欢可以说是崇高精神的另一种源自欢乐而不是恐惧的表现形式。快乐是人在生活中表现出来的一种积极情绪，是一种激发人的生活热情、追求真善美、超越自我的重要精神力量，快乐包括诸如得到人体健康发展体验的快乐，得到成功、兴趣体验的快乐及得到尊重和信赖等体验的快乐，甚至运动时的愉悦感和运动后的轻松、舒适感，获得知识的满足感，提高技能的喜悦感，失败后战胜主客观困难的超越感，人际关系和谐的温馨感，自我实现的成就感等多层次的情感体验。

关于狂欢与快乐的关系，巴赫金认为狂欢是欢乐得无所畏惧，而非基于恐惧的严肃性。狂欢消解恐惧的严肃性，追求理想化的绝对自由，狂欢精神体现了对生活的一种狂欢式本质的态度，从而获得了一种精神超越和心理满足。[14] 诚如作为民俗和民间文艺学奠基人之一的钟敬文先生所说：“从历史上看，不同民族，不同国家都存在着不同形式的狂欢活动。他们通过社会成员的群体聚会和传统的表演场面体现出来，洋溢着心灵的欢乐和生命的情绪。”[15]

所谓的“狂欢式的世界感受”就是人与人的相互平等、不分彼此、不拘形迹、自由往来，从而形成了一种人与人之间狂欢式的世界感受的社会存在关系、状态和感受。[16] 这种感受并不只是狂欢节的情感感受，更是蕴含着源自欧洲狂欢节庆的狂欢精神及狂欢式世界观的内涵与表现形式。

在精神层面上，无论是“亲昵”、“插科打诨”、“俯就”还是“粗鄙”，根本上体现的是暂时性地、象征性地、理想性地“颠覆”、“消除”等级性、权威性、严肃性、恐惧感等现实内容，彰显了具有乐观主义的人的平等、自由、欢快等状态，而颠覆、平等、自由等也正是狂欢精神的核心内容。

在情感层面上，这样的狂欢感与快乐感有着密切的关系，狂欢理论试图使人们摆脱僵化和等级制的束缚，把人们的创造性思维从压抑中解脱出来，主张的是平等的对话、倡导的是快乐的哲学，用戏谑的态度将发现的矛盾和冲突排除，从而获得精神层面的超越和心理的满足，这可以说是狂欢式的崇高感的生成。可以说源自狂欢的狂欢感的基本情绪和情感是快乐感，但是可以在精神和情感层面获得超越，从而激起崇高感。无论是前文提到的大美感，源自悲剧性、悲剧精神的悲剧感还是源自快乐的狂欢感以及后文的欢庆感，根本而言都可能导向并升华为一种崇高感。

2. 中国文化背景中的狂欢感

在我国文化中，是否也存在着类似西方社会文化生活中的狂欢现象以及狂欢纪念？如果存在，是以怎样的状态存在？内涵方面和西方的狂欢又有什么相同和不同的地方？其意义又何在？对这类问题，学界中存在比较大的争议。有学者明确认为中国没有狂欢节，或者说并没有狂欢或狂欢精神，以中国人最注重的春节来说，认为人们比平时更加不可能随便而又亲昵地相互接触，长幼尊卑、父父子子、官员与百姓，在这个节日里显得越发重要，人与人之间的距离更加遥远，不可能感受到狂欢式的世界感受。[17] 个人认为这种情况的描述可能更适合于传统社会。

学者钟敬文先生并不支持这样的观点，先生基于事实和分析提出中国存在着狂欢与狂欢精神，并深入剖析了中国式狂欢和巴赫金式狂欢的异同。

首先，钟先生认为狂欢是具有一定世界性的特殊文化现象，在社会生活中的存在具有普遍性。从历史上看，不同民族、不同国家都存在着不同形式的狂欢活动。它们通过社会成员的群体聚会和传统表演场面体现出来，呈现出内心的欢乐和生命的激情。中国文化中的狂欢现象，从历史和现实的情况来看，尽管没有用“狂欢”一词来表达，但它们无疑是存在的。[18]

其次，关于中国文化中尤其是民俗意义上的狂欢表现，钟先生提到如在华北地区，社火期间要弄个“闹春官”活动：老百姓要选一个普通人做官，要他穿上官服，在社火的几天，要施展“官方”权威，比如临时充任“县长”，“春官”需要对老百姓报告的各种冤情当众进行审判，这就是一种典型的狂欢现象。[19]“闹春官”表现出的临时的颠覆性狂欢状态和西方的狂欢有着明显的相似性。

其三，先生谈到狂欢精神的实质就是一种抗争的精神，[20] 中西方文化中都有这样的抗争性、颠覆性的狂欢精神，这也是中西方狂欢理论问题可以通约的原因。人民群众在这特殊的时空里，上下颠倒旧有社会生活秩序，表现出了对某种固定的旧秩序、制度和规范的冲击和反抗，暂时缓解社会日常生活中的阶级与阶层之间的对抗，这些都是中外传统狂欢活动中较普遍存在的精神文化内容。[21] 人们在狂欢中“颠覆”了某种固定的旧秩序、制度和规范传统，表现了民众渴望平等、自由的理想生活的愿望，表达了如巴赫金所说的一种“伟大”的“狂欢式的世界感受”。

3. 源自狂欢精神的狂欢感

这里所说的“狂欢感”和巴氏“狂欢式的世界感受”关系密切，核心内涵是相通的，但巴氏相关理论主要提炼于欧洲中世纪狂欢节，狂欢感所涉及的纪念主题也并不局限于纪念性的狂欢节庆，而且时代不同，需要从激发狂欢感的根源，即狂欢精神的角度来进一步分析狂欢感的内涵。

“狂欢”既是巴赫金狂欢理论的核心内容，更是社会生活的普遍状态与精神，相关学者指出狂欢是从古到今、从西到东的一种普遍性的世界现象，都需要宣泄情绪以及宣泄后的内心复归宁静，尤其是对生活过于单调、情绪过于压抑紧张的人来说，更需要这样。[22]

“狂欢”的核心内容即狂欢精神，狂欢感源于狂欢精神。巴赫金狂欢理论的内涵以及阐述本身比较复杂，根本来说，狂欢感所体现的狂欢精神的核心内容是自由平等精神，自由成为整个狂欢节世界感受的本质。[23] 对此，相关学者也追问到：“巴赫金狂欢化理论的核心是什么？是单纯的狂欢吗？显然不是，狂欢只是蕴藏狂欢精神的形式。是自由！狂欢最大的原则乃至本质就是自由。”[24]

巴赫金所描述的狂欢节的平等精神表现为狂欢节上大家一律平等，在狂欢节活动的广场上，支配一切的是人们之间不拘形迹的自由接触，而在日常的即非狂欢节的生活中，人们被不可逾越的等级、财产、职位、家庭和年龄差异等屏障分割开来，这成了狂欢节世界感受的本质内容。[25]“平等”、“自由”等也是狂欢式的世界感受的核心内容，人们之间的等级关系这种理想中和现实中的暂时取消，在狂欢节广场上形成了广场言语和广场姿态的特殊形式，一种坦率和自由的状态，“否定”交往者之间任何方面的距离，摆脱了日常礼仪规范的形式。[26]巴赫金认为民间狂欢节在各个方面都是与官方节日相对的，狂欢节仿佛是在庆贺暂时摆脱政治地位的真理和现有制度，庆贺暂时取消一切等级关系、特权、规范和禁令，认为这是真正的世间不断生成、交替和更新的节日，与一切永存、完成和终结相对抗，面向的是未完成的将来。[27]

这样的自由平等精神的意义是人们仿佛为了新型的、纯粹的人类关系而再生或者说重获新生，暂时地不再相互疏远。人找到了自身的存在感，在人群中感觉到自己是作为人而存在的。这种真正的人性的人类关系，不再只存在于想象或理想中，而是在“现实”中实现并能亲身感受，乌托邦式的东西与现实的东西在狂欢式的世界感受中暂时融为一体。[28]狂欢节的狂欢精神具有重要和深刻的思想及世界观的内涵，并且巴赫金将其抬升到了一个近乎极致的崇高地位，认为应该“从人类生存的最高目的，即从理想方面获得认可”。[29]

巴赫金借狂欢节塑造了一个心目中具有乌托邦色彩的平等、自由的理想世界，而这样平等、自由的狂欢精神，很大程度上具有幻想性，节日仿佛使得全部官方体系和所有禁令、等级壁垒“暂时”失效，生活在这时仿佛脱离了法定的、传统的常轨，转而进入了昙花一现的乌托邦式的自由王国。[30]

狂欢精神是巴赫金狂欢论的内核，并把狂欢精神上升到了一种体现理想生活状态的乌托邦式世界观的层面上，狂欢精神的核心内容或实质主要是指交替与变更、死亡与新生的精神，具有未完成性和创造性等。其中，未完成性是指狂欢精神面向的是未完成的未来；而创造性是指弃旧扬新，是和一切完成性、永恒性的教条、观念等相对的，是具有鲜活生命力的精神，而不是僵死的教条。狂欢精神代表一种平等、自由、世俗化的生活，其中蕴涵着一种反抗性的力量，它“否定”权威和绝对真理，肯定与之相对的其他可能的生活状态。

狂欢节世界中现存的权威和真理都成了相对性的，这种相对性对社会意识形态和等级制度产生了一定的“颠覆”，狂欢节为人们提供了一次暂时拒绝官方世界的机会，它暂时取消了传承下来的等级差异，并改变了既定的等级制度。[31]对此，钟敬文先生也指出，狂欢可以说是一种人类共同的精神现象，无论是与官方权力结合而成为权力的一种特殊表现形式，还是呈现出如巴氏狂欢理论中与权力的“对抗”。尽管由于中西方文化背景的不同，狂欢的具体内涵以及表现狂欢的方式有所不同，但是就其根本而言，表现的是平等、自由、快乐、积极的生活态度和期望，彰显了生命的活力，表达了生活的激情。[32]这样具备人性解放、平等、自由、颠覆权威等内涵的狂欢精神，既是狂欢纪念的核心，也是狂欢纪念所涉及的狂欢感的根源。

概言之，这里的狂欢感是指源自有着自由、平等内容的狂欢精神的复杂的、欢乐的情感，源自狂欢精神的狂欢感在哲学层面的实质主要是指主体对一切压抑个性生命力自由发挥的文化霸权、殖民主义意识形态、权力话语、等级观念、私有观念、文化说教和道德禁忌等因素的轻蔑及主体自由对自我道德感及自我存在价值的肯定而产生的内在优越感。狂欢节上的戏仿及降格、脱冕与加冕、亲昵及接触、粗鄙及不敬，其全民性、无等级性、颠覆性，既是理想的又是现实性的，既是解构的又是建构的，既是死亡的又是重生的，而在感性内容方面是轻蔑感和优越感的结合，体现的是喜剧的精神。[33]狂欢不是反崇高，而是在嬉笑中反“崇高的”的崇高，这里的“崇高的”是指在一定社会文化背景下，代表着固化、旧有的社会等级、规约等一系列崇高的价值标准，狂欢就是对它们的批判，狂欢不是反崇高，而是反“旧的崇高的”标准与规则，最终体现的仍然是崇高精神。

此外，由以上分析可知，中西方狂欢活动中的抗争性、颠覆性等精神在不同文化中都有相似的表现，狂欢更是一种人类共通的精神现象，狂欢活动在中西方文化背景下都存在，正是因为这样，研究中国式狂欢问题也可以借鉴巴赫金的狂欢理论。狂欢在相关纪念性活动中有所反映，尽管对狂欢理论与狂欢纪念理论，尤其是相关纪念性建筑设计理论研究之间的衔接，还需要进一步探讨，但这并不影响狂欢纪念及其纪念性建筑感性形态问题本身的研究。

二、狂欢感的纪念主题

狂欢感的纪念主题主要涉及一系列具有狂欢节庆性质的纪念性庆典及相关主题，如纪念性狂欢节庆、千禧年纪念庆典、战争结束或周年纪念庆典，尤其是反法西斯战争、夺取国家民主政权的战争胜利纪念庆典等方面，而从感性和情感视角，快乐情绪总是被有意无意地排除在纪念研究的视阈之外，然而诸如千禧年庆典等活动不仅无疑是具有纪念性的，而且是普天同庆的纪念性活动。

1. 狂欢纪念节庆

西方文化中的狂欢纪念节庆，主要包括狂欢节性质的纪念活动以及世纪更替时的千禧年纪念活动等。狂欢节通常也称谢肉节，曾经提倡的是纵欲和欢娱，节日的源头可以追溯到古希腊的酒神节和古罗马的农神节，可以说是人们释放了受到压抑的本能、宣泄情绪及寻找快感的日子。在西方文化背景下，狂欢节也常和基督教的一些神圣纪念性活动结合。与狂欢节相对的是官方节日，巴赫金批评中世纪的官方节日实际上只是向后看，看过去，并借助过去使现有制度神圣化，甚至认为官方节日有时违背了节日的观念，肯定了整个现有的世界秩序，即现有的等级、宗教、政治和道德价值、规范、禁令的固定性、不变性和永恒性。节日成了现成的、获胜的、占统治地位的真理的庆功仪式，这种真理是以永恒的、不变的和无可争议的姿态出现的。[34] 官方节日中，现有等级、价值体系等制度体系内容都被永恒化、固定化了，不但如此，官方节日使这样的“不平等”近乎被“神圣化”了。

关于节庆活动的意义，巴赫金指出，节庆活动是人类文化极其重要的生活形式，具有重要的和深刻的思想内涵、世界观内涵，应该从人类生存的最高目的即理想方面获得认可，要使任何休息或劳动间歇本身成为节日，必须赋予它某种精神和意识形态领域里的内容。[35]《巴赫金全集》的主要译者夏忠宪先生也认为应该广义地理解狂欢节范畴，不仅包括了狂欢节、狂欢节式的庆典、狂欢式、狂欢情绪、狂欢意识，狂欢节最重要的价值就在于颠覆等级制，主张平等的对话精神，坚持开放性，强调未完成性、变易性、双重性，崇尚交替与变更的精神、摧毁一切与变更一切的精神、死亡与新生的精神，[36] 这就是狂欢精神及狂欢感的核心内容。

当代著名的狂欢节有意大利威尼斯、德国科隆以及巴西等地的狂欢节。在特定的情况下，某些狂欢节本身也会成为具有纪念性质的活动，如千禧年狂欢纪念。巴赫金描述过狂欢节的特殊氛围，那是一种充满自由、欢快的狂欢广场游戏气氛，在这种氛围中，神圣与亵渎、崇高与下贱变得平等了，[37]

图 5-1　意大利威尼斯狂欢节中的行为：圣马可广场上的戴面具自由接触等行为状态
（来源：http://whis.cssn.cn/st/st_whcs/201401/t20140125_953059.shtml）

图 5-2　意大利威尼斯狂欢节中的火焰：毁灭与新生的双重性寓意
（来源：http://news.sina. com.cn/w/p/2007-11-19/233714341328.shtml）

图 5-3　倒持：仪仗队列倒持作为战利品的法西斯军旗
（来源：吕志英. 胜利与凯旋——二战两次莫斯科红场大阅兵 [J]. 军事历史，2005（8）：39.）

而本书所指的具有狂欢节庆性质的纪念性活动的基本内涵和氛围也大致如此（图 5-1 ~ 图 5-3）。

2. 千禧庆典纪念

“千禧年”译自 millennium，本是基督教神学名词，又称千年王国或千福年。基督教中的千禧年原本是一种末世的理想和对末世的盼望[38]的消极末世论，世界各地对千禧年或千年的纪念，几乎已经完全消解了千禧年原本预设的宗教寓意，千禧年已经不是悲观、恐惧、消极的具有世界消亡意义的末世了，而是新千年到来的喜庆之年，快乐与积极替代恐惧与消极而成为千禧年的主要情绪基调，这样一个神学史上具有消极意义的末世观念，在当代已转变为积极意义，不再是世界的毁灭与消亡，而是一种立足于现世的对未来的希望和企盼，千禧年转而成了迎接新千年到来的喜庆之年，迈向正义、和平、仁爱常存和永生的希望之年。[39]在西方文化中，以千禧年为主题的纪念性活动与狂欢有着深刻的历史与文化渊源，也是喜庆的节日与庆典。

3. 战争结束纪念

关于战争结束的仪式及其周年纪念，大概除了战争狂人，人们总是会为战争的结束而欢呼的，并且使之成为一个值得庆贺的节日，[40]于是也呈现出了狂欢的特性。

如 1945 年时苏联统帅斯大林曾为纪念伟大的卫国战争中对德国的胜利，在莫斯科红场举行由各部队参与的胜利大阅兵。[41]其中重要的仪式为倒持所缴获的德国等国家的军旗等，象征着苏联的胜利和侵略者的失败，这一方式曾一度流行于古罗马军团。[42]战争胜利庆典仪式还包括扔抛与焚烧等，倒持德军旗成为阅兵的最高潮，前线英雄将缴获的战败国军旗扔到列宁墓台座下的专用板架上，为的是不让象征败与耻的法西斯军旗玷污红场。首先被扔的是希特勒的元帅旗，这些旗子被集中起来送往博物馆，而专用板架连带旗手们的手套均被付之一炬，象征着对法西斯病原体的消毒。[43]这样的倒持、焚烧等所构成的庆典仪式反映了战争胜利庆典仪式的颠覆性狂欢精神，犹如巴赫金所说的，在狂欢节中“把旧权力、旧真理变成了狂欢化的谢肉节草人、滑稽怪物，被人民欢笑着撕碎在广场上”[44]的情景和狂欢精神，在表现形式、气氛、情绪和寓意等方面都是相通的。

三、广场上的“狂欢”

快乐的狂欢纪念性庆典活动主要发生在广场上，广场也可以说是激发狂欢感的场所。广场上的狂欢活动通常都是全民性的，狂欢节演出的基本舞台是广场和邻近的街道，因为狂欢节就本质意义来说是无所不包的所有人都需要加入的亲昵的交际活动，广场也就是全民性的象征，[45]而狂欢感的全民性以及这样的全民性的感受，并不是主观的个体感受，也不是对生命连续性的生理感受，根本而言，是一种社会存在感的身份认同。[46]这样的全民性体现在广场上狂欢的人与人之间的关系状态中，在狂欢节的广场上，暂时取消了人与人之间的一切等级差别和隔阂，这时，人们之间没有任何距离，不拘形迹地在广场上自由地接触。[47]

此外，狂欢广场中的全民性还突出地体现在消解参与和旁观的差异性上，这短暂的时间里没有舞台，也没有参与者与观众的分别，人人都是平等的参与者，[48]人们可以沉浸于亲昵、插科打诨、俯就、粗鄙等狂欢状态及感受中。狂欢中的人与人之间平等、自由、快乐的关系与状态充分表现了狂欢精神，这时，人与人之间没有等级、没有秩序、没有高与低、没有贵与贱，这与非狂欢的现实生活中人与人之间不平等、不自由的关系与状态形成了颠覆性的反差，而平等与自由既是狂欢广场的深层意义，也是狂欢精神的核心内容，更是狂欢感的根本来源。

为满足对狂欢的需求，建筑理论家亚历山大认为应该至少划出比如商业区的一部分，作为最狂热的街头活动也就是狂欢节的活动场地，[49]并生动地描述过狂欢节的景象：“狂欢节上有惹人拍手叫绝的杂耍、马上比武、精彩演出、商品展销、体育竞赛、音乐舞蹈、露天剧场，还有形形色色的小丑和易装癖者，一连串的表达内心欣喜若狂的任意举动……在散步场所的一端设一露天剧场：也许把露天剧场的舞台直接和举行狂欢节的街道连接沟通，这样就可以使两股人流涌入涌出，川流不息。”[50]亚历山大所说的用于狂欢的城镇空地主要指城镇广场，有的广场专为狂欢节而设，为了狂欢行为的自由以及狂欢的全民性，狂欢广场主要强调的是流动性、开放性、公共性等空间特征，阿尔瓦罗·西扎设计的里斯本世博会葡萄牙馆，同时也作为世博会的仪式性空间，举行诸如开幕式等活动，虽然并不是纪念性场所，但却通过凝练的建筑语言体现了狂欢广场的全民性特征，主要包括并没有在展区中凸显自身无上的地位、具有开放性广场性质的场馆空间，无等级性并置关系的柱廊与无等级性差异的出入空间乃至其中自由的行为等，体现出了开放、无等级、亲近、自由等“狂欢”特性，契合了世博会带有游乐性质的“欢乐”主题（图 5-4）。此外，澳大利亚联邦广场也可

图 5-4 里斯本世博会葡萄牙馆的城市公共广场性质
（来源：2008 年 9 月摄于里斯本，严广超先生提供）

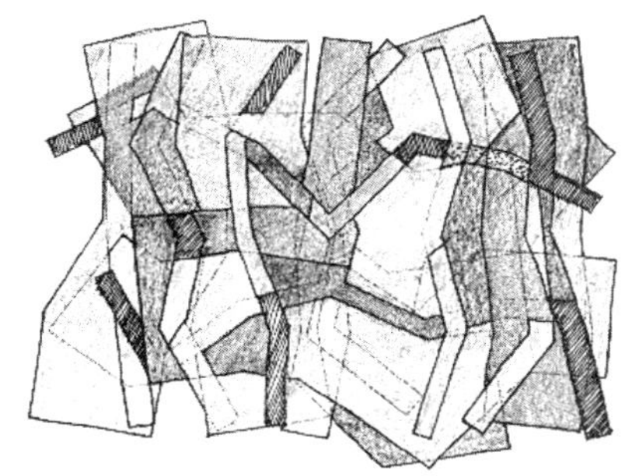

图 5-5 舞蹈般欢动的澳大利亚联邦广场
（来源：Kolarevic Brank,Manufacturing Material Effects: Rethinking Design and Making in Architecture, New York: Routledge, 1988: 161, 162.）

图 5-6 舞蹈般欢动的澳大利亚联邦广场
（来源：Kolarevic Brank, Manufacturing Material Effects: Rethinking Design and Making in Architecture, New York: Routledge, 1988: 161, 162.）

以说是具有舞蹈般动感欢动形态的空间感的动感狂欢场所（图 5-5、图 5-6）。

作为纪念性广场，大连建市百年纪念碑的纪念寓意虽然与西方狂欢论的内容有着较大差异，但是对平等、自由、快乐的精神与情感的强调却有相似之处。纪念碑没有采用常见的体现时间的凝滞、永恒及形体的沉重、巨大的纪念性形态模式，而是采用了强调开放性、全民性的“广场”与强调历程、发展的“道路”的形式。纪念碑没有采用垂直向度的形式而是强调水平感。设计者将生活在大连、为大连的发展作出贡献的人们的脚印印在广场上，形成了一条通向大海的道路，无论留下脚印的人们具有怎样的身份、地位，设计时并没有对“脚印”作出等级性的秩序表达，而是表现为并置，在脚印的尽端——陆地与大海交汇处设置了正在海边嬉戏的两个孩童的铜像，而非英雄的巨像，以象征明天与希望等，无论表情还是形态，都不是一般意义上的纪念性铜像模式。大连建市百年纪念碑的“广场”、“道路”形态，展现出了自由而非拘谨、欢笑而非严肃、轻快而非沉重、发展而非凝滞的纪念氛围，不仅纪念光荣与辛劳的历史，更是憧憬着美好的未来，体现着一种平等、自由、快乐、发展的精神与情感（图 5-7），即使后来实际设置了围栏，但是这样的设计意图可以说具有一定的突破性。在重要节日庆典，人们常借助现代科技手段给悉尼歌剧院投射绚烂动感的光影，以烘托节庆的狂欢气氛（图 5-8）。我国的“狂欢节”如苏州的庆祝传说中八仙之一的吕洞宾的“轧神仙”狂欢活动，一般是在古城神仙庙以及周围热闹的街市等开放空间举行（图 5-9、图 5-10）。

图 5-7 大连建市百年纪念碑中人与碑的关系
（来源：http://henan.sina.com.cn/smx/tourism/2014-04-23/17176369.html）

图 5-8 悉尼歌剧院节庆狂欢影像
（来源：D+A [J]，2015（01）：24.）

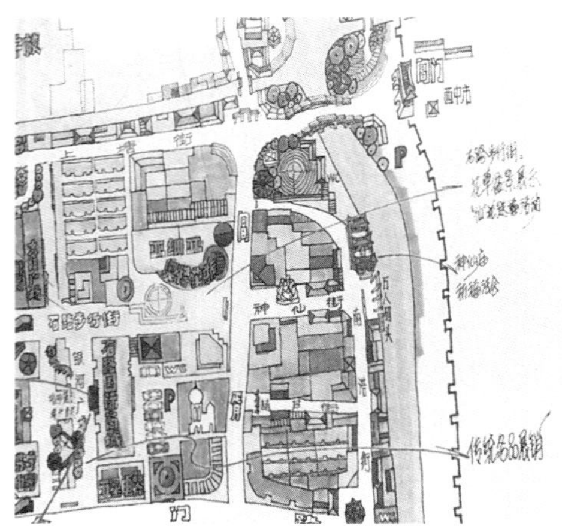

图 5-9 苏州“轧神仙”狂欢活动地图局部
（来源：2016 年 5 月自摄于苏州）

图 5-10 苏州“轧神仙”狂欢活动场地及灯饰
（来源：2016 年 5 月自摄于苏州）

这些“广场”上的狂欢活动并不都具有巴氏“狂欢”的轻松快乐，人们的活动是相对自由而非静默、拘谨的，人与纪念物的关系不再强调距离，而是强调可以轻松接触，这些都在表达一种自由、乐观、快乐的情绪以及一种集体的认同感、参与感、归属感等，这些自由、轻松的状态丝毫不会减少其中蕴涵的奋进精神与力量，体现的是具有普遍意义的追求理想生活状态的意识，激发着人们追求、维护、延续平等、自由、快乐的理想生活的狂欢式精神与力量。

四、基于“重生力量”的狂欢感形态设计思路

在西方文化中，狂欢感来源于颠覆精神、重生力量，也就是为了所追求的“自由”、“平等”，以“喜剧”的方式抵抗不合理的旧的社会制度、等级制度的过程中所表现出来的这种精神和力量，和崇高有相通之处，但是在抗争形式上是喜剧式的，而不是正剧式的或悲剧式的。可以说，崇高的本质更在于其中的精神特质，正是基于这样的认识，狂欢感的纪念性建筑感性形态设计，除了已经被普遍采用的模式化方式以外，最根本性的或者说本质的设计思路就是表达这一喜剧式地、欢乐地颠倒“现实”的力量，表达这一力量的本身、表达这一力量的作用状态、表达这一力量作用的结果等。下文将阐述表达狂欢化变革传统的狂欢感感性形态，在整体层面的“怪诞”、结构层面的“欢动”以及表征层面的“绚烂”光色这三方面内容。

第二节 “怪诞”

怪诞论说是狂欢精神表现的重要形式论，怪诞论本身比较复杂，其理论地位及其主要内容的阐述都存在着一定的争议，相关经典论说有凯泽尔的怪诞恐惧说、黑格尔的怪诞论以及巴赫金的怪诞狂欢说等，这里从狂欢感的视角，研究相关纪念性建筑“怪诞”感形态的设计思路问题。

一、“怪诞”的内涵

对于作为重要美学范畴的“怪诞”概念的实质性认识，可以说一直没有比较一致的看法，而且长期处于受轻视乃至被歧视的学术地位。巴赫金认为怪诞的形象观念类型，即形象塑造的方法，不仅渊源古老，而且即使在古典文化盛期，作为一种特殊文化类型，也未被消亡，只是被排除在官方正统艺术之外，在被视为低俗、不合标准的某些艺术领域中存在和发展，由于古希腊、古罗马的美学和艺术学思想是沿着古典传统的轨迹发展的，因此怪诞既没有固定术语，也没有得到理论上的承认和思考。[51] 巴赫金指出，怪诞这一术语是在文艺复兴时期出现的，最初仅取其狭义，到 15 世纪末，在古罗马时期的绘画装饰图案中出现过，那时怪诞形态的特点是植物、动物和人的形体的奇异、荒诞和自由的组合变化，打破了基于自然规律的各类事物之间的界限。[52]

怪诞论研究的重要人物凯泽尔认为怪诞是一种赋予并表现世界恶魔般的品质，然后加以克服的尝试，这层意思反映出怪诞形式的精神实质和崇高精神是相通的。也就是说，“怪诞”所创造的异化世界使人恐惧，但这恐怖是通过滑稽的手法赋予怪诞形象的，于是也就消除了恐惧，[53] 于是怪诞在形态特征上主要是滑稽与丑怪，在感受上主要是可笑与恐怖，凯氏怪诞论强调的是丑怪与恐怖这一面。

尽管凯泽尔式的怪诞论较有影响力，但巴赫金却几乎全然不认同凯泽尔的观点，认为凯泽尔的怪诞世界总是而且只是阴暗、恐怖和令人恐惧的，并提出了与凯泽尔的怪诞恐惧说针锋相对的怪诞狂欢说，认为怪诞风格充满了狂欢节的世界感受：“它使世界摆脱一切可怕的和吓人的东西，把世界变为一个毫不可怕，因而也是一个极欢快和光明的世界，只有在毫不可怕的世界中，才可能有怪诞风格所固有的那种极端自由”，[54] 并援引相关学者对怪诞风格的界定，提出：“艺术中的怪诞风格化远为近，把相互排斥的东西组合在一起，打破习惯观念，近似于逻辑学中的悖论。乍一看去，怪诞风格只不过是奇思妙想，滑稽可笑，然而，它却蕴涵着巨大的能量。”[55] 巴赫金认为怪诞是对现存世界的一切严肃性即一切带有完成性、极端性、真理性、权威性的世界现存制度、秩序与形式的颠覆与重构，而艺术领域的怪诞风格及怪诞形象源自于狂欢节及其表现形式。怪诞风格区别于古典主义的和谐、优美等美学范式所体现出的静态、完成、永恒、美满等状态，对此，巴赫金指出：“真正的怪诞风格从来不是静止的：它恰恰力求在自己的形象中囊括的正是存在的形成、生长和永恒的未完成性、非现成性；因为它在自己的形象中表现着形成过程的两极：同时表现着消逝和新兴、垂死和诞生，它在一个人身上表现两个身体，即新的生命细胞的繁殖和分裂。”[56]

概言之，所谓“怪诞”指的是对旧的权威性的等级秩序、传统惯例、传统规则、传统观念等的背离、颠覆与重构，怪诞是狂欢的重要形式，二者在精神层面是相通的。

二、“怪诞”形态的狂欢感

关于怪诞的情感论，凯泽尔强调恐惧说，而侧重于怪诞狂欢说的巴赫金的怪诞情感论更加复杂。首先，凯泽尔认为怪诞使人感觉恐惧但又生滑稽，而滑稽又会减弱乃至消解恐惧，怪诞创造的异化世界使人们感到恐惧，但由于它以滑稽的手法塑造形态，从而消除了恐惧。[57] 我们可以这样理解：怪诞所创造的异化世界使人们感到恐惧，但往往并不是一本正经地、严肃地表现怪异与恐怖，而是带着一种滑稽的、喜剧性的面具，在观众的反应上，怪诞是一种带着苦涩笑的恐怖。虽然也强调怪诞中的滑稽因素的作用和不可缺乏的影响，但是他更强调怪诞的恐怖面，对凯泽尔来说，没有恐怖则没有怪诞（图 5-11）。[58] 这些阐述明确地指出了怪诞所激起是一种带着苦涩笑的恐怖的复杂情感，也指出了凯泽尔怪诞说的一定的局限性。

巴赫金并不认为怪诞形态中只有凯泽尔式的丑怪、恐怖、苦涩，如古罗马的怪诞图案能让人感觉到艺术想象力的自由和轻灵，而且这是能够使人感到快活的，几乎是嬉笑的随心所欲，[59] 他反复强调的是怪诞中狂欢、快乐的情感因素，认为构成怪诞的因素及形态具有全民性、节庆性乃至乌托邦性，[60] 即欢快的和节庆的，而不是日常生活的性质，并认为构成怪诞的因素除了是节庆的，还有宴饮的、欢乐的，也就是普天同庆。[61] 怪诞的风格揭示的完全是另一个世界、另一种世界秩序、另一种生活制度的可能性，怪诞总是充满着欢乐的，[62] 而且怪诞的欢乐感具有可笑的和欢乐的双重性：一方面，整个世界看起来都是可笑的，都可以从笑的视角，从它可笑的相对性方面来感受和理解；而这种笑也是双重的，它既是欢乐的、兴奋的，同时又是讥笑的、冷嘲热讽的，它既否定又肯定，既毁灭又再生。[63] 这不仅是对作为一种艺术形态的"怪诞"的认识，更是对世界的双重性的认识，世界与生活不只是严肃的、恐惧的，更是快乐的、兴奋的。巴赫金的怪诞说源自民间性狂欢广场上的狂欢节形态，所呈现的情感基调相对更偏向于欢快、喜庆的狂欢情绪，而这样的怪诞狂欢所呈现的是一个颠覆传统等级性世界的、具有全民性的、充满狂欢感的狂欢世界，怪诞蕴涵着深刻的双重性、颠覆性的狂欢精神，如常州恐龙园狂欢式的花车游行就体现出了这一内涵（图 5-12），而基于狂欢感视角的"怪诞"纪念性建筑形态也正是这种狂欢精神的表现。

图 5-11　凯泽尔式的恐怖式怪诞形态
（来源：http://my.hxsd.com/sc/view/OyhFJR.html）

图 5-12　快乐的狂欢式"怪诞"形象
（来源：2016 年 5 月自摄于常州恐龙园）

三、"怪诞"形态的生成

作为一种审美形态，"怪诞"有其形态设计的基本规则，本节主要涉及黑格尔、凯泽尔及巴赫金的怪诞形态说，作为狂欢视角的"怪诞感"纪念性建筑形态设计思路问题的理论参照。

1. 黑格尔的怪诞形式论

巴赫金曾简明概括过黑格尔的怪诞形式论，认为黑格尔主要是根据印度古风时期的作品，提出了怪诞风格的三个特征，包括取自自然中不同物种的某方面的混合、夸张其中的无限性和某些器官的大量增殖，如某些宗教中多手多足的佛像，并指出黑格尔没有看到诙谐因素在怪诞风格中的结构性作用，也没有顾及它与喜剧因素的联系。[64] 国内学者刘法民、宋雄华先生对此有过相似的较详尽的阐述，认为尽管黑格尔并不太赞扬怪诞风格，也没有直接提到怪诞中滑稽可笑的一面，但是把黑格尔的相关论说看作是对怪诞的各种构成方式的概括，基本符合怪诞的实际情况。[65] 黑格尔对符合怪诞特征的艺术表现的阐述，散见于《美学》第二卷“不自觉的象征”以及“浪漫型艺术”等章节中，涉及古埃及、印度、伊斯兰等东方艺术中的怪诞，并将怪诞形态的结构方式分为三类，包括不同领域事物不合理地融合、极端和扭曲、不自然的，[66] 其怪诞形式论概括为“异质”、“变异”、“夸张”、“增殖”。

“异质”即不同类属的原型事物成分根据想象、意愿等重构为新的整体从而生成怪诞形态，即不同领域事物不合理地融合，或者说把自然的成分与人的成分相混合，使每一部分都不适当，而且使两者都显得残缺，[67] 典型的形象如古埃及的斯芬克司狮身人面像。

“变异”即将原型事物的性质变异，是指将原型事物本原的自然属性变异为另一属性，从而生成怪诞形态，如把植物形状歪曲成为动物形状等违反自然规律的怪诞形态。

“夸张”指将事物原型的某方面性质进行夸张，主要是夸大乃至极端夸大，从而生成怪诞形态。[68] 在阐述幻想的象征时，黑格尔提到了过分与扭曲的表现，如早期印度人为了表达他们抽象的宇宙观，把感观的形式加以夸张，使之变得十分巨大和扭曲，从而呈现出怪诞。

“增殖”即将同一功能事物、器官等大量增殖，重构成为新形态，反自然地把形式复杂化，将自然的某一种成分或作用进行重复和增多，如千手千眼佛像，反自然地增殖了大量的头、手[69]、眼等。

黑格尔阐述了怪诞最基本的几类构成方式，其实质都是对现实世界中各种规律、逻辑、法则、公理、常情的一种背离，[70] 而对“异质”、“变异”、“夸大”、“增殖”等规则所生成的怪诞效果，黑格尔最常采用的评价是“不自然”、“过分”、“扭曲”等贬义词，这些评价的尺度很大程度上是西方经典的和谐美学标准，而东方的怪诞形态明显背离了这一标准。黑格尔也解释了不自然的怪诞的复杂意图，包括表现无限力量、营造神圣等。

2. 凯泽尔的怪诞形式论

凯泽尔的怪诞形态生成规则的阐述更加简明，主要包括不兼容领域的互相混合、静力规律的废除、本体的丧失、对“自然”现状的扭曲、种属差异的消失、对人格以及对历史秩序的破碎等。[71]

其一，不兼容领域的互相混合主要指怪诞形态中异质事物的重组，如人与兽的结合所形成的怪诞形态，类似于“异质”。其二，静力规律的废除主要指违反静力规律，如空中飞翔的人等违反地心引力的反常、怪诞的形态，类似于“变异”。其三，本体丧失是指自然规则下生成形态的整体性质的丧失，如分解身体重新组合无法再具有身体原本的整体面貌与性质，重新组合的形态已经与原型大相径庭。其四，对“自然”现状的扭曲：对自然规则下生成形态的变形扭曲，如身体、脸的变形等，类似“夸张”。其五，种属差异的消失，与“不兼容领域的互相混合”相似，表现为自然规则下类属划分的边界与秩序的模糊、混乱。其六，对人格的破坏和对历史秩序的破碎，后者如违反时空规律的颠覆逆向等。在这样的规则下，怪诞形态的特征正如凯泽尔所说，夸张、夸张主义、过分性和过度性，一般是怪诞风格最主要特征。[72]

3. 巴赫金的怪诞形式论

巴赫金的怪诞形式论相对比较庞杂、分散、艰涩，本书基于怪诞是对现实世界中各种自然与社会的规律、逻辑、法则、公理、常情等秩序的背离，来理解巴赫金所指的体现了死亡与再生、交替与更新的狂欢精神，表达狂欢式的世界感受的怪诞论，而关于怪诞形态的基本生成规则，主要关注其中关键性的“降格”和“异质”这两方面内容。

“降格”指把一切高级的、精神性的、理想的和抽象的东西转移到整体不可分割的物质、肉体、大地和身体层面。[73] 从本质上理解，“降格”包括降低、降落、下降、贬低等，主要指世俗化。[74] 所谓世俗化，主要是指对崇高的东西的降格和贬低，[75] 具体表现为把崇高的精神层面的礼仪和仪式下移到物质与肉体的层面，对崇高的仪式“作了很多贬低化和世俗化的处理”。[76]

关于“异质”方面，巴赫金描述过这样异质的怪诞身体形态，如狮头、羊身、蛇尾的妖怪，生有漂亮面孔、长足、蛇尾的女妖或更丑陋的动物，这是崇高、精巧的道义与下流、堕落的荒谬绝伦的相互交错。[77] 其中狮头、羊身、蛇尾的妖怪及人面、长足、蛇尾的女妖等都是典型的异质怪诞形态。根据前文的分析，异质即由不同性质、本质或者根本无关的不同类属事物的组合、复制、嫁接、片段、重合及某一形态特征的夸张、变形、扭曲形成怪诞的方式。我国文化中也有类似方式，如早期神话中人首蛇身的女娲形象，这样的异质怪诞形态违反了自然规律，常常将植物、人、动物等几类不同性质的事物重组为新的形态。创造怪诞形态的目的包括夸张地表现特定的功能，夸张地表现某种能力、愿望、情感等，通过异质所产生的是无理性、不和谐、否定性、荒诞、恐惧、滑稽乃至欢乐等复杂感受，异质方式表现出了自由的创造力，也是各类怪诞形式论相对突出的共性。狭义地说，怪诞即“异质”。

巴赫金所阐述的“降格”说属于“滑稽戏仿”的狂欢化形式生成逻辑的一种方式，而滑稽戏仿即“戏仿”，或称戏拟，是指戏谑性模仿或滑稽性模仿，可以理解为对被戏仿的原型进行戏仿以形成戏仿形态。戏仿问题比较复杂，而且也与后现代思潮关系密切，如在《英美后现代主义小说叙述结构研究》中将戏仿的表现形式分为四类，可作为戏仿形式生成的四类基本逻辑：一是模仿，二是颠覆或改造，三是借用，四是拼贴和拼凑。[78]

模仿并非简单地、一成不变地复制，而是一种兼具模仿性与戏谑滑稽性的表达技巧；颠覆是指在模仿的基础上所进行的颠覆，如在被模仿的原型的形式基础上颠覆其原有内容，或者颠覆性地改造原型的形式、风格、题材等；借用相当于移植，即将被借用的原型或其要素直接移植到戏仿形态中，也是戏仿中常见的简易、有效的方式；拼贴与拼凑不仅仅是对经过碎片化后的原型进行拼贴、重构、拼凑，原型并不局限于文本形态，也包括图像等形态。

从价值秩序的改变视角而言，戏仿包括升格、降格这两类。升格主要指将社会价值判断标准下较低的、次要的、普通的、低贱的身份、等级、规则、事物的价值抬升或拔高；与此相反是降格，是指将较高的、重要的、庄重的、高贵的身份、等级、规则、事物的价值降低或贬低。升格指原本相对“卑贱”的对象升级为“尊贵”的状态，而降格指原本“尊贵”的对象下降为相对“卑贱”的状态。

巴赫金认为真正的怪诞风格是动态的，是存在的形成、生长和永恒的未完成性、非现成性，因此，它在自己的形象中表现着现成过程的两极，同时表现着消逝和新兴、垂死和诞生。[79] 怪诞形象所表现的是处于死亡和诞生、成长与现成阶段，处于变化的、尚未完成的变形状态的形象特征。对时间、对现成的态度是怪诞形象必然的、确定的、起决定作用的特征。它的另一个与此相关的必然特征是双重性：怪诞形象以这种或那种形式体现或显示变化的两极，即旧与新、垂死与新生、变形的始与末。[80] 怪诞形象往往呈现的是“变化”、“未完成”等状态而非凝固、完成的状态。

巴赫金关于怪诞美学的重要贡献还在于研究了怪诞的美学标准与古典美学标准之间的关系，并着力强调怪诞美学的独立性。巴赫金也不赞同维克多·雨果的看法，即认为怪诞美学在很大程度上是丑的美学，雨果淡化了怪诞风格的独立意义，把它称为显示崇高的对比手段，认为怪诞和崇高相互补充、达到统一，才能创造出纯古典风格没能达到的真正的美。[81] 对此，巴赫金认为怪诞美学的标准是一个整体，它并不从属于古典主义美学对美和崇高的要求，[82] 有其自身独特的逻辑。从艺术上说，古典标准是可以理解的，在一定程度上也仍在依此行事；而面对怪诞的标准，却早已不再理解或曲解，不容许用近代标准的精神去解释怪诞，把它看成是对近代标准的偏离，而必须用怪诞标准自己的尺度来衡量。[83] 近代标准大致包括整一、和谐、秩序、等级等“美的”美学内容，怪诞的美学形态规则可理解为是对代表传统、官方、权威的“美的”美学等经典美学形态规则包括审美标准在各个属性或某些属性上的背离、颠覆、重构，从而呈现出平等、世俗、片段、运动、变化、未完成等怪诞形态表达，故而相对于权威美学理念而言是“怪诞”的，并非简单地等于一般而言的怪异，且怪诞美学应该有其相对独立的地位。

怪诞形态的生成规则与表现较复杂，不同学者从不同视角对此进行了研究，“怪诞是对现实世界中各种规律、逻辑、法则、公理、常情的一种背离”，可以作为对怪诞形态设计的根本逻辑思路的概括，怪诞形态设计的基本规则包括异质、变异、增殖、扭曲、夸张、分解、降格、升格等方式。

四、“怪诞”的狂欢感纪念性建筑形态

怪诞的形式生成规则在狂欢感的纪念性建筑形态中有着较突出的表现，尤其是经典建筑要素的异质拼贴、夸张、变形、升格、降格等方式，这里主要以查尔斯·穆尔设计的美国新奥尔良市意大利广场为例进行分析，此外还涉及表现狂欢精神及狂欢感的作品，如 21 世纪芝加哥千禧公园等。

建成于 1978 年的意大利喷泉广场是一座纪念性建筑，[84] 或者说一座纪念性广场，主要是为了纪念美国意大利人社团的成就，并且成了意大利人聚会和庆祝节日的地方，他们聚集在广场上庆祝圣约瑟夫节和国庆节，[85] 其中圣约瑟夫节是一种带有狂欢性质的宗教节日。马国馨先生也提到，新奥尔良的意大利裔居民为怀念祖国，表现民族的凝聚力而建了一座举行庆典的广场。[86]

从意大利广场的形态表现来看，也是狂欢的纪念性广场，相关评论曾说，伟大的建筑能够唤起赞美、崇敬、谦恭、敬畏和诸如此类的庄严情感，但是很难使观众充满快乐、浪漫、温暖、高兴和爱的感觉，意大利广场就是难得的例外。[87] 可见广场的情感基调就是快乐的：“将意大利广场的幽默感看成是人类的价值与经验的反映。他将该作品理解为快乐的表现。”[88] 与传统的尤其是崇高纪念性建筑不同的是意大利后裔在这座广场上进行的庆典，基本就属于巴赫金所研究的“狂欢节”庆典范畴。意大利广场是一座比较“标准”的也是罕见的表达狂欢精神的纪念性建筑。

当以“狂欢”作为意大利广场的价值与情感诉求的代名词时，那么所谓“造了国际式的反”[89] 的意大利广场的形态就并不是那么肆意妄为，也并不低俗了。有评论说：“该纪念性建筑是美国

建筑史上最重要的城市广场之一……虽然一位来访者开始可能会把意大利广场的滑稽装饰理解为对古典主义的庸俗糟蹋，然后该来访者必然会认识到：建筑师并不是在嘲弄古典法式。”[90] 更确切地说，他们是以研究其各部分作用的方法，来高高兴兴地采用古典传统来体现广场中相关纪念性活动所展现出的意大利文化中的狂欢精神。有人批评广场“怪异”、“庸俗”、“滑稽”等，甚至认为穆尔打算拙劣模仿的不仅是美国人的迪士尼游乐园精神，而且还有建筑和艺术本身的严肃的东西，认为这是建筑师一系列的玩闹，像是后现代主义的一出滑稽戏，并讽刺穆尔可以自评为当今建筑界的滑稽大师或大丑角[91] 等，而事实恰恰相反，这类“滑稽”感受恰好体现了表现狂欢精神的怪诞形态的感性特征，也从反面佐证了意大利广场的狂欢化形态，成功地表现出了适合狂欢节庆的狂欢精神及狂欢感。

怪诞形象完全不同于那些现成的、完成性的存在形象，而是双重性的和矛盾的，从任何把世界看作是现成的和完成的“古典”美学的视角来看，怪诞形象都是畸形的、怪异的和丑陋的，[92] 由此也可见怪诞狂欢感形态所具有的内涵，与后现代精神所强调的复杂性、矛盾性等有着内在的一致性。意大利广场的形态特征，突出地表现为对经典的建筑美学规则或建筑元素的背离、颠覆、重构等，从而体现出未完成性、片段性、复杂性等怪诞的形态。穆尔把代表意大利传统经典文化的各种形象与元素，尤其是经典建筑通过近乎随心所欲的世俗化、狂欢化的怪诞方式进行处理和重构，如分解、片段、变形、弯曲、置换、拼贴、并置等，由此生成了新的形态，这类做法也是后现代主义建筑典型的手法，而从情感与精神根源即狂欢感与狂欢精神的视角来讲，这样的形态设计规则可归入狂欢式怪诞形态的生成规则中。在意大利广场中，具有民族性的意大利主题如特莱维喷泉、哈德良别墅、辛克尔通道等诸多原型并没有被严肃地再现，而是被狂欢化了，即对这些意大利的“民族形式”进行了整体性的重构，以类似舞台布景的方式展示古典建筑，形成了意大利广场狂欢式的怪诞乃至滑稽的形态（图 5–13）。

意大利广场表现狂欢的“怪诞”形态主要体现在对相关原型的“狂欢化”处理方面。广场的形态主要由诸多原型构成：“根据意大利侨民社区的侨民渴望有一个反映他们民族特色的社区广场的心理需要，用一些象征意大利的建筑符号组合而成的。它使侨民们身临其中滋生一种‘侨民千里外，他乡遇故知’的认同感受和民族凝聚力，同侨民的心灵产生直接对话，达到一种亲和效果。以往人们记忆中的建筑历史符号，如特莱维喷泉、哈德良别墅和辛克尔通道等都在这里被刻意地模仿、诠释。在广场中城市人群所有的记忆点全部被激起后，广场整体的感觉是轻松幽默而有亲和力。”[93] 这些原型及其构成元素，尤其是柱式，在这里被狂欢化了，这些怪诞方式如将原本并不在一处、原本具有整体性的各类原型取其片段，组合与拼贴，而且整体形态往往具有不对称性，并对原本直线形的柱廊进行变形而成为弧形，采用不锈钢这样一种可以说代表当代工业化的材料置换了部分柱式中的柱身、柱头、柱础原本“高贵”而统一的石质材质，部分柱础通过置换材质形成了类似剖面的特殊效果（图 5–14、图 5–15），诚如马国馨先生所描述的：“在意大利半岛的周围，由六段墙壁形成一个弧形的廊子，由古典柱式组成。最前列横跨半岛的是塔司干式，左面并排是不锈钢柱列的多立克式，此后由右至左为不锈钢柱头的爱奥尼、柯林斯和混合式。在各柱式的上面，喷泉采取各种方式和手法，沿着不锈钢柱流下，或从小孔中喷出……最后面的一段集中了五种传统古典柱式要素。”[94] 此外，“多立克壁上圆券的两边是圆盘饰，盘里是查尔斯・穆尔的头像，他面带微笑，口中吐水，那是同事们对他的特殊敬意。”[95] 柱廊上的喷水口用穆尔笑脸像置换了通常作为喷水口雕塑的神兽，如狮、神话人物等，取得了近乎滑稽幽默又具有敬意的效果（图 5–16）。意大利

图 5-13　拼贴集仿的意大利广场
（来源：孙成仁．城市景观设计[M]．哈尔滨：黑龙江科学技术出版社，1999：181．）

图 5-14　意大利广场柱身与柱础材质的狂欢式表现
（来源：http://liptontea.bokee.com/987338.html）

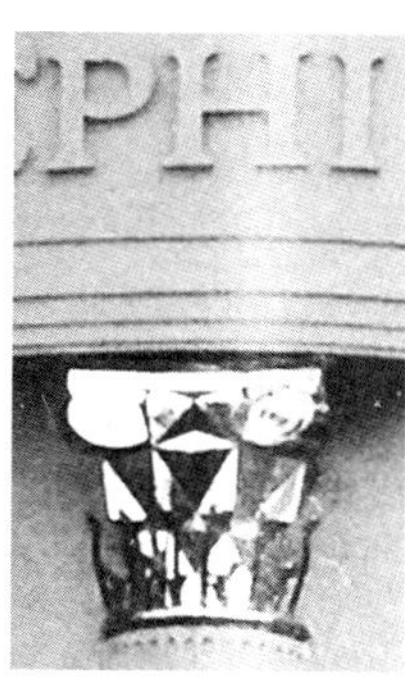

图 5-15　意大利广场柱头材质的狂欢式表现
（来源：Landscape Architecture [J]. 2004（06）：106．）

图 5-16　意大利广场喷水口狂欢式表现：“穆尔”的笑脸
（来源：Landscape Architecture [J]. 2004（06）：104．）

广场中这些近乎游戏般的自由拼贴组合的形态设计方式，可以说呈现出人们的狂欢精神。

在此须概略分析一下怪诞式狂欢与后现代主义相关内容的深层关系，西方学者哈桑曾借鉴巴赫金的相关阐述指出，后现代主义“既囊括了不确定性、片断性、非原则化、无我性、反讽、种类混杂等特点，又揭示了后现代主义戏剧式的甚至荒诞的精神气质。狂欢具有一种强有力的感染作用。狂欢消除了各种差距和界限，狂欢使所有的参与者既是演员又是观众。狂欢使人们产生自己就是世界的真正主人或主宰的幻觉……在游戏中，在迷狂中，在癫狂中，在对传统理性的反叛中，狂欢吞没了一切，重构了一切，同化了一切。”[96] 狂欢精神及其狂欢化怪诞美学打破了传统既有的具有等级性、专制性、权威性的秩序关系，而与后现代精神及其美学具有了深刻的融会相通之处。意大利广场的设计，由于所处的时代——20 世纪七八十年代的时代背景，不可否认和后现代思潮有密切关系，但更与意大利乃至欧洲延续千年的狂欢文化及其狂欢精神有着密切的关系，正是狂欢的情感、自由狂欢的行为等使得意大利广场呈现出公共性与开放性的姿态，契合着狂欢的行为、心理、情感与精神。

21 世纪芝加哥千禧公园的主题及形态表现，也都呈现出鲜明的狂欢式纪念性的特点。首先，公园具有纪念性，可能并不是严格意义上的纪念性建筑，但从建造与设计的意图来看，不可避免地带有纪念性，设置的意义对于相关民众而言，犹如北京中华世纪坛对于我们的意义，都是以千禧年为契机而设置的进行千年纪念庆典的场所。其次，公园具有狂欢性，西方文化背景下，尤其是宗教意义上，千禧年原指恐怖的世界末日，后被某种强大的观念力量，尤其是宗教权威重新界定，转为一种快乐乃至近乎狂欢的节庆，或许是相对于消极末世论而言，天性中积极乐观的一面成为主导因素，千禧年的庆典是快乐的，乃至具有狂欢性，也很难说千禧年庆典就不是纪念性的。其三，公园具有狂欢化形态，主要建筑与场景形态的特征比较符合表现狂欢的“怪诞”形态特征，如“云门”中所呈现出的诸如夸张、变形等“怪诞”狂欢形态，人们在云门下身体经曲面镜发生变形，呈现犹如“哈哈镜”般滑稽怪诞的喜剧效果，可以说是典型的狂欢式怪诞形态（图 5-17、图 5-18），又如“皇冠喷泉”采用了被“升格”亦“降格”的笑脸巨像，巨像形态的呈现不仅通过现代媒介手段实现，而且巨像所呈现的不是严肃相貌的英雄权贵，而是轮替展示的普通芝加哥市民们的张张巨大的笑脸（图 5-19）。

图 5–17 芝加哥千禧公园“云门”的哈哈镜效果
（来源：http://www.abbs.com.cn/bbs/post/view?bid=16&id=336794408&sty=1&tpg=1&ppg=1&age=0#336794408）

图 5–18 “云门”中被“扭曲”的城市景观形态
（来源：王艳青先生 2013 年 12 月摄于芝加哥）

图 5–19 千禧公园中被“升格”，亦被“降格”的市民巨脸
（来源：http://www.abbs.com.cn/bbs/post/view?bid=16&id=336794408&sty=1&tpg=1&ppg=4&age=0#33679440808）

第三节 “欢动”

一、“欢动”的内涵

在为狂欢感形态确定比较合适的结构性的感性形态的措辞时，原本选择“律动”一词来指代，一般而言，律动是指有规律地行动、有节奏地跳动等动态状态，并不能涵盖狂欢化活动场景的比较复杂的狂欢式世界感受的四个范畴即亲昵、插科打诨、俯就和粗鄙等动感行为特征，也难以清晰地表达狂欢精神的颠覆性。经过近百个与“动”相关的词组的选择比较，选用“欢动”来表达，一方面可以突出狂欢的较大幅度的动作、动态与动感这一显著特征，另一方面也能比较直白地涵盖狂欢的氛围和内涵，而且易于和动感形态联系起来。欢动一词也就是欢腾的意思，未见于《辞海》，而是取自明代高启《书博鸡者事》中“袁人相聚从观，欢动一城”一句，表达的嬉戏热闹场景也和狂欢节的场景异曲同工。“欢动”在概念、在内涵上强调的是欢快并具备了的画面感，而且强调复杂的动态，而不仅仅是节律性的动态，前者如巴赫金所言，狂欢节的形式和象征是一种特殊语言，是与一切现成的、完成性的、不可动摇性的、永恒性的东西相敌对的，它所呈现的是变易、无常、不定、动态的形式。

欢动的动态感尤其指客体或主体节律性的动态状态。动态主要有两种基本状态：其一来自动感，其二来自运动。动感是指人的心理对运动的主观感受，如阿恩海姆所说的不动之动，[97] 在本书语境下，欢动主要包括两种基本状态：其一指狂欢纪念中的主体即人的欢快运动状态，如处于狂欢仪式性的舞蹈中的状态；其二是指纪念中的客体尤其是相关纪念性建筑形态的欢快运动和动感，如旋转的纪念碑、鲜花怒放般的纪念堂等，处于动感状态的纪念性建筑形态相对运动状态而言更常见。

“动感”的形态往往容易通过运动的主观感受而营造出生动的视觉体验，关于动感形成的原因的相关心理学解释，如鲁道夫·阿恩海姆指出，眼睛能看到运动的先决条件主要是所知觉的形态以及常规经验这两种系统的互相位移，而互相位移常见的表现是所知觉的形态偏离了常规经验，偏离形成了张力，而这样的张力又使得偏离回归常规，于是产生了动感，阿恩海姆在对因倾斜而生动感的论说中清晰表达了“不动之动”的心理机制，提到：“如果想使各种式样包含着倾向性的张力，最有效和最基本的手段就是使它定向倾斜。倾斜被眼睛自觉地知觉为从垂直和水平等基本空间定向上的偏离，这种偏离会在一种正常位置和一种偏离了基本空间定向的位置之间，造成一种紧张力，使偏离了正常位置的物体，看上去似乎是要努力回复到正常位置上的静止状态，它看上去或是被那个与基本空间定向一致的构架所吸引，或是被它排斥，亦或是干脆脱离了它。”[98]

“正常位置”相当于常规经验，如人的视觉习惯于将地面与地心引力方向所共同构成的空间关系模型作为稳定、静态空间状态的基本印象，基本的笛卡尔坐标系是这一基本空间关系的典型模型，并由此建立稳定、静态的常规经验性的形象观念，进而以此来作为对对象进行观察和阐述的参照系，因而，与这样的作为常规经验的空间关系概念发生垂直或平行关系的线、面、体等便形成了稳定的空间关系体系或稳定状态，任何形态如果在这个体系中存在一定的视角，如倾斜，在视觉中便产生运动感，即动感，动感形态在视觉上会产生趋于回归经验性稳定状态的趋势，由此孕育视觉的张力。

根据格式塔心理学相关解释，复杂、不规则、不稳定的感知形态易被看作是对简单、规则、稳定的基本形态观念的偏离，由此可以认为，这类实际是静止的形态所产生的动感来源于该形态被视觉所感知到的状态偏离了经验观念中简单、基本的形态，而且在视知觉能动作用下，该感知形态有向简单、规则、稳定的基本形态转化的趋势，动感由此而生。

二、“欢动”的形态

“欢动”的形态繁多而复杂，比如英国学者库克在《生命的曲线》一书中试图以大量事实证明曲线是宇宙与生命存在与演化的基本形态，库克描述了一个由曲线构成的富有生命力的宇宙和生命世界，大到宇宙中的螺旋星云，小到双螺旋结构的 DNA 等，广至动物、植物、人体以及人体的种种状态等。人化物，诸如建筑、雕塑、绘画乃至人的思维模式，都可以用螺旋曲线来描述那些无处不在的自然的或人化的曲线状态，曲线的重要性被库克凸显到了近乎普适性的地位，认为这近乎是万物合理的结构、美的形态的表现，反过来，曲线也是创造各类合理的结构、美的形态的源泉。他以“费氏螺线”这样的理论模型来概括自然宇宙和社会万事万物中广泛存在的曲线，认为有这样一个公式，不仅代表人类，也代表所有生物的历程，不仅可以展示生命的生长现象，也可以诠释美的艺术和审美原则。[99] 库克几乎是直接以以形释意的理论去阐释，是类似纯形式论的研究，并没有去推究形式生成的复杂且往往各异的成因与机制，但至少在形态学意义上，以其自身学术视角研究了形式与生命力量等的关系，为后者建立了相对能被普遍认同的形象，仅就此而言，仍然有其意义，而对本书来说，仍可借佐证本书所涉及的关于“欢动”与生命力乃至狂欢感之间的关联性。

这里主要以螺旋为例，阐述欢动形态的表现及其涉及生命活力的形式意义。螺旋在狂欢感的纪念性建筑形态中也有相对突出的表现，往往也被视为宇宙、生命等存在与活力的基本形态。螺旋状态通常以螺旋线又称变径曲线来表现，常见螺旋线有圆柱螺旋线、圆锥螺旋线及涡旋螺线等，圆柱、圆锥螺旋线是空间螺旋曲线，具有方向感、动感的视觉效应，而涡旋螺线为一个点在固定平面里围绕一个固定点移动而又逐渐远离该点所形成的连续曲线。螺旋常常借以表征发展、活力等意义，DNA 即脱氧核糖核酸是染色体的主要化学成分和遗传信息的主要载体，其分子结构即双螺旋结构，又如核小体就是由 DNA 分子缠绕形成了螺线管、超螺线管等形状。螺旋也是运动的基本形态，如舞蹈中常见的螺旋般旋转的舞动，表现生命的活力与快乐。螺旋还是宇宙的基本形态，宇宙星系的存在形态包括螺旋形、椭圆形，甚至存在形似 DNA 分子的双螺旋结构，如美国天文学家小组发现银河系中心附近有形似 DNA 分子的双螺旋结构的奇特星云。[100] 正是这些揭示，使得螺旋与生命之间在观念上建立了密切而特殊的关联性，可以说，螺旋是生命活力的基本形态。又如 2016 年里约奥运会螺旋渐开的动感主火炬装置，烘托出了奥运盛会所要传达的生命的力量、动感和庆典的氛围，使人过目难忘。概言之，无论微观世界、自然世界、宏观世界还是人化世界，螺旋是宇宙、生命的基本形态，在观念中，螺旋是生命的符号并常以此象征生命的诞生、运动、发展与延续。

三、“欢动”形态的狂欢感

“欢动”作为狂欢纪念性建筑形态的重要特征，可以用来表达内心的快乐、狂欢，欢动状态的呈现包括客体的运动与动感乃至主体的运动、舞蹈等状态，而这些运动和状态很容易和快乐联系起来，无论是在西方的狂欢节日，还是在中国各民族表达内心喜悦的节庆中，都可以见到载歌载舞的欢乐场景，“欢动”的纪念性建筑形态通过相应的动态感受，直接表达了人们在运动和舞蹈中的快乐、喜庆、狂喜等“狂欢”状态。

狂欢中舞蹈的意义与人们通过动作表达内心情感，尤其是欢悦之情密切相关，传达并沟通着人和人之间的情感交流，动作形态的呈现是舞蹈的关键性因素，除此之外，还有队形、服饰、舞具、音乐等辅助方式，共同传达着舞蹈的寓意与精神，尤其是狂欢的意蕴，共同反映出了狂欢式舞蹈的总体特征，狂欢式舞蹈仪式中的情节、角色与动作是构成狂欢式舞蹈的要素，所以狂欢式舞蹈依据情节中角色的特征和个性来形成舞蹈动作。狂欢式舞蹈和游行往往有着多样而丰富的动作，尤其是狂欢式舞蹈，在身体的状态上，不是限制或节制身体，而是动作幅度往往比较大，动感活跃，自由并释放身体。尼采对舞蹈的意象论说，从哲学上审视了狂欢式舞蹈的意义，即跳舞是对人生的审美肯定 [101]，在笑对一切人生悲剧、一切善恶之上，象征着一种酒神精神的人生审美态度，揭示了舞蹈超越生命、痛苦、矛盾的超越性和象征意义，这便是战胜人生悲剧性的后盾，在同人生的痛苦抗争时，应体现出这种生命的超越性，而正是在这种超越苦痛的动感中，舞蹈实现了对人生的审美肯定。

舞蹈是一种超越人生悲剧性的展现生命力的象征形式，当以欢动的建筑形态来表现纪念主题的狂欢精神和狂欢感时，也具有与狂欢式舞蹈相似或同构的内涵与形式，即强调动感、运动、自由、节律以及类似舞蹈队形的动感空间结构关系等。无论是舞蹈游行等狂欢状态还是动感的建筑形态都在充分展现快乐与狂欢，彰显生命的活力与激情，研究舞蹈动作形态规律对于动感的建筑形态设计而言，具有可操作性的价值，如盖里设计的形似“起舞”的布拉格尼德兰大厦。

表现生命力的动感建筑的重要实践，如盖里设计的 21 世纪芝加哥千禧公园中的普里茨克音乐堂，对其形态生成机制的基本解读，一方面可以被解读为盖氏“解构”的个人风格，有着动态性秩序所具有的典型特征，另一方面，“动态”作为“奇异形状” [102] 的象征性意义与千禧主题的契合点，暂未获得对音乐堂象征寓意的直接阐述，在这里基于对盖里诸多作品的相似性的认识，尤其是与其代表作毕尔巴鄂古根海姆博物馆形态的相似性，可推及音乐堂的构思立意。盖里将古根海姆博物馆描述为一朵鲜花，扭曲变形的各部分形体好似花瓣，花瓣组合表现为一种如花卉般的向心生长趋势，但这种向心性并非是线性的，而是充满了自然生长的偶然性、不确定性乃至呈现出一种怒放的生命力，整体形态的结构是动态的、生长的、变化的，从盖里所绘构思草图中可以看出设计的感性追求[103]，仅从形态的表现性来看，音乐堂形态并不只是在延续盖氏风格，更是通过再现“怒放的鲜花”来表现强大的生命的活力，以此契合千禧狂欢的主题。盖里式的“解构”与快乐、狂欢的内在精神层面有着必然的联系，这样“解构”逻辑生成的形态确能很好地契合并表现千禧年的快乐与狂欢（图 5-20、图 5-21）。

图 5-20 怒放的鲜花
（来源：2013 年 1 月自摄于苏州）

图 5-21 如鲜花怒放般的 21 世纪芝加哥千禧公园普里茨克音乐堂
（来源：Landscape Architecture [J]. 2014（09）：110，111.）

四、“欢动”的狂欢感纪念性建筑形态

“欢动”在胜利纪念主题中的表现如莫斯科的瓦西里·勃拉仁内教堂，[104] 从实际功能的视角旁证了教堂的“纪念碑”性质：正门不明显，殿堂面积不大，内部装修简朴，弱化它的教堂功能，凸显它作为一个纪念碑的性质，与中心塔相通的小教堂面积都很小，和普通卧室面积相当，显然教堂设计的着眼点并非它作为教堂的使用价值。[105] 在俄罗斯也有用教堂来作为“战争胜利纪念碑”的惯例。教堂以欢动绚烂的感性形态来传达对胜利的喜悦，陈志华先生就曾这样生动地描述教堂：“像一团熊熊大火，高高低低的墩子，参参差差的穹顶，旋转着、跳跃着，此起彼伏，像火舌一样。它烧掉了民族压迫的悲伤，烈焰腾空，永恒的快乐，以世界上独一无二的艺术形象鲜明地体现了俄罗斯历史上国家独立、民族解放、人民胜利这个伟大的主题。”[106] 因为教堂斜对着红场，因此能充分展现出最复杂的形体。

可以说，在建筑类型的民族文化认同的背景下，教堂采用民间建筑艺术的语言，以动感、丰满、优美的造型准确地表现了俄罗斯人民摆脱外族统治之后的喜庆心情，以其形式所蕴含的昂扬的激情来感召民众，使他们不要忘记俄罗斯的国土、自由和荣誉。[107] 这样的形态可以说直接表达了特定意义的狂喜感受（图 5-22）。

新奥尔良意大利广场也是通过“欢动”形态来表达狂欢节庆意蕴的代表性作品。广场平面由一系列同心圆构成，同心圆构图起着控制广场整体形态的结构性作用，也是广场形态动感产生的基础。首先，放射状的同心圆构图本身具有强烈的动感，契合狂欢的气氛，而且具有吸引力。场地上的同心圆弧由灰白色花岗石与黑石板组成，环绕中心广场，一圈圈相间布置，弧形条带引人

图 5-22 莫斯科勃拉仁内教堂的热烈动感的形态
（来源：http://bbs1.people.com.cn/post/29/1/2/142635676.html）

图 5-23 美国新奥尔良意大利广场的欢快动感形态
（来 源：Landscape Architecture [J]. 2004（06）：105.）

图 5-24 美国克利夫兰摇滚乐名人堂的躁动欢快的动感形态
（来源：菲利普・朱迪狄欧．贝聿铭全集[M].李佳洁译．北京：电子工业出版社，2015：212.）

注意，以广场的中心为焦点，越伸越远，引导人们走向隐在里面的广场；[108] 其次，这样的放射性图案成为控制广场的各构成形态之间空间关系的结构，成为广场形态动感的重要来源，在此基础上布置着一系列具有同心圆结构，呈现出高、低、错、叠等动态的弧形拱门、柱廊、拱券、墙体等，犹如喜剧舞台的布景，虽然看起来自由热闹，但空间关系并不杂乱。根据诺伯格・舒尔茨的看法，意大利广场通过不同高度和层次上的弧形柱廊的不对称和不连续的布置，创造了开放的统一体，而不是一种静态的封闭空间，以营造出特定的纪念氛围。[109] 广场中设置各类动感强烈的喷泉水流，或在层叠的广场地面上奔流，或由喷嘴喷出，发出声响，构成了视听的喧嚣。广场中的人也是欢动、自由的状态。狂欢式的空间设计使人们可以在柱廊和墙壁间自由穿行，在水池中的意大利地图岛屿上自由嬉戏，犹如在自己的国土上的自由与快乐，可以想象，狂欢节中人们纵情舞蹈、尽兴表演，既是观众又是演员，等级性被暂时消解，整个广场充满了生气勃勃的欢快与激情。可以说，意大利广场的场景，无论是平面铺装、柱廊、喷泉还是灯光，尤其是人的游戏性状态，无不是在营造喧嚣和快乐的气氛，都契合了狂欢所要求的动态、变易、闪烁不定、变幻无常的形式，共同表现着同一精神主题，也就是“狂欢”（图 5-23）。

此外，贝聿铭先生设计的摇滚名人堂尽管主要属于博物馆性质，然而贝先生可能更乐于将这件作品用于表现摇滚精神，《华盛顿邮报》曾评论：建筑通过不甚和谐的几何体[110] 的大胆组合，采用并不符合和谐美的形式原则而是强调冲突性力量的形体组合和相应的开放式公共性集会与演出空间如广场及巨大的唤起了摇滚乐的奔放情感的主入口门廊等，旨在实现和回应摇滚乐的爆发力的能量。[111] 这样的设计意图——摇滚乐名人堂通过冲突的几何体组合、开放性的空间以及对相关摇滚行为需要的关注等表现了摇滚式的狂欢精神（图 5-24）。此外，在巴西的杜贝拉“折影”纪念广场，用一系列抛光的金属板营造出了另一种闪亮的、律动的、欢快的、动感的纪念性场景（图 5-25、图 5-26）。

这里并不是在论断说欢动的形态或曲线、曲面、螺旋等就是表现狂欢的形态，而是强调前者可以是，而且很适合作为后者的表现形态。“欢动”的纪念性建筑形态相比其他形态特质，如静态的美的形态，可以更加直接、适合、直观、自由地表达人们的狂欢精神与狂欢情感，而成为不同于严肃、恐惧、悲哀、静默等状态的快乐与狂欢纪念的重要而有效的表现方式，欢动的线条、运动的体量产生了充满活力的运动感，欢动形态成了表达狂欢精神、狂欢感的恰当的形态。

图 5-25 巴西的杜贝拉“折影”纪念广场的光亮、欢动的动感形态
（来源：杨至德．纪念性景观设计[M]．南京：江苏凤凰科学技术出版社，2014：62-63，59.）

图 5-26 巴西的杜贝拉“折影”纪念广场的光亮、欢动的动感形态
（来源：杨至德．纪念性景观设计[M]．南京：江苏凤凰科学技术出版社，2014：62-63，59.）

第四节 “绚烂”

一、绚烂的内涵

光彩炫目即光色之绚烂，相似的措辞如绚丽、艳丽等。文学作品中对“绚烂”一词的运用可以让我们更加鲜明地理解其内涵。如一般常说的泰戈尔名作即《飞鸟集》中第 82 首诗：“Let life be beautiful like summer flowers and death like autumn leaves”[112]，郑振铎先生译为“使生如夏花之绚烂，死如秋叶之静美”，体现了生之绚烂、死之静美。台湾作家罗兰也曾在散文《夏天组曲》中生动地描述过象征着旺盛生命力的夏花，夏花是绚烂、奔放、快乐的，是大地生命力毫无保留地怒放，万紫千红，装点出了绚丽的世界，展示了无限生机。[113] 绚烂蕴涵着生命的繁荣、辉煌与灿烂，以及生命激情的深刻内涵。狂欢中所呈现的绚烂场景常常通过浓烈、灿烂、艳丽的光色表现，表达强烈的生命力，以契合狂欢精神的强烈活力乃至狂热。

绚烂的光色感觉通常通过复杂的色彩搭配来实现，绚烂的光色感觉常常以暖色色相诸如红、黄、朱红、橘黄等为主要色彩基调，并采用高纯度、高明度的色彩配搭，但绚烂并不等同于暖色及其搭配，更为突出的绚烂效果是在此基础上通过具有补色关系的色彩进行搭配，以获得绚烂艳丽的色彩感受：具体常见的成对互补色如黄与紫、橙与蓝、红与绿，而且当补色接近时，能互相促进而呈现出最强的鲜明性，如红绿并置时，红格外红，绿也分外绿。[114] 只有补色对比，它最基本的需要就是补齐人的视觉可感受到的全光谱色，补色对比就是将可见光谱中所有色彩集中为两种相互需要的力量，在同一作品中同时展现于观者的面前，造成明显的视觉鲜明度，而且引起最小的视觉疲劳。[115] 可以说，补色并置可创造最强烈的色彩视觉鲜明度，形成既生动又稳定的色彩结构，表现出追求完形色彩的需要。

二、绚烂的基本感受

由于绚烂光色色彩构成的复杂性，对其感受也比较复杂，如温暖、兴奋、轻快、活泼、生命感等。其一，温暖感：红、橙、黄等暖色易使人联想到火热，由此可能产生温暖感。暖色的刺激作用较大，过强的暖色或观看暖色时间过长，易引起视觉疲劳乃至烦躁，总体而言，绚烂易于引起温暖感。其二，兴奋感：由于红、橙、黄等纯色易于引起兴奋感，被称为兴奋色，而蓝绿、蓝等纯色易给人以平静感，为平静色，狂欢纪念中通常要营造豪放、兴奋、奔放的效果，常选取红色系的色彩，而红往往与太阳、生命、血液、希望、光明、热情、胜利等充满生命激情、吉祥寓意的对象关系密切，相关内容在前文“明艳”一节中已有所阐述。其三，轻快感：色彩的轻与重主要取决于明度，通常采用高明度、高纯度的色彩以获得绚烂的光色效果。高明度的色彩易使人感觉轻，反之则感觉重；而明度相同时，高纯度色彩易于使人感觉轻，低的则重。如试图通过色彩形成动感，可以在形体下部采用明色，在上部施暗色。其四，活泼感：生活中充满阳光的明亮场所中易使人感觉轻松、活泼，而当场景采用红、橙、黄等纯度、明度较高的暖色、纯色时，易使人感受到活泼、跳跃。其五，生命感：绚烂的红、绿、蓝、青、紫等色彩及搭配，易于使人联想到炽热的阳光、旺盛的植物、亮丽的夏季等，而绿是自然界，尤其是植物的重要色彩，在观念中常常与蓬勃、丰饶、充实、忠诚、知识、和平、希望等联系起来，易于使得绚烂的色彩具有生命感。

由此，就色彩的象征性及色彩与情感的关系而言，绚烂与快乐、激情、生命、欢庆乃至狂欢也有密切的关系，可以说，绚烂的光色是“快乐”的色彩，也是狂欢感纪念性建筑形态的重要色彩特征。

三、“绚烂”的狂欢感纪念性建筑形态

狂欢的纪念性建筑形态色彩的绚烂，主要是运用了色相对比的色彩结构，侧重于暖色的色彩基调、原色的色彩配搭，尤其是对比鲜明的补色关系的色彩结构等。通常而言，形状是比色彩更有效的视觉传达方式，但色彩所能引起的情感感受，则可能是形状无法达到的，形与色的恰当结合相对能更加准确地将表达意图传达给体验者。此外，除了绚烂的狂欢场景营造之外，狂欢中人的着装、修饰等也常绚烂多彩，都与狂欢节的氛围相得益彰。

如意大利广场，在整体光色设定上，主要是朱红、橙黄等，形成整体暖色色调，呈现出喧嚣、欢乐的景象。局部的光色配搭恰当地营造出绚烂的光色氛围，进而体现狂欢的意象，而不锈钢的反光界面配合着晶莹的喷泉在绚烂光色中呈现出光怪陆离的效果，尤其是广场夜景中红绿补色的霓虹搭配凸显了场所绚烂的氛围，作为狂欢场所的绚烂霓虹的设置与商业场所中的霓虹设置的根本寓意与目的并不等同，这些方面的表现恰当地表征了狂欢精神的精髓，以配合其间进行的意大利裔的狂欢活动。

具体而言，广场绚烂的光色的表现，如广场中的柱子、柱头、拱门、额枋等各部分都漆上光亮的颜色，有些柱子或柱头是用闪亮的不锈钢包裹起来的，喷泉由周边五座同心弧形柱廊组成，漆上橙、黄、铁红等鲜艳的颜色，与周围灰色的环境并不相似，这使广场在环境中比较强烈地突出出来，创造出了一种狂欢式的氛围（图 5-27）。[116] 相关人士认为，广场绚烂的光色“赞扬了意大利传统与现代美国设计的生动结合，颜色搭配使人想起在意大利所见到的；而不锈钢这种材料，正是意大利和美国的艺术家们首先倡导使用的；还有氖光灯也是在意大利的广场上晚上常见的”，而且“氖光灯使古典式的主题变得现代化了，方法是将那些由花纹丰富的意大利大理石与不锈钢和混凝土等现代材料组成的建筑形式的轮廓用灯光照出来”。[117] 夜晚由蓝、橙等颜色鲜艳

的霓虹灯所构成的绚烂场景更凸显了狂欢的氛围（图 5-28）。

又如勃拉仁内教堂，通过绚烂的色彩表现了俄罗斯人雪洗数百年耻辱后的那份狂喜。陈志华先生曾描述过教堂的绚烂与动感。概括来说，首先，教堂整体以艳丽的朱红、橘黄奠定了整体形态兴奋、温暖、激情的基调；其次，教堂穹顶的色饰突出地表现为原色的配搭，如黄与绿及多种色相、明度、纯度均很高的色彩组合，如金、白与湖蓝，朱红与白等；其三，教堂的绚烂鲜明生动的色彩，运用了补色对比、色相对比、冷暖对比、明度对比等多种对比方法。最为重要的是补色对比这一色彩结构，教堂的补色结构，从整体色彩配搭而言，突出的表现是橙与蓝的补色搭配、大面积富有变化的朱红与青绿构成互补色的并置以及部分红与绿的搭配等，使得整个教堂色彩鲜明生动、绚烂多姿、璀璨华丽，进而配合群簇穹顶的螺旋动感形态，充分表达出狂欢的情感与氛围，可以作为诠释狂欢形态的范例。教堂外观上极具节日喜庆色彩，形式上动感繁复，这种华美动感的风格成了俄罗斯具有相当影响力的理想建筑模式（图 5-29）。[118]

图5-27 意大利广场“昼”的“绚烂”

（来源：孙成仁．城市景观设计[M]．哈尔滨：黑龙江科学技术出版社，1999：180.）

图 5-28 意大利广场“夜”的“绚烂”

（来源：Landscape Architecture [J].2004（06）：102，103.）

图 5-29 勃拉仁内教堂的绚烂色彩

（来源：http://bbs1.people.com.cn/post/29/1/2/142635676.html）

■ 本章小结

本章主要研究西方文化背景下狂欢感的内涵、狂欢感涉及的纪念主题以及基于狂欢感视角的纪念性建筑感性形态设计这三方面内容。本章所研究的“狂欢”纪念的相关问题，恰好是对具有官方性、严肃性、尊贵性等“崇高的”权力纪念的“颠覆”，而具有民间性、狂欢性、世俗性等。狂欢之于崇高在价值观及其表达方式等方面所具有的颠覆性、狂欢性，也是本书将“狂欢”作为“喜”纪念中相对独立的纪念范畴进行研究的主要原因。尽管狂欢纪念本身仍有待深入界定，相关建筑实例也可以说寥寥无几，巴赫金的狂欢论与狂欢纪念之间的衔接仍有待进一步的推敲。狂欢纪念之所以作为一个相对独立的范畴被提出，根本而言，并不在于相关纪念性建筑设计实践的量的多寡，而在于狂欢纪念中所体现的精神，即强调平等、自由、新生的狂欢精神，正是狂欢精神使得狂欢纪念与其他主要纪念范畴有着形的不同和质的差异，从而作为一种相对独立的重要纪念范畴而存在。

关于源自狂欢精神的狂欢感的内涵，主要基于苏联学者巴赫金的“狂欢式世界感受”及相关狂欢论进行分析，强调狂欢感与快乐感的密切关系，阐述狂欢感所体现的具有颠覆性的狂欢精神；关于狂欢感涉及的纪念主题，主要包括西方文化背景下的狂欢节庆纪念、千禧年纪念以及战争结束纪念的相关内容。“怪诞”、“欢动”、“绚烂”等都是表现狂欢的形态特征，其中“怪诞”狂欢形态及表现狂欢的“怪诞感”纪念性建筑形态内容则是本章的核心。一般意义上，“怪诞”指对权威性的等级秩序、传统惯例、传统规则、传统观念等的背离、颠覆、重构，而怪诞形式论主要涉及黑格尔、凯泽尔及巴赫金等的相关阐述，并以此为基础进一步分析表现狂欢的怪诞感纪念性建筑形态问题，如呈现的“异质”、“变形”、“夸张”、“降格”、“升格”等状态。主要以新奥尔良意大利广场为例分析其中体现着强烈狂欢精神的“怪诞”形态表现，而“欢动”与“绚烂”主要涉及表现狂欢的纪念性建筑形态的动感与光色特征，强调这类特征对生命激情乃至狂欢感的表达。

此外，“怪诞”的狂欢纪念性建筑形态表现可视为对传统的关乎权力的“美”的纪念性建筑形态的颠覆、背离、重构，相对于强调权威性、等级性而追求完美、统一、秩序、均衡、比例、和谐、明晰、宏伟体量、超人尺度等涉及权威的崇高纪念性建筑形态而言，狂欢纪念性建筑形态所要反映的是平等、自由观念下多元化的“怪诞”形态的规则秩序。在哲学层面，狂欢是对等级、权威的“颠覆”、“反动”，狂欢的纪念性建筑形态以其反叛精神，质疑并试图消解传统经典的表现权与威的纪念性空间秩序，生成了反传统的消解等级的“无等级”纪念性空间，与此同时，重构了富于颠覆性乃至批判性狂欢精神的“怪诞”纪念性建筑形态。

狂欢感理论与相应纪念范畴关联问题的理论研究仍然存着较大的困境。一方面，相关狂欢理论本身，尤其是巴赫金的狂欢理论，几乎只是针对特定文化背景下的民间性狂欢，而在其阐述中，民间性狂欢与官方性庆典之间具有对抗性；另一方面，相关阐述及译述相对比较复杂，甚至有些晦涩，既有其时代背景因素所造成的阐述的晦涩乃至隐讳，又具有比较强的个人主观性和理想化成分。本书以巴赫金的相关论说来阐释基于快乐感的狂欢纪念的相关理论问题，尽管不能说就是完美的，但是对于把握狂欢纪念的精神实质与表现形式并在此基础上展开研究是相对最合适的。

■ 余论

同样由苏州科技学院邱德华老师、楚超超老师负责，年级组织，本人参与指导的徐佳、朱婕的“卍·堂·院——寒山文化博物馆设计”，也是获得2012年全国高等学校建筑设计教案和教学成果优秀教案及作业奖的作品之一，这份设计的基本想法是将佛家的“卍”字符号进行变形、转换、解构，狂欢化的意味，可以说也是对颠僧寒山拾得的“癫狂”精神的一种解读。

课业的设计意图，根据楚老师主笔的构思介绍，主要包括：这是由场地与文脉启动的设计，遂从场地与文脉上寻找切入点。地块处于寒山寺景区附近，有着特殊之处。场地上，景区内有较多节点，并有轴线控制，设计中提取轴线，节点为切入点。文脉上，基地内寒山寺具有较强的宗教性，故以传统宗教布局为切入点，为了将场地上的轴线与文脉上的传统宗教布局结合，选用了线性感较强且具有代表性的佛家“卍”字符号对其进行整合。平面上用以宗教传统布局为底加“卍”字符号控制建筑整体布局。生成体块时，根据体块与轴线的平行或垂直的几何关系进行切割。由此，形成了一个与轴线、与场地环境紧密结合，既有文脉渊源，更有解构对比，又能整合协调的有思考的建筑形态和新的文脉场域（图5-30、图5-31），创造性地表现出了所承载的“癫狂”的狂欢性内涵。

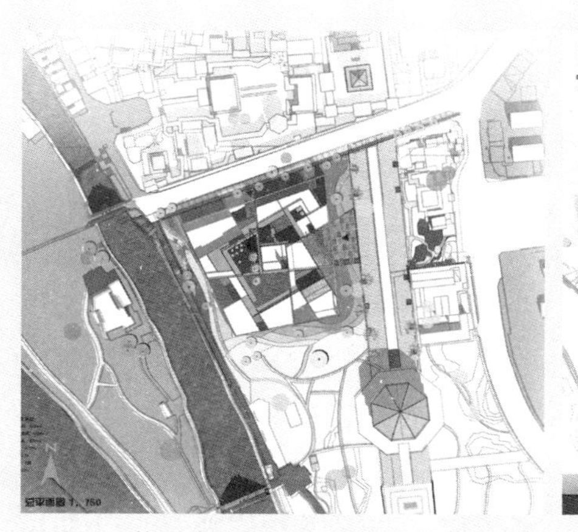

图 5-30　体现寒山“癫狂”精神的“卍”符狂欢化设计

（来源：苏州科技学院建筑与城规学院 三年级课程设计 卍·堂·院——寒山文化博物馆设计 学生：徐佳、朱婕）

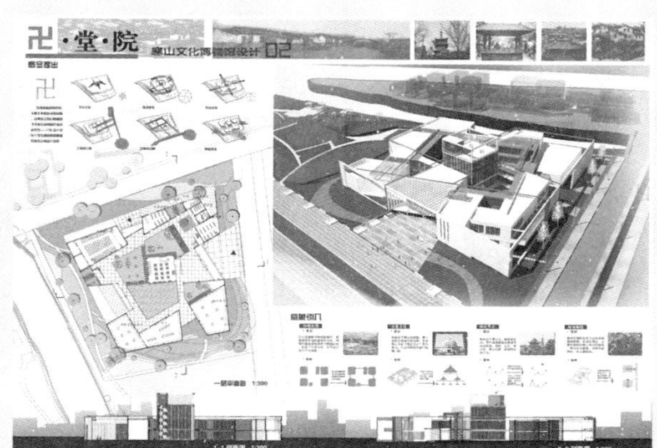

图 5-31　体现寒山“癫狂”精神的“卍”符狂欢化设计

（来源：苏州科技学院建筑与城规学院 三年级课程设计 卍·堂·院——寒山文化博物馆设计 学生：徐佳、朱婕）

注释

1. 米哈伊尔·米哈伊洛维奇·巴赫金（1895—1975），苏联著名的理论家，也是 20 世纪思想文化领域的大家，巴氏一生充满了传奇与坎坷，也折射出理论言说与其所处主流思想的巨大冲突。本书中的狂欢感理论基于其狂欢理论，源自其经典《陀思妥耶夫斯基诗学问题》及《佛朗索瓦·拉伯雷的创作和中世纪与文艺复兴时期的民间文化》。

2-12，45，46.（苏）M·M·巴赫金．巴赫金全集（第五卷）[M]．钱中文主编，白春仁，顾亚铃译．石家庄：河北教育出版社，1998：160—162，165，168—169.

13，31. 周建萍．追寻“狂欢”——巴赫金的“狂欢”理论与当代大众文化现象 [J]．齐齐哈尔大学学报，2004，75.

14，23，25-30，34-37，47-51，53-56，59-64，73-77，79-83，92.（苏）M·M·巴赫金．巴赫金全集（第六卷）[M]．钱中文主编，李兆林，夏忠宪等译．石家庄：河北教育出版社，1998：10-12，19，23-25，29，30，35，42，51，52，63，103，104，307，553，614.

15，18-21，32. 钟敬文．文学狂欢化思想与狂欢 [N]．光明日报，1999-1-28.

16.（苏）M·M·巴赫金．巴赫金全集 [M]．第一卷．钱中文主编，晓河，贾泽林等译．石家庄：河北教育出版社，1998：55.

17，24. 徐芬．大众文化语境下的巴赫金狂欢化理论 [J]．文学教育，2007（2）：24，27.

22. 宗白华．论中西画法的渊源与基础·中国美学史论集 [M]．合肥：安徽教育出版社，2000：287.

33. 邹贤尧．广场上的狂欢——当代流行文学艺术研究 [M]．北京：中国社会科学出版社，2008：26.

38，39. 天教．千禧年与千禧年主义 [J]．世界宗教文化，2000（3）：52.

40. 徐岱．审美者与游戏人——关于艺术精神的一种诠释[J]．杭州师范学院学报（社会科学版），2006（2），4．

41-43. 吕志英．胜利与凯旋——二战两次莫斯科红场大阅兵[J]．军事历史，2005(8)：37-39．

44.（苏）M·M·巴赫金．巴赫金全集(第四卷)[M]．钱中文主编，白春仁，晓河等译．石家庄：河北教育出版社，1998：243．

52，57，71，72.（德）沃尔夫冈·凯泽尔．美人与野兽——文学艺术中的怪诞[M]．曾忠禄等译．西安：华岳出版社，1987：2，英译本序，10，26-27．

58. 韩振江．"我恐惧故我在"——沃尔夫冈·凯泽尔的"怪诞"理论[J]．湛江师范学院学报，2007（4）：46—47．

65，67-69. 宋雄华．黑格尔论东方艺术的怪诞[J]．华中师范大学学报（人文社科版），2004（2）：63-64．

66，70. 刘法民．怪诞的形态特征[J]．江西教育学院学报（社会科学），1999（4）：13．

78. 胡全生．英美后现代主义小说叙述结构研究[M]．上海：复旦大学出版社，2002：130—132．

84，85，87-91，95，108，109，116，117. J·C·托尔．评意大利广场[J]．世界建筑，1988（1）：51-55．

86，93，94. 马国馨．新奥尔良市意大利喷泉广场，美国[J]．世界建筑，1985（2）．

96. 张雪伟．日常生活空间研究——上海城市日常空间的形成[D]．上海：同济大学建筑学院，2007：

97，98.（美）鲁道夫·阿恩海姆．艺术与视知觉[M].腾守尧，朱疆源译．成都：四川人民出版社，1998：563，578．

99.（英）特奥多·安德列·库克．生命的曲线[M].周秋麟等译．长春：吉林人民出版社，2000：前言．

100. http://www.njht.net/Article/Article-209.html

101. 苏永佳．生命狂欢中的感性及其升华论尼采的身体美学[D]．辽宁师范大学，2007：10—11．

102. 代静．21世纪芝加哥千年公园[J]．世界建筑，2006（07）：85．

103. 李辰琦，张伶伶．杂乱中的动态有序——解构主义建筑的动态性秩序[J]．建筑师，2004（2）：88．

104-107，118. 陈志华．外国建筑史（19世纪末叶以前）[M]．北京：中国建筑工业出版社，2004：173．

110，111. 摇滚乐名人遗物收藏博物馆[J]．世界建筑，1988（2）：47，45．

112. 龙彼德．飞翔的灵感·飞鸟集节选 [J]．散文诗，2002（7）：71．

113. 罗兰．夏天组曲（五篇）[J]．世界华文文学论坛，1996（3）：20—21．

114，115. 李广元．最鲜明的绘画色彩结构—补色对比[J]．齐鲁艺苑，1993（1）：3，5．

第六章
“欢庆感”的纪念性建筑形态

第一节 “欢庆感”的纪念

一、“欢庆感”的内涵

这里用“欢庆感”一词来指代我国当代重大的纪念性节庆和庆典活动中“与民同乐”、“普天同庆”这样一类欢乐的情感和感受，这种欢愉和严肃交织的情感特质使得相关纪念性活动呈现出喜庆的氛围，不同于崇高与悲纪念主题的严肃和深沉。虽然“欢庆感”的纪念性活动在我国当代的社会生活中有着举足轻重的地位，但当我们谈论纪念和纪念性建筑的时候，往往首先想到的是崇高主题的纪念和建筑，而不大把快乐的情感和纪念联系起来。

“欢庆感”可以说是中国式的和谐狂欢感，基本情绪是快乐，“欢庆感”不仅具有轻松欢快的情感与感受，更包含严肃性的情感内容，比如对政治性、官方性、民族性等宏大意义的感受，包括丰功伟业、国泰民安、盛世祥和、繁荣昌盛、民族兴旺等中华民族强烈的精神诉求和集体情感。类似于人类学家涂尔干所说的，是一种满怀信心、欢乐乃至狂热的状态，无论人们进行了哪类活动，都会融入这样的心态之中，因为尽管这类活动是严肃性的且具有庄重感，但这种庄重并不排斥活泼和欢快，[1] 虽然涂尔干所说的激发这种既严肃又活泼的情感主题或对象并不属于本书研究的这类纪念主题，但可以说揭示了“欢庆感”所蕴含的庄重严肃与欢乐愉快交织的复杂内涵，即一种官方性与民间性交织、严肃性与活泼感交融的“与民同乐”的状态。

二、“欢庆感”的纪念主题

“欢庆感”的纪念主题主要包括新中国成立及其周年纪念庆典、千年纪念庆典、战争胜利如抗战胜利、反法西斯战争胜利等重大纪念性节庆和庆典等，逢十或逢五等周年庆典往往更受重视而更加隆重。这类纪念性庆典往往被赋予鲜明的政治意义及弘扬民族精神的重任，具有彰显党的领导功绩，展现建设成就，感召和凝聚民心，加强对党的领导及核心价值观的认同，强化国家意识和对中华民族精神的认同感，激发民族自豪感等重大的寓意。这类纪念性活动不仅从认知上影响人们对政治现实的定义，而且具有重大的情感影响力，人们从他们所参与的仪式中获得很大的满足感，官方努力设计和运用仪式动员民众的情感以支持其合法性，并激发群众对其政策的热情。[2]

“欢庆感”在新中国的开国大典及国庆庆典时都有着鲜明的展现，如在开国大典上，毛泽东在天安门城楼上向全世界宣告中华人民共和国中央人民政府成立了，中国人民从此站起来了！天安门广场上数十万的人群立即变成了沸腾的海洋。原文化部张致祥先生在《震撼人心的“人民万岁”》一文中用激动的文笔描述了当年群情激昂的浩大欢庆场面和人们的狂喜：共产党万岁！毛主席万岁！中华人民共和国万岁！中央人民政府万岁！广场上一片沸腾，口号声、欢呼声地动山摇。[3] 即使未能亲历，仅由此也能感受到其中的欢乐与激情。以后每年的国庆纪念日，尤其逢五、逢十等的周年大庆更是党和国家社会政治生活中最盛大隆重的纪念性仪式之一，如 1984 年新中国成立 35 周年，在天安门广场举行了盛大而隆重的阅兵仪式和群众游行，邓小平等党和国家领导人检阅了部队和游行群众。战争结束纪念，如 2015 年的这场世界关注的纪念抗战胜利 70 周年的盛大纪念庆典，既严肃又欢乐成为纪念的主导气氛。我国的千年纪念庆典活动作为“欢庆”的国家庆典，其纪念寓意包含展现中国五千年的文明、体现改革开放21年后中国的新形象、加强中华民族实现复兴的信念等蕴涵深刻政治意义和民族精神的内容，以迎接21世纪。[4]这类精神内容赋予了千年纪念以特定寓意，表达出了国家与民族的愿望和情感，万众欢腾的千年庆典活动景象所洋溢出的欢庆之感也来源于此。

除了首都的相关纪念庆典之外，政府还常发文倡导与号召各地民众广泛地参与及举行相应的纪念性庆祝活动，地方也积极响应，通过法定的假日把具有政治意义的国家纪念性庆典活动和群众的节日休闲生活结合起来，以增强国家、民族、人民的凝聚力、认同感和自豪感。

三、基于“传统再现”的“欢庆感”形态设计思路

社会学家霍布斯鲍姆在其著作《传统的发明》中剖析了当代民族国家庆典相关的表现形态设计思路、传统再创造等问题，主要涉及“传统”、“被发明的传统”、“民族性”三个基本概念，这里的“民族性”可以说是这些民族国家庆典之所以借鉴相关“传统”，生成“被发明的传统”，为当代国家庆典所用的根源。本章主要基于霍氏的阐述，研究我们国家营造“盛世祥和”、“普天同庆”的重大纪念性庆典场所以及相关建筑感性形态的设计思路问题。

首先，“被发明的传统”是指一整套通常由已经被公开或者私下接受的规则所控制的实践活动，具有一种仪式性或象征性特点，国家希望通过重复这样的活动来灌输或培养一定的价值观和行为规范，而且必定暗含与过去的连续性。只要有可能，就试图与某一适当的、具有重大历史意义的过去建立关联性或者说建立连续性。[5]在本书语境里，我国当代重大纪念性庆典所采取的仪式、场所形态的设计也属于这类“被发明的传统”，如当代纪念先祖黄帝时所采用的祭祀仪式，尽管与传统有着某种联系，但实质上是被当代人“发明”出来的。此外，我国在千年纪念中所采用的和传统有关的场所与仪式的表现等，实际上都是类似于这样的“被发明的传统”。

其次，关于“被发明的传统”方面的问题。关于如何发明传统，霍氏提到为了新近的目的而使用旧素材来建构一种新形式的“被发明的传统”，这样的素材在任何社会的历史中往往都有大量的累积，而且有关象征性实践和交流的一套复杂语言常常就是现成的，有时“旧”的传统被轻而易举地移植到“新”的传统之上，有时则可能被这样发明出来，也就是通过从储存了大量官方的仪式、象征符号和道德训诫的“素材库”里提取资源[6]，然后进行发明转化以满足当代所用之需。《传统的发明》通过陌生化的语言，用“发明”一词替代了常用的“继承”等词，鲜明地强调了当代庆典方式相对于传统相关方式而言的差异性及创造性的关系，清晰地揭示了“被发明的传统”既是联系传统又是通过对传统的“发明”和再创造以产生应对新需要的新样式这一实质。

在我国当代的重大纪念性庆典中，常常借用传统节庆中用以表达喜庆、寓意吉祥的诸如张灯结彩、燃放焰火、舞龙舞狮等活动，而相关纪念性场所氛围的营造采取类似于“传统的发明”的方式，从中华民族的传统文化宝库，包括曾经具有官式色彩的题材中提取各类相关形式，进行复制、再现、异化、组合等各种方式的发明和再创造，突出地表现为对祥瑞形态的推崇和偏好。祥瑞主要是指对传统中吉祥、祥瑞等形态进行再创造或者说发明的产物，这里所说的“祥瑞”，并不简单地等同于传统中的吉祥、祥瑞，也主要是基于这类传统的再发明。

之所以采用和新的节庆、新的纪念主题等有着某种关联性的传统形态，主要由于以下因素：传统形态具有民族性或者说是民族的，传统形态具有吉祥等寓意，传统形态与欢乐的情感表达存

在着长期的、稳定的、普遍认同的关联性。由此，也可以推及前文涉及的大美感相关设计思路中“民族形式”的各种方式和表现，这也是一种容易被广为认同，并且激发预期情感的“传统的发明”或再创造，相当于常说的对传统的一种继承和发展。

但是，关于多大程度上使用“传统”以发明“新传统”等复杂问题，即新旧之间的关联度问题，如霍氏所说，在本书中不大可能研究新传统在多大程度上能使用旧材料以及在多大程度上它们将不得不发明新的语言和工具，或是扩展旧的象征词汇以突破原有的限制。[7]

第三，在“被发明的传统”的民族性方面，当代民族国家庆典相关形态之所以能够借鉴“传统”而生成“被发明的传统”，并能获得广泛认同的根本原因在于“民族”观念在“被发明的传统”与“传统”之间建立了被广为认同的关联，对此，霍氏认为“被发明的传统”紧密相关于民族这一相当晚近的历史创新以及民族相关的现象，如民族主义、民族国家、民族象征、历史道德等。所有这些都依赖于常常是深思熟虑且始终是创新性的社会建设活动，[8]对我们而言，也基本是这样的。

第四，在“被发明的传统”的情感作用方面，关于这类被发明的传统所延续和激起的情感，并非霍氏阐述的主要内容，从相关描述中可以获得大致的印象，以唤起对自由、对祖国更崇高的情感。[9]这类情感的激发也和民族概念密不可分。我国当代重大纪念性庆典通过这样的传统发明，营造出中华民族普天同庆的喜庆祥和的纪念氛围，以激起中华民族的自豪感、认同感等。

下文主要梳理表达国泰民安、普天同庆等寓意的“欢庆感”感性形态，包括整体性层面的“祥瑞”、结构性层面的“律动”以及表征性层面光色的“绚丽”这些建筑形态的感性品质。其中“传统的发明”思路，可以说是我国当代重大纪念性庆典相关建筑设计的核心内容。

第二节 “祥瑞”

一、“祥瑞”的内涵

1.“祥瑞”的含义

“祥瑞”包含传统意义上的吉、祥、瑞或者说吉祥、祥瑞等内容，根据汉代许慎《说文解字》中的解释，“吉”指的是善，[10]“祥”指的是福，[11]“瑞”的内涵比较复杂，但是也和福、善等有关。概括来说，“吉”侧重于表示某种福、善的价值或者具有这样价值的事、物等；而“祥”、“瑞”侧重于表示吉的征兆或者说表征。此外，吉祥往往更具有民间色彩或民俗性，包含着趋吉避凶的意愿，常常和我国民间的喜庆、吉庆活动密切相关；而祥瑞相对来说更具有官方的色彩，在历史上祥瑞的出现常常作为王朝兴盛的征兆。本书主要以“祥瑞”一词，也就是对传统吉祥形态等进行“发明”再运用、再创造之后而生成的吉祥、祥瑞的形态来指代相关的内容。

总体上，“祥瑞”在本书中是一个内涵比较宽泛的概称，既包含善、福等美好寓意，又指具有这样美好寓意的事物及其形式。在寓意方面，内容比较丰富，并不局限于一般意义上，尤其是民俗意义上所表达出的民众生活层面趋吉避凶等意愿和寓意，往往具有更高层面的民族性寓意，如中华民族对祥和、圆满、美好、幸福生活的愿望和追求，包含着祈望天下太平、民族兴旺等更加宏大的意蕴。在形态方面，那些承载着中华民族的积极态度、美好愿望的文化传统形态，尤其是吉祥形态等，都可以称为祥瑞形态。祥瑞观念可以说是中华民族社会文化生活中核心的精神内容，体现着中华民族的精神诉求和审美尺度，也是我国民族文化的重要表现形式以及象征。

关于祥瑞、吉祥与国家庆典之间的关系及其深层意义问题，相关学者通过阐述民间仪式和国家庆典的结合指出，民间仪式进入国家庆典场合，一般不可能是自行进入的，大都是受到国家的召集，[12] 而国家在节日活动、重大庆典时之所以召集民间花会表演，最直接的作用是借以营造热闹、喜庆，易于被民众认同、接受的场面。民间仪式之所以为国家庆典所用，除了凸显民间仪式已有的喜庆吉祥等象征意义，还可以用来展现安定团结的国家政治局面，更在于民间仪式在历史上曾成功制造过普天同庆、盛世祥和、与民同乐的氛围，可以在今天用来彰显和肯定政府的成就。[13]

2.“祥瑞”的形态

祥瑞的形态以民众喜闻乐见的各种方式及其再创造而为官方所采用和推广，表达着生活的美好、快乐和活力，可以说体现着诸如“天人合一”的寓意，代表着中华民族传统文化精髓的和谐精神。这里所讨论的“祥瑞”的形态范围比较广泛，并不只是民间文化中的吉祥图案。

中华民族传统文化中祥瑞形态比较繁多和复杂，其中比较具象的祥瑞形态包括：神仙，如福禄寿三星等；瑞兽，包括通过嫁接、移植等方式而形成的龙、凤、麒麟；自然界中的瑞兽，如龟、鹤、鹿、蝙蝠等；相关组合，如青龙、白虎、朱雀、玄武这四灵组合；奇花异果，如牡丹、莲花、灵芝、莲蓬、桃等。相对抽象的祥瑞形态包括：福、禄、寿、禧等文字或图案符号，纹饰如云纹、回字纹等。各种祥瑞形态及一定的组合往往具有明确寓意，如蝙蝠寓意“福”，莲寓意“高洁”，云纹、寿字、蝙蝠的组合寓意“洪福齐天”等，祥瑞形态充分体现出了国人对圆满、和谐、生命力等吉祥愿望的追求。[14] 此外，从设计角度看，祥瑞中的龙、凤、麒麟等瑞兽的形态生成与狂欢论中的异质“怪诞”感形态的设计思路比较类似。

祥瑞形态选择与设计的主要原因有谐音、象形等，其中谐音占据了很大比重，如鸡同吉、羊同祥、蝠同福、圆（圆形）同圆（圆满）等，根据象形、相似性或某种愿望的关联性，如石榴的多子寓意人的多子，鱼的旺盛繁殖力寓意人丁兴旺等。祥瑞形态的构图规则强调以大为美、以繁为美、以偶为美、以圆为美、以满为美等，可以说“圆”、“满”[15] 既是人们对祥瑞的理想追求，也是祥瑞形态的主要特点和形态设计的重要原则，如体态丰硕的鲤鱼、充盈的缠枝牡丹、构图圆满的篆书寿字等都呈现出圆满的形态以寓意生活的圆满。其中“圆”总是同天理、物象、人事联系起来，圆的整体性、无残缺、永恒性、无始终等寓意，常常被视为美满、和谐、团聚、丰盈、天地万物运化无穷乃至永恒的象征。[16]通过“圆”、“满”的形式表达出了中华民族对充满着鲜活、丰硕、兴旺、和谐的生命力的圆满生活的追求，在“圆”、“满”、“旺”、“泰”的祥瑞形态表现原则的影响下，各种祥瑞图案，从寓意到形态都体现出对圆满的精神追求（图 6-1）。

这些祥瑞形态往往还留有传统意蕴，可能经过了转化，对于当今生活而言，有些曾经的寓意不再是首位意义，继承发展或“再创造”这些形态，用于当今生活的相关领域时，已经不必拘泥于曾经的样式、用法和寓意，可以说，这些祥瑞形态都承载或象征着民族精神、民族意愿、民族文化的精髓。如表征天、地的圆与方，不仅寓意深奥与神秘，而且曾经拥有至高无上的地位，它们曾是体现皇权合法性等最高一类祭祀场所专属的形态，当今在各类场合沿用的“天圆”、“地方”在这方面的寓意已经很淡化了。它们曾经的寓意是什么是重要的，也关系到如何与今日生活相关方面结合的问题，但更重要的是这类形态容易被认为是能够体现并象征美好生活、民族文

图 6–1　2008 年德国科隆狂欢节中的“祥瑞”形象

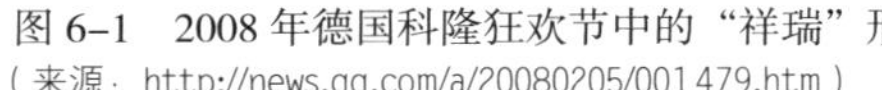
（来源：http://news.qq.com/a/20080205/001479.htm）

图 6–2　“天圆地方”的上海博物馆
（来源：2015 年 9 月自摄于上海）

化、民族精神等当代生活内容的，如上海美术馆所运用的“天圆地方”的立意构思，对其内涵的解读，事实上已经不用拘泥于曾经的寓意了（图 6–2）。

中国传统节庆、喜庆仪典中的祥瑞形态有着突出的表现，祥瑞形态对节日“欢庆”气氛的烘托可起到重要作用，如春节中的红灯、红爆竹，以吉祥为主题的红春联、吉祥年画等吉祥形态，又如正月十五元宵节中的赏花灯、击鼓、秧歌、高跷、舞龙、舞狮等欢庆活动，无论活动本身还是这些“灯”、“画”、“龙”、“狮”等都寓意欢庆、吉祥、美满、安康，不仅民间常常这样，官方庆典也常采用民间节日的一些方式，表达普天同庆这类美好的寓意。

此外，不仅仅是沿用传统的吉祥、祥瑞形态，更突出地表现在传统祥瑞形态的再创造方面，如北京奥运会吉祥物福娃就以传统文化中寓意吉祥的鱼纹、羊纹、鸟纹、莲瓣纹、火焰纹等纹样组合创造出了吉祥物福娃的形象，寄托了中华民族对幸福美好生活的期望，也从一个侧面表现了中华民族的文化和精神。

中华民族传统文化中的各类祥瑞形态也常成为当今不少类型建筑设计重要的灵感来源，尤其影响着承载民族文化、民族精神等内容的设计，如相对具象的“传统发明”——以相关乐器为原型的某地方戏剧博物馆，乃至福禄寿形状的北京某酒店等，这些直接以相对具象的祥瑞形态为原型的建筑，往往因过于直白地表现祥瑞寓意，几乎复制了传统的祥瑞形态而被归入品位低下这一类；而相对抽象的祥瑞形态因为几何性、抽象性等原因，具有更好的操作性，更容易转化为合适的建筑形态，而且相对抽象的形态更容易被认为具有较高的格调，对这类作品的评价也相对比较高，仅从“传统的再创造”这一设计思路上并没有根本性的差异。

在众多祥瑞意象与形态中，龙作为中国人的图腾至今仍然和我们的生活密不可分，以此为主题的设计往往既容易获得认同又具有强烈的民族存在感、动感和生气。龙形建筑如北京 T3 航站楼的龙形设计以及保加利亚的设计公司在“重新思索——上海 2012（Re-Thinking Shanghai 2012）”城市设计竞赛中提交的龙形构思比较引人注目，其中一条巨龙为人工河结合绿化走廊匍匐于绿地上，另一条高大的镜面巨龙盘旋在水龙之上，设计方称方案是一个试图连接旧中国与新中国的桥梁（图 6–3）。此外，城市设计方面也有采用吉祥图案和寓意的重要作品，如 2008 年北京奥运会场馆区域的龙形水域设计以及黑川纪章先生的重要作品——郑州新区的“如意”形城市设计的空间结构与形式（图 6–4）。尽管有形式主义的评论，但不妨碍社会各方对这样的形式的认同乃至喜爱。可以说，当期望通过建筑表现欢庆、祥和、民族精神等主题的时候，采用寓意吉

图 6-3 上海巨型“龙形”城市景观构筑物设想
（来源：http://www.szjs.com.cn/htmls/201206/56664.html）

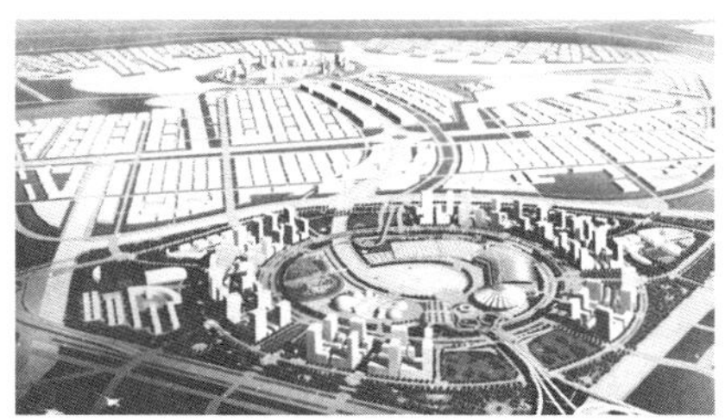

图 6-4 郑州郑东新区的“如意”形城市设计图式
（来源：李克．郑东新区 城市设计与建筑设计篇[M]．北京：中国建筑工业出版社，2010：22.）

祥、祥瑞的形态为原型，不仅易于为官方及民众所认同乃至接受，也往往易于凸显建筑的民族性，表现中华民族的民族精神等内容。

二、“祥瑞”的“欢庆感”纪念性建筑形态

中国当代的喜庆节日以及和喜庆有关的重大纪念性活动如新中国成立、国庆等欢庆纪念性场景的营造中，常借鉴经过对相关传统不同程度及方式的再创造而生成的祥瑞形态，以表达中国式“普天同庆”的“欢庆感”，如开国大典中通过大红灯笼所营造的“欢庆感”场景等（图 6-5）。

祥瑞形态已经成为中国当代重大民族庆典的重要表现形式，正是祥瑞的表现方式，使得中国的“欢庆”纪念从内涵到形态都具有了鲜明的民族特色。官方与民间层面的“欢庆”纪念对祥瑞形态的选择仍然存在着一定的区别，官方层面宏大纪念主题中的祥瑞形态往往会相应地选择历史上的“官式”祥瑞形态，如中华世纪坛中的祥瑞图案所用的“官式”龙凤、山水等纹样（图 6-6），在表达普天同庆的欢乐、祥瑞意蕴的同时，也借此表现纪念主题的严肃性乃至权威性等；而民间层面的相关纪念性活动中更倾向于选择具有民俗性的祥瑞形态，如地方国庆活动中的“龙”、“宫灯”等表现方式往往更加多样化，气氛相对更轻快（图 6-7）。

中国当代相关纪念性建筑的设计实践比较少见，如中华世纪坛是具有代表性的寓意“普天同庆”的纪念性建筑，这里分析的祥瑞的纪念性建筑形态内容也是为进一步研究与欢乐有关的相关纪念性建筑形态的设计问题提供理论和实践的铺垫。

图 6-5 董希文油画“开国大典”中营造欢庆场景的大红宫灯
（来源：http://baike.baidu.com/subview/2194/5060632.htm?fromtitle=%40%23Protect%40%23）

图 6-6 中华世纪坛中“官式”祥云与“凤凰”
（来源：http://baike.baidu.com/view/22727.htm）

图 6-7 地方（中国香港）国庆场景中具有时代特色的“宫灯”
（来源：http://www.6581890.gov.cn/minzheng/xinwen/xinwenzhongxin_sql.jsp?biaoti=061010153705304）

建筑师余立先生曾谈到中华世纪坛建造的目的与预设意义，主要是为了迎接 21 世纪，为展现中国五千年的文明、改革开放 21 年后中国的新形象以及中华民族实现复兴的信念，这是政府建坛的根本目的，使之成了中国在世纪更替之际举办庆典活动的场所以及中华民族迎接 21 世纪的形象标志。[17] 这些信念构成了中国当代背景下对千年纪念所预设的主题意义，并成了世纪坛设计构思的指导原则，将天人合一、阴阳乾坤理念结合到主体建筑设计中，坛体上部的旋转体被称为“乾”，围绕它的部分被称为“坤”，转动的“乾”象征“天行健，君子以自强不息”，环抱稳固的“坤”则象征“地势坤，君子以厚德载物”。旋转的乾坤也象征天地的对立统一，宇宙变换的轮回。[18]

世纪坛选择寓意祥瑞、形态圆满的“乾”、“坤”，并以变换轮回的动态形态作为中国千年纪念庆典场所的形态，以契合主流意识形态赋予千年纪念的诸如“天行健，君子以自强不息”，“地势坤，君子以厚德载物”等寓意深邃宏大的民族精神（图 6-8）。在世纪坛中庭内，通过各种象征中华民族文化精神的龙、凤、日、山、水、云、圆、金等祥瑞形态及特征，营造出近乎至神至圣的纪念氛围，无论是在立意还是在形态上，世纪坛都比较恰当地表现了中华民族喜闻乐见的祥瑞无限与普天同庆的情结（图 6-9）。此外，世博会“中华之冠”中国馆基座部分的构思立意采用了比较抽象的“吉祥”篆书文字的图案样式，这也是祥瑞在纪念性建筑中的一类表现方式（图 6-10）。

图 6-8　中华世纪坛“乾”、“坤”所营造千年庆典的庄重而欢乐的场景
（来源：http://baike.baidu.com/view/22727.htm）

图 6-9　中华世纪坛圣火轴线营造的“祥瑞”和谐的场景
（来源：http://baike.baidu.com/view/22727.htm）

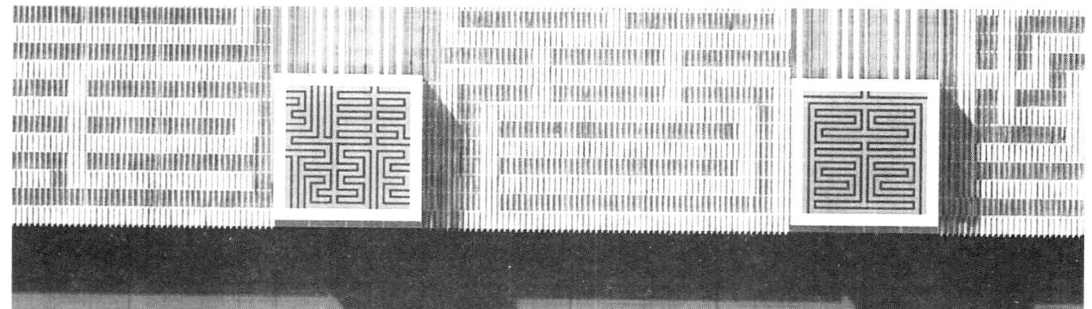

图 6-10　上海世博会中国馆基座中的吉祥“篆字”
（来源：2010 上海世博会中国馆 [J]. 世界建筑，2003（6）：136.）

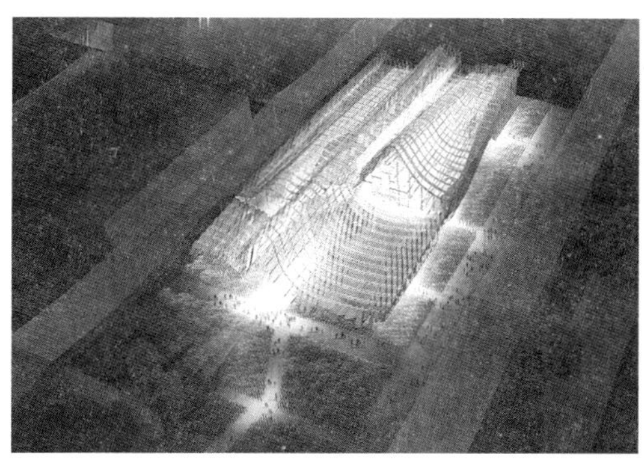

图 6–11 2015 年米兰世博会中国馆“风吹麦浪”营造的丰收祥和的“欢庆”场景
（来源：http://www.soujianzhu.cn/news/display.aspx?type=2&id=1997）

图 6–12 2015 年米兰世博会中国馆“风吹麦浪”营造的丰收祥和的“欢庆”场景
（来源：http://www.soujianzhu.cn/news/display.aspx?type=2&id=1997）

在这里需要强调一下，除了“欢庆感”视角以外，分析世纪坛这样一座特殊意义的纪念性建筑的设计，也可以从“大美感”即中国式崇高感的视角进行研究，可以说，和谐感是我国当代纪念性建筑形态所共通的、具有主导地位的感性品质。

2015 年米兰世博会中国馆，尽管并不是纪念性建筑，但因为承载了国家形象、民族文化与精神而具有一定的纪念性，可视为“欢庆感”形态表达的重要案例，“希望的田野，生命的源泉”的构思虽然不能说直接来自传统元素，但其寓意和“风调雨顺”、“五谷丰登”的祥瑞意象也是一脉相通的。中国馆仍然运用了传统元素，如馆前区田野景观中安置了以北京先农坛祭坛为原型的舞台，舞台背景再现了故宫红墙，而穿插在田间的疏散通道象征着历史悠久的老北京胡同或者传统巷道。馆中展陈由“天”、“人”、“地”、“和”主题构成，通过现代数字技术等展示中国的农业文明和饮食文化，比如中国农历的二十四节气、中国的养蚕缫丝、杂交水稻等农耕文明成果，表现了国人在发展农业的同时，探求和自然的平衡与和谐，并推动可持续发展的理念与行动（图 6–11、图 6–12）。

第三节 “律动”

一、再释“律动”

这里所分析的“律动”与狂欢纪念中的“欢动”感性形态有着密切的关系，相对“欢动”而言，“律动”更强调有某种节律性主导的动态与动感，可能更适合表达具有严肃性的欢乐感主题，为了强调这一概念内涵的民族性，这里援引宗白华先生基于对中华传统文化的研究所提炼出的中华美学的“节奏”概念，可为“律动”提供一种当代美学层面的理论佐证。

“节奏”论的核心内容是彰显生命活力乃至宇宙的律动和谐，基于宇宙观，探究万物要素构成的和谐本质，由此推及美的基本特征，将“有节奏的生命”与美联系起来，以研究中华艺术的本质内涵及基本特征。生生不息的生命节奏可以说是中国艺术设计灵感的源头，正如宗白华先生所说，宇宙拥有无尽的生命和生命力，也拥有严整秩序、和谐圆满；而人生如果期望完成自己，止于完善，那么也应当以宇宙为模范，追求生活中的秩序、圆满与和谐。概言之，和谐与秩序是宇宙之美，也是人生之美的基础。[19]

宗先生进而从人生境界与意义的高度指出了艺术的形式在于节奏，在实践生活中体味万物的形象、深入生命的内核，以自由和谐的形式，表达出人生最深的内在，这就是美，[20]并通过阐述节奏在绘画中的表现，深刻诠释了律动的生命力寓意，认为气韵生动是绘画艺术创作追求的最高境界，也是相关批评的核心标准。气韵就是宇宙中鼓动万物的‘气’的节奏、和谐，生动就是虎虎而有生气，要进一步表达出形象深层的生命力，就是要气韵生动，[21]即生命的律动。[22]

本书所指“律动”的内涵即通过形态的律动以表现生命乃至宇宙的律动和谐，宗先生认为中华民族的艺术往往都趋向于追求和谐、圆满以及相应的人生境界，这里的节奏论相当于人生境界说的形式论，指向这样境界的艺术形态设计的基本原则及判断艺术形态所达到的境界的审美尺度，通过“节奏”将宇宙的无尽、动力、秩序、圆满的和谐性质与美的根源、美的形态、艺术设计的和谐境界乃至人生的境界联系起来，使得生命、宇宙的“和谐”能够为我们所感知。

此外，“大美感”即中国式崇高感以及“欢庆感”即中国式狂欢感的寓意与形态表达具有相通之处，基于“节奏”论也可对二者的相似性进行一定程度的哲学层面的揭示，“大美感”、“欢庆感”纪念性建筑形态往往并不会过于直接、强烈、极端地表达“心胸里汹涌着情感的风浪、意欲的波涛”，这并不是说中华民族就欠缺崇高的抗争与奋斗精神，乃至生命的活力、激情，而是我们国家有着符合中华民族文化偏好的节奏与和谐的表达方式。

基于“欢庆感”视角与基于“大美感”视角的纪念性建筑形态的设计思路，无论是在寓意、情感还是在总体形态特征上都是相通的，包括和谐的寓意、情感内涵与表达乃至相关的形态，可以说是表现中国式崇高与狂欢的相关纪念性建筑感性形态设计思路的核心内容。

二、“律动”的“欢庆感”纪念性建筑形态

“律动”的纪念性建筑形态，如世纪坛，采用旋转坛体，“寓意旋转乾坤，也寓意着天地对立统一，宇宙变换轮回”，[23]强调天地宇宙的无限运动，选择了表现天人合一、阴阳乾坤的“乾”、“坤”的基本形态，象征自强不息、厚德载物等中华民族精神的内核，并希冀通过这样的形态表现出中华民族古今思想与精神的精髓以及千年纪念的主题，承载宏大的国家意识形态层面的精神内容。“坤”的倾角退台保证了“乾”的旋转体的视觉效果，而“乾”的倾角显著加强了旋转的效果。坛上的指针没有安置在圆心，使得指针在旋转时产生位移，强化建筑制高点上动态旋转的效果。[24]由此，世纪坛通过多种方式而具有的运动状态和呈现出的动感，寓意宇宙的运动、永恒等，象征着中华民族精神与文明等的和谐、崇高、永恒（图 6–13、图 6–14）。

2015 年米兰世博会中国馆的“律动”形态通过城市天际线与山岳、祥云轮廓线的关联而生成，室内外呈现出风吹麦浪、山峦起伏等律动的意象。在这里，律动的山峦、清风拂过麦浪的形态更加自由、洒脱、轻盈而富有生机，形成的轻快的氛围契合设计的主题立意，在表达我们的农业文化的同时，更反映出了我们对自然的态度、社会发展和自然之间的和谐关系和我们的文化形象（图 6–15、图 6–16）。

图 6-13 中华世纪坛“乾”、“坤”形成的动感及运态
（来源：http://baike.baidu.com/view/22727.htm）

图 6-14 中华世纪坛世纪大厅内的动感
（来源：http://baike.baidu.com/view/22727.htm）

图 6-15 2015 年米兰世博会中国馆内屋架和展陈所呈现的“律动”
（来源：http://www.ccpit.org/Contents/Channel_3434/2015/0521/462609/content_462609.htm）

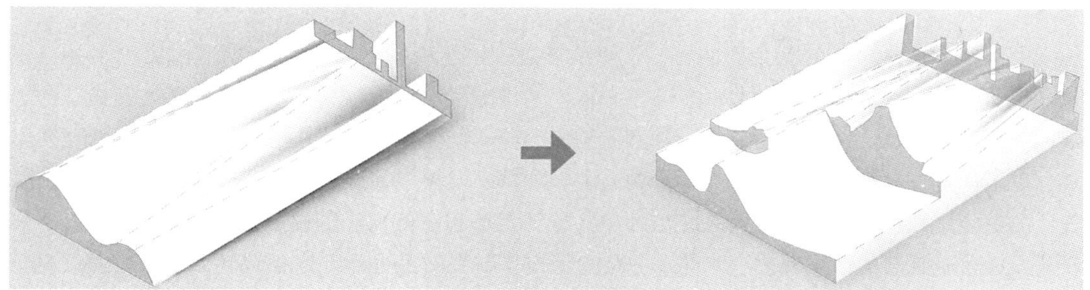

图 6-16 2015 年米兰世博会中国馆“律动”形态的生成：城市天际线与山岳、祥云轮廓线的关联
（来源：http://www.ccpit.org/Contents/Channel_3434/2015/0521/462609/content_462609.htm）

第四节 “绚丽”

一、中国传统节庆的“绚丽”

这里用“绚丽”一词来指代“欢庆感”纪念性建筑形态的色彩特征，我国传统节庆的“绚丽”

色彩突出地表现为对两类色彩搭配的偏好，一类是“红黄搭配”，另一类是“红绿搭配”。

传统节庆中的“绚丽”色彩首先侧重于原色、纯色，尤其是红、黄等的色彩表现，红黄搭配可以说是我国传统节庆中最典型的色彩表现。我们民族有着强烈的尚红传统和情结，红具有的象征意义比较复杂，比如象征着太阳、生命、希望、光明、热情、鲜血、革命、胜利等，体现着中华民族追求吉祥、规避邪恶的美好愿望，在中国的传统节庆、婚庆等场合中有着突出的展现，已经成为中国传统节庆的主要色调，表达着喜庆、祥瑞等情感寓意。可以说春节的色彩就是红色的，红成为驱“年”避害的有效方式，演化为春节的主色调，如红春联、红爆竹、红灯笼、红剪纸、红新衣等，红已经成为我们表达喜庆、象征祥瑞的最重要的符号之一。此外，黄是搭配红的最重要的色彩，在传统祥瑞形态中常能看到以红为底，以黄为图，“红黄搭配”的图底关系，形成了涉及欢庆感、喜庆感、吉庆感等节日情感的红黄搭配的艳丽色彩效果，而对于这类红黄搭配的感受，歌德曾发现：当黄色得到红色的加深时，就增加了活力，变得更加有力和壮观，能够带来温暖和快乐的感觉，[25] 和我们常说的红红火火的意义是一致的（图 6-17 ~ 图 6-19）。

图 6-17 婚庆中“红”所营造的喜庆场景
（来源：2005 年 6 月自摄于臧先生婚礼）

图 6-18 元宵节中“红黄搭配”所营造的喜庆场景
（来源：http://baike.baidu.com/subview/1949/13291116.htm?fromtitle=%40%23Protect%40%23）

图 6-19 中国北方传统式婚礼中“花生树”所呈现的“红绿搭配”
（来源：2005 年 6 月自摄于臧先生婚礼）

中国传统节庆“绚丽”色彩的另一类重要表现即“红绿搭配”，[26] 这样的搭配突出了补色关系的色彩结构，实际运用并不局限于红色与绿色的搭配，表现为以红为基调，配搭与红具有一定补色关系的冷色。红绿搭配不仅是一种形成绚烂的色彩视觉感觉以及积极、热烈的心理感受的颜色，也可以说是生命的颜色，表现生命的活力，如中国山东南部地区的婚庆中就有将染成红色或蓝色的花生缀在盆栽枝条上，代表结出的果实象征男孩和女孩，其寓意主要与孕育子嗣、人丁兴旺等家族血脉延续的愿望有关。此外，在民间年画乃至节庆活动服饰上也常能看到红绿搭配。

红黄搭配与红绿搭配为中国传统节庆中具有代表性的“绚丽”色彩表现，节庆中的具体色彩模式也比这里所叙述的更加丰富多样，这些绚丽的色彩模式在我国当代的纪念性庆典中得到了相当程度的延续和发扬，其中红黄搭配不仅为民间广泛采用，更为官方性质的纪念性庆典活动所普遍采用，而红绿搭配更多为民间的相关活动所采用。

二、“绚丽”的“欢庆感”纪念性建筑形态

中国传统节庆的红黄搭配与红绿搭配的“绚丽”色彩模式，在中国当代的节日庆典中得到广泛运用，红黄搭配在我国当代的“欢庆感”纪念性建筑形态中也有着突出的表现。

图 6-20 2015 米兰世博会中国馆“黄”与“红”主导的色彩搭配
（来源：http://www.ccpit.org/Contents/Channel_3434/2015/0521/462609/content_462609.htm）

米兰世博会中国馆主馆的建筑与景观可以说是以黄色为主导，再现了一片丰收的金黄麦田景象，使用了传统宫廷建筑样式的舞台，与主馆的风格并不一致，可以看出我们对用官式建筑来表达国家形象有着强烈而深厚的情节（图 6-20）。

在新中国开国大典的普天同庆的场景中，红也成了最主要的色彩基调，挂在天安门城楼上起到画龙点睛作用的八只大红灯笼的设计方案，尽管是由两位在抗战中被俘的日本人提出的，[27] 却很合乎庆典气氛和民族情结。可以说，开国大典中的红灯、红条幅、红旗等形态样式的组合创建了新中国重大节庆纪念场景的经典模式。张致祥先生曾回忆大典时溢彩流金的欢庆场景和喜气洋洋的气氛，[28] 董希文先生在油画《开国大典》中正是利用绚丽的色彩展现了这样的“普天同庆”的严肃又欢乐的场景：天安门城楼上红柱耸立、大红宫灯、黄菊怒放、碧空晴朗、祥云万里、地毯鲜红、红旗如林，艺术地烘托了毛主席在天安门城楼上向全世界庄严地宣布“中华人民共和国成立了，中国人民从此站起来了”这一庄严、喜庆的时刻，也烘托了新中国开国盛典的辉煌、庄严的气氛，并寄托着共和国事业宏伟、蒸蒸日上的寓意（图 6-21）。在地方的国庆纪念场景营造中，红黄搭配也有着普遍而显著的表现（图 6-22）。

概言之，红黄搭配和红绿搭配这类为我们所偏好的色彩搭配，不仅在传统节庆中用以表达吉祥、愉悦、快乐、兴旺等寓意与情感，也为当代相关纪念性建筑形态的设计所沿用或再创造，红黄搭配成为相关纪念性场景营造的主导色彩搭配，而且这样的方式和观念仍有持久的生命力。

图 6-21 “开国大典”表现的“绚丽”场景
（来源：http://baike.baidu.com/subview/2194/5060632.htm?fromtitle=%40%23Protect%40%23）

图 6-22 地方国庆纪念活动场景中的“红”与“黄”主导的色彩搭配
（来源：2015 年 10 月自摄于绍兴）

■ 本章小结

本章基于“欢庆感”视角研究相关纪念性建筑的感性形态问题，主要包括三方面内容：首先是欢庆感的内涵问题，强调其中蕴涵的庄重和欢快交织的复杂情感状态，用来表达对丰功伟业、盛世祥和、普天同庆等的欢乐之感；其次，欢庆感涉及的纪念主题方面，主要有重大的纪念性节日庆典如国庆纪念庆典、千年纪念等；而相关纪念性建筑感性形态设计思路方面，则侧重于阐述“祥瑞”形态的表现，形态的“律动”即和谐的节奏，光色的“绚丽”主要包括红黄搭配和红绿搭配等感性品质，这里的祥瑞主要指基于传统的吉祥、祥瑞在寓意与形态等方面的再创造。由于在相关理论研究中关于欢乐与纪念的研究相对并不多，相关内容的基础及相关建筑实践也还不算丰富，有必要深入地研究对于社会生活如此重要的欢乐感纪念范畴，相关问题，尤其是欢乐感及其纪念空间的社会价值与空间营造等方面的问题，仍有待进一步的研究。

注释

1.（法）爱弥尔·涂尔干．宗教生活的基本形式[M].渠东等译．上海：上海人民出版社，2006：371.

2，12，13. 郭于华：仪式与社会变迁[M]．北京：社会科学文献出版社，2000：326，327，343.

3，27，28. 张致祥等．忆开国大典 庆五十华诞[J]．思想政治工作研究，1999（10）：6-7.

4，17，18，23，24. 余立．“中华世纪坛”的建筑形象语言[J]．建筑学报，1999（6）：16，18，19.

5-9.（英）E·霍布斯鲍姆，T·兰格．传统的发明[M].顾杭等译．南京：译林出版社，2004：2，6-8，17．其中“7”的原文为“新传统可能被轻而易举地移植到旧传统之上”，疑应为：“旧传统可能被轻而易举地移植到新传统之上”。

10，11. 许慎．说文解字[M]．天津：天津古籍出版社，1991：7，33.

14，15，26. 尹笑非．民众生活理想的视觉展演——中国民间传统吉祥图像的理论阐释[D]．上海：华东师范大学，2007：139-142，146，150.

16. 梁一儒等．中国人的审美心理研究[M]．济南：山东人民出版社，2002：105.

19. 宗白华．哲学与艺术——希腊大哲学家的艺术理论·中国美学史论集[M].合肥：安徽教育出版社，2000：267.

20. 宗白华．论中西画法的渊源与基础·中国美学史论集[M].合肥：安徽教育出版社，2000：282.

21. 宗白华．中国美学史中的重要问题的探索·中国美学史论集[M].合肥：安徽教育出版社，2000：30.

22. 宗白华．论中西画法的渊源与基础·中国美学史论集[M].合肥：安徽教育出版社，2000：287.

25.（美）鲁道夫·阿恩海姆．艺术与视知觉[M].腾守尧，朱疆源译．成都：四川人民出版社，1998：469.

第七章

结语　情与感的力量

这里基于感性视角研究梳理了纪念性建筑感性形态设计思路问题，期望能够比较系统地为纪念性建筑的设计、分析和体验提供能触及精神、情感等具有深层意义的理论参照，也期望能借此强调建筑设计及体验中感性因素的重要性。

基于感性与情感及价值论视角，纪念范畴概分为涉及现实性价值与情感的纪念范畴以及涉及神圣性价值与宗教情感的纪念范畴，这里主要研究梳理的是现实性纪念范畴的相关问题。现实性纪念范畴被分为涉及崇高感的“崇高纪念范畴”、涉及悲伤感与悲剧感的“悲的纪念范畴”以及涉及快乐与“狂欢感”的“喜的纪念范畴”这三类基本的纪念范畴。

第一部分，对“崇高纪念范畴”相关问题的研究，主要涉及崇高英雄与崇高战争这两类主题：在表现崇高精神的抗争性方面，中西方文化背景下纪念性建筑形态的设计思路可以说比较相似；接着相对独立地研究中国文化背景下，比较偏好表现“和谐性崇高精神”的“大美感”相关感性形态设计思路问题。

表现崇高精神的抗争性是其中一种重要的思路，关于崇高感的论说主要基于对康德的崇高论及相关研究的一定理解，强调激起崇高感的抗争性崇高精神的内涵及相应形态的感性品质。崇高感主要涉及英雄与战争这两类纪念主题，在此引述卡莱尔、贺麟等学者的英雄论，并且涉及战争性质界定的论说，以便进一步分析对相关设计的影响，进而研究梳理崇高感相关感性形态设计思路问题。主要表现为：“数大”，包括体量的“大”与数量的“大”，“力大”，包括力量的“大”与重量的“大”及光色的“晦暗”，强调呈现力量的“大”的感性形态设计思路是从根本上契合了抗争性崇高精神的表达，不必总采用特定的程式化的建筑模式。

另一种思路表现的是和谐性的崇高精神，也就是本书所分析的“大美感”相关内容，在这里用“大美感”一词来代称中国文化背景下源自和谐性崇高精神的崇高感。涉及的纪念主题主要是我国的民族英雄及革命战争纪念，虽然基于“民族形式”及其变化的相关纪念性建筑在表现中国式和谐崇高精神和情感时占据着近乎主导性的地位，但仍有必要从感性品质层面进行研究。相关设计思路的研究主要包括：阐述纪念性场所与纪念性建筑的“大壮”，纪念性场所与纪念性建筑的“和谐”，尤其是比例和谐问题，光、色、质的“明艳”即“明晰”或“艳丽”等方面的内容。

第二部分，在对“悲的纪念范畴”相关问题的分析中，悲剧感所涉及的纪念主题主要包括“灾难”、“战争”、“死亡”等。基于相关论说，首先分别阐述了源自悲剧性的悲剧感与源自悲剧精神的悲剧感，进而区分悲剧感的这两方面内容在中西方文化背景下的不同表现。此外，鉴于我国文化背景中相关纪念性建筑的设计常常存在对悲剧性内容的规避以及“大团圆式”观念转换的强大认同和影响，相关设计参照和谐性的大美感设计思路，也就没有把相关的内容独立成章。由此，基于悲剧感视角的纪念性建筑感性形态设计，涉及源自悲剧性与源自悲剧精神的表现这两方面内容。

其中涉及源自悲剧性的悲剧精神及悲剧感的相关设计主要包括两方面内容。一方面，关于源自悲剧性的悲剧感的相关形态设计思路问题，在西方文化背景下，相关设计往往直接呈现悲剧性状态，甚至有些直白地表达“死”、“难”内容，包括涉及悲剧性的起因、过程、后果、反应等方面的内容，强调对破坏、死难、废墟、痛苦等状态的表达，呈现出如“残缺”即整体性或完美性被破坏的状态以及呈现破坏性后对其程度的表现，主要包括“残·缺”、“断·裂”、“破·碎”、“消·解”等“残缺”状态，呈现出“失序”即和谐性秩序被破坏的状态，主要包括社会生活环境秩序、遇难主体等多视角的“失序”状态，如“废墟”、“扭曲”、“倾斜”、“冲突”、“受难”等以及光色的“晦暗”，材质的“粗粝”、“腐蚀”等被破坏的状态。

另一方面，在我国文化背景中，相关设计往往会规避直接表现“死”、“难”等悲剧性内容，而是表现纪念对象直面死亡乃至超越死亡与灾难的化悲痛为力量的和谐性的崇高精神，但往往又不表现过于激烈的抗争性，而是侧重于体现大团圆式的“和谐”悲剧观。

在表达源自崇高的悲剧精神相关悲剧感形态设计思路问题时，仍然基于中西方文化的差异分别叙述，由于西方式“抗争性”悲剧感和“抗争性”崇高感相关内容的相似性以及中国式“和谐”的悲剧感与中国式崇高即“和谐”的“大美感”相关内容的相似性，前者基本可以成为后者的参照。

第三部分在“喜的纪念范畴”中，由于中西方文化背景下相关内容的差异性和复杂性，这里对西方文化背景下侧重于“狂欢感”视角的纪念性建筑感性形态设计思路问题以及中国文化背景下侧重于“欢庆感”视角的相关问题分别进行了研究。

基于狂欢感的思路侧重于表现西方式的具有颠覆性意义的狂欢精神，并偏好“怪诞”的形态，我国民俗活动中也有类似的表现。基于“欢庆感”视角的设计思路则强调了我国文化中“祥瑞”意象与形态的表达，体现出了我国文化中看重和谐的“狂欢”精神。

一方面，在阐述基于狂欢感视角的相关感性形态设计的内容中，对于源自狂欢精神的狂欢感的内涵问题的解释，主要基于苏联学者巴赫金的“狂欢式世界感受”的概念及相关的狂欢论，强调狂欢感与快乐感的紧密关系以及狂欢感所体现的强调自由平等的狂欢精神。此外，狂欢感涉及的纪念主题包括西方文化背景下的狂欢节庆纪念、千禧年纪念及战争结束纪念等。关于基于狂欢感视角的相关感性形态设计思路，主要阐述“怪诞”的纪念性建筑形态。在这里，“怪诞”主要是指对权威性的等级秩序、传统的惯例、规则及观念等的背离、颠覆与重构，怪诞美学形态是对经典权威的美的美学形态的“背离”或“戏仿”，而“怪诞”的纪念性建筑形态的生成逻辑或形态特征主要包括“异质”、“变形”、“降格”、“升格”等，进而分析了感性形态结构层面的形态动感的“欢动”内容以及光色的“绚烂”等内容。

另一方面，在阐述基于“欢庆感”视角的纪念性建筑感性形态的设计思路的内容中，关于欢庆感的内涵，强调庄重与欢快交织的复杂情感状态，并强调其中的“盛世祥和”、“国泰民安”、“普天同庆”等寓意。“欢庆感”所涉及的纪念主题主要指重大的庆典性纪念，如国庆纪念、千年纪念等。关于狂欢感感性形态设计，主要阐述“祥瑞”的纪念性建筑形态。“祥瑞”指的是对中国传统的吉祥、祥瑞在寓意及形态方面的再创造以及形态的“律动”，或者说强调中国文化背景下和谐“节奏”感形态以及光色的“绚丽”，包括“艳丽”、“绚烂”等内容。

概言之，在“崇高纪念范畴”中，基于崇高感视角的相关设计思路侧重于表现抗争性崇高精神，根本上关注的是对抗争性的“力量的大”的感性形态的表现；基于“大美感”视角的相关设计思路则侧重于表现我国文化中“和谐”的崇高精神，从而强调“和谐”的感性形态的表现。在“悲的纪念范畴”中，基于悲剧感视角的相关感性形态设计涉及悲剧性与悲剧精神的表达这样两方面的内容，其中源自悲剧性的相关设计侧重于表现悲剧性内容与状态，西方文化背景下往往直接呈现悲剧性状态，而在中国文化背景下常常采取规避的态度，对悲剧性后果进行“大团圆式”的转化，或者表现化悲痛为力量的崇高精神。源自悲剧精神的悲剧感视角的相关感性形态设计，在西方文化背景下往往侧重于表现抗争性崇高精神，在中国文化背景下，更倾向于参照“大美感”的相关内容表达和谐的崇高精神。在“喜的纪念范畴”中，基于狂欢感视角的相关感性形态设计侧重于表现西方式颠覆性狂欢精神，从而强调对“怪诞”形态的表现；而基于“欢庆感”视角的相关感性形态设计，强调“祥瑞”形态的表达，侧重于体现中国文化中和谐性的“狂欢”精神。

情与感的问题是纪念的核心问题，崇高、悲、喜既是纪念活动感性的缘起，又可以说是对纪念主题与纪念对象的价值判断，更是纪念体验的预设、预期、实际的结果乃至目的，根本而言，情与感可以说就是纪念乃至纪念性建筑的魂与灵。

参考文献

[1] 特纳．情感社会学［M］．孙俊才译．上海：上海人民出版社，2007.

[2] 孟昭兰．情绪心理学［M］．北京：北京大学出版社，2005.

[3] 孟昭兰．普通心理学［M］．北京：北京大学出版社，2003.

[4] 彭聃龄．普通心理学［M］．北京：北京师范大学出版社，2001.

[5] K. T. Strongman．情绪心理学——从日常生活到理论［M］：王力译．北京：中国轻工业出版社，2006.

[6] 杨至德．纪念性景观设计［M］．南京：江苏凤凰科学技术出版社，2014.

[7] 王辉．建筑美学形与意［M］：北京：中国建筑工业出版社，2011.

[8] 余柏椿．城市设计感性原则与方法人·空间·环境·情感［M］．北京：中国城市出版社，1997.

[9] Erika Doss. Memorial Mania: Public Feeling in America, Chicago: University Of Chicago Press, 2012.

[10] 胡滨．纪念空间：消失与再现、纪念与记忆［J］．建筑师，165.

[11] 王月涛等．线性与迷宫之间——纪念性建筑叙事路径的结构模式研究［J］．新建筑，2012(6).

[12] M·W·艾森克，M·T·基恩．认知心理学（下册）［M］．高定国等译．上海：华东师范大学出版社，2004.

[13] 中川作一．视觉艺术的社会心理［M］．许平等译．上海：上海人民美术出版社，1991.

[14] 高蕾．试论儿童情感教育的审美模式［D］．南京：南京师范大学，2007.

[15] 朱小蔓，梅仲荪．儿童的情感发展与教育［M］．南京：江苏教育出版社，1998.

[16] 乔斯·B·阿什福德克等．人类行为与社会环境：生物学、心理学与社会学视角［M］．第2版．王宏亮等译．北京：中国人民大学出版，2005.

[17] 维克托·S·约翰斯顿．情感之源［M］．翁恩琪等译．上海：上海科技出版社，2002.

[18] 林玉莲，胡正凡．环境心理学［M］．北京：中国建筑工业出版社，2000.

[19] 周冠生．东方心理学［M］．上海：上海文化出版社，2003.

[20] 申荷永．心理分析理解与体验［M］．北京：三联书店，2004.

[21] 弗雷德里克·詹姆逊．快感：文化与政治［M］．王逢振等译．北京：中国社会科学出版社，1998.

[22] 珊·朗格．艺术问题［M］．滕守尧译．南京：南京出版社，2006.

[23] 苏珊·朗格．情感与形式［M］．刘大基，傅志强，周发祥译．北京：中国社会科学出版社，1986.

[24] W·沃林格．抽象与移情［M］．王才勇译．沈阳：辽宁人民出版社，1987.

[25] 邢维凯．情感艺术的美学历程［M］．上海：上海音乐出版社，2004.

[26] 胥建国．精神与情感——中西雕塑的文化内涵［M］：北京：商务印书馆，2003．
[27] E·H·贡布里希．秩序感——装饰艺术的心理学研究［M］．范景中等译．长沙：湖南科学技术出版社，2000.
[28] E·H·贡布里希．艺术与错觉［M］．林夕等译．长沙：湖南科学技术出版社，2002.
[29] 格罗赛．艺术的起源［M］．蔡慕辉译．北京：商务印书馆，1984.
[30] 茨维坦·托多罗夫．象征理论［M］．王国卿译．北京：商务印书馆，2004.
[31] 杰克·特里锡德．象征之旅：符号及其意义［M］．石毅等译．北京：中央编译出版社，2001．
[32] 戴维·方坦纳．象征世界的语言［M］．何盼盼译．北京：祖国青年出版社，2000.
[33] 罗兰·巴尔特（巴特）．符号学原理［M］．李幼蒸译．北京：三联书店，1988.
[34] R·巴特．符号学美学［M］．董学文，王葵译．沈阳：辽宁人民出版社，1987.
[35] 约瑟·皮埃尔．象征主义艺术［M］．狄玉明，汪振宵译．北京：人民美术出版社，1988.
[36] 彭锋．西方美学与艺术［M］．北京：北京大学出版社，2005．
[37] 莫里茨·盖格尔．艺术的意味［M］．艾彦译．北京：华夏出版社，1999.
[38] 张法，王旭晓主编．美学原理［M］．上海：上海人民出版社，2000.
[39] 鲍桑葵．美学史［M］．张今译．北京：商务印书馆，1997.
[40] 刘滨谊等．纪念性景观与旅游规划设计［M］．南京：东南大学出版社书，2005.
[41] 王艳．人心之序—舍勒价值论探究［D］．上海：复旦大学系，2007.
[42] 马克斯·舍勒．价值的颠覆［M］．罗悌伦等译．北京：生活·读书·新知三联书店，1997.
[43] 马克斯·舍勒．伦理学中的形式主义与质料的价值伦理学［M］．倪梁康译．北京：生活·读书·新知三联书店，2004.
[44] 列·斯托洛维奇．审美价值的本质［M］．倪梁康译．北京：中国社会科学出版社，1984.
[45] 何颖．非理性及其价值研究［M］．北京：高等教育出版社，2002.
[46] 米尔恰·伊利亚德．神圣与世俗［M］．王建光译．北京：华夏出版社，2003
[47] 曼纽尔·卡斯特．认同的力量［M］．夏铸九等译．北京：社会科学文献出版，2003 .
[48] 杜夫海纳．审美经验现象学［M］．韩树战译．北京：文化艺术出版社，1996．
[49] 埃伦·迪萨纳亚克．审美的人——艺术来自何处及原因何在［M］．户晓辉译．北京：商务印书馆，2004．
[50] 列维·斯特劳斯．野性的思维［M］．李幼蒸译．北京：商务印书馆，1987．
[51] 列维·布留尔．原始思维［M］．丁由译．北京：商务印书馆，1997．
[52] 汉斯·罗伯特·耀斯．审美经验与文学解释学［M］．顾建光等译．上海：上海译文出版社，1997．
[53] 汉斯·罗伯特·耀斯，R·C·霍拉伯．接受美学与接受理论［M］．周宁等译．沈阳：辽宁人民出版社，1987．
[54] 朱光潜．文艺心理学［M］．北京：三联书店，2005．
[55] 劳成万．审美中介论［M］．上海：第 2 版．上海文艺出版社，2001．
[56] 腾守尧．审美心理描述［M］．北京：中国社会科学出版社，1985．
[57] 齐康．纪念的凝思［M］．北京：中国建筑工业出版社，1996．
[58] 谭垣等．纪念性建筑［M］．上海：上海科学技术出版社，1987．

[59] 李立新．感性工学——一门新学科的诞生［J］．艺术生活，2006（3）．
[60] 巫鸿．礼仪中的美术・巫鸿中国古代美术史文编学［M］．北京：生活・读书・新知 三联书店，2005．
[61] 林惠汶，傅朝卿．战争纪念性意义之差异性研究——以金门与美国盖茨堡之战役纪念物之设置涵义意义探讨［J］．建筑学报（台湾），2007（12）．
[62] 李开然．景观纪念性导论［M］．北京：中国建筑工业出版社，2005．
[63] 冒亚龙．高层建筑美学价值研究［D］．重庆：重庆大学建筑城规学院，2006．
[64] 武向兵．略论纪念性建筑［D］．南京：东南大学，1989．
[65] 张红卫．纪念性空间［D］．北京：北京林业大学，1999．
[66] 张宏．纪念性建筑［D］．南京：东南大学，1993．
[67] 任军．纪念心理在建筑中的体现——兼述苏俄建筑的纪念性格［D］．天津：天津大学，2001．
[68] 侯兆铭．遗址类纪念性建筑创作研究［D］．哈尔滨：哈尔滨工业大学，2002．
[69] 丁奇．纪念性景观研究［D］．南京：南京林业大学，2003．
[70] 张炳秀．纪念性建筑主题意义的表达［D］．哈尔滨：哈尔滨工业大学，2003．
[71] 李小龙．纪念性建筑的文化内涵与文化取向［D］．合肥：合肥工业大学，2003．
[72] 戴梦馨．名人纪念建筑研究［D］．南京：东南大学，2005．
[73] 诺伯格・舒尔茨．西方建筑的意义［M］．李路柯等译．北京：中国建筑工业出版社，2005．
[74] 诺伯格・舒尔茨．存在・空间・建筑［M］．尹培桐译．北京：中国建筑工业出版社，1990．
[75] G・勃罗德彭特．建筑设计与人文科学［M］．张韦译．北京：中国建筑工业出版社，1990．
[76] G・勃罗德彭特．符号・象征与建筑［M］．乐民成等译．北京：中国建筑工业出版社，1991．
[77] Sigfried Giedion. Space,Time and Architecture：Harvard University Press,1967．
[78] 阿摩斯・拉普卜特．建成环境的意义［M］．黄兰谷等译．北京：中国建筑工业出版社，2003．
[79] 阿摩斯・拉普卜特．文化特性与建筑设计［M］．常青等译．北京：中国建筑工业出版社，2004．
[80] 恩斯特・卡西尔．人论［M］．甘阳译．上海：上海译文出版社，1985．
[81] 赵宪章．西方形式美学——关于形式的美学研究［M］．上海：上海人民出版社，1998．
[82] 阿道夫・希尔德勃兰特．形式问题［M］．潘耀昌等译．石家庄：河北美术出版社，1997．
[83] 爱弥尔・涂尔干．宗教生活的基本形式［M］．渠东等译．上海：上海人民出版社，2006．
[84] Klonk, Charlotte．Spaces of Experience,New Haven:Yale University Press, 2009．
[85] 王月涛．基于主体意识层次的纪念性建筑创作方法建构研究［D］．哈尔滨：哈尔滨工业大学，2013．
[86] 康德．判断力批判［M］．邓晓芒译．北京：人民出版社，2002．
[87] 康德．判断力批判［M］．宗白华，韦卓民译．北京：商务印书馆，1996．
[88] 康德．论优美感和崇高感［M］．何兆武译．北京：商务印书馆，2001．
[89] 邓晓芒．康德《判断力批判》释义［M］．北京：生活・读书・新知三联书店，2008.
[90] 朱光潜．西方美学史［M］．北京：人民文学出版社，1979．
[91] 亚里士多德．诗学［M］．陈中梅译注．北京：商务印书馆，2003．
[92] 姚君喜．崇高美学［EB/OL］．http://www.culstudies.com/
[93] 姚君喜．崇高美的当代阐释［J］．兰州商学院学报，2002（5）．

[94] 朱立元．美学［M］．北京：高等教育出版社，2001．
[95] 王斑．历史的崇高形象［M］．上海：上海三联书店，2008．
[96] 张吉平．崇高—崇高感—崇高感投射［J］．吉林艺术学院学报，1989（1）．
[97] 托马斯·卡莱尔．论英雄、英雄崇拜和历史上的英雄业绩［M］．周祖达译．北京：商务印书馆，2005．
[98] 贺麟．文化与人生［M］．北京：商务印书馆，1996．
[99] 张坚．意识形态、文化和公共纪念性雕塑 当代中国公共纪念性雕塑的回顾与前瞻［J］．美术研究，2000．
[100] 卡斯腾·哈里斯．建筑的伦理功能［M］．申嘉，陈朝晖译．北京：华夏出版社，2001．
[101] 穆希娜．纪念碑雕刻中的主题和形象［J］．奚静之译．世界美术，1979（1）．
[102] 孟建民．简形的力量——合肥渡江战役纪念馆［J］．UED+城市环境设计，2014（5）．
[103] 刘志伟．“英雄”与魏晋文化研究［D］．西安：西北师范大学，2002．
[104] 克劳塞维茨．战争论［M］．上海：商务印书馆，1982．
[105] 毛泽东．毛泽东选集［M］．北京：人民出版社，1991．
[106] 埃娃·多曼斯卡．再释历史的崇高：史学中的卑贱的非审美化［M］．上海：上海三联出版社，2003．
[107] 薛永武．康德崇高美之我见［J］．洛阳师范学院学报，2001（4）．
[108] 刘易斯·芒福德．城市发展史——起源、演变和前景［M］．宋俊岭等译．北京：中国建筑工业出版社，2005．
[109] 任军．建筑纪念性读解——纪念本体及纪念性审美研究［D］．天津：天津大学，2004．
[110] 任军．“纪念心理”溯源［J］．哈尔滨大学学报，2002（8）．
[111] 刘滨谊，李开然．纪念性景观设计原则初探［J］．规划师，2003（2）．
[112] 彭一刚．建筑空间组合论［M］．北京：中国建筑工业出版社，1983．
[113] 李俊霞．建筑的比例和尺度［D］．南京：东南大学建筑学院，2004．
[114] 韩国建筑世界杂志社．前卫建筑师 雷法尔·维尼奥里［M］．水润宇等译．天津：天津大学出版社，2002．
[115] 斯皮罗·科斯托夫．城市的形成——历史进程中的城市模式和城市意义［M］．单皓译．北京：中国建筑工业出版社，2005．
[116] 利亚布申，谢什金娜．苏维埃建筑［M］．吕富珣译．北京：中国建筑工业出版社，1990．
[117] 胡恒．历史即快感——张雷设计的江苏溧阳新四军江南指挥部纪念馆［J］．时代建筑，2008（2）．
[118] 李珊珊．美国国家二战纪念园景观设计［J］．规划师．2006（4）．
[119] 殷双喜．永恒的象征——天安门广场人民英雄纪念碑研究［D］．北京：中央美术学院，2002．
[120] 创造青铜史诗中国人民抗日战争纪念雕塑园规划设计研讨会发言摘录［J］．建筑创作，2005（5）．
[121] 史春珊．现代形式构图原理［M］．哈尔滨：黑龙江科技出版社，1985．
[122] 齐康．纪念的凝思——齐康纪念建筑设计［M］．北京：中国建筑工业出版社，1996．
[123] 阿瑟·C·丹托．美的滥用 美学与艺术的概念［M］．王春辰译．南京：江苏人民出版社，2007．

[124] 华盛顿纪念碑景观设计. [J]. 世界建筑，2003(3).
[125] 吴良镛. 人民英雄纪念碑的创作成就——纪念人民英雄纪念碑落成廿周年[J]. 建筑学报，1978,(2).
[126] 郑光中. 心灵的丰碑——从梁思成先生的手稿《人民英雄纪念碑设计的经过》谈起[J]. 建筑学报，1991(6).
[127] 胜利广场——二战胜利200周年纪念建筑群 莫斯科 俄罗斯[J]. 世界建筑，1999(1).
[128] 张润武. 孟良崮战役纪念碑[J]. 建筑学报，1988(8).
[129] 屈小羽. 历史与环境的融合——谈孟良崮战役纪念馆的设计[J]. 世界建筑，2008(5).
[130] 温阳. 西藏和平解放纪念碑雕塑创作谈[J]. 雕塑，2003(4).
[131] 克里斯蒂娜·洛德. 塔特林与第三国际纪念碑[J]. 林荣森等译. 世界美术，1986(4).
[132] 曹磊等. 纪念公园规划设计探索——两个获奖作品的象征、隐喻设计构思[J]. 建筑学报，2002(12).
[133] 孟钧等. 淮海战役烈士纪念塔[J]. 建筑学报，1979(5).
[134] 王世仁. 重读列宁墓[J]. 世界建筑，1999(1).
[135] 鲁道夫·奥托. 论神圣[M]. 成穷，周邦宪译. 成都：四川人民出版社，2003.
[136] 刘云桢. 伯克与康德崇高论比较[J]. 三明高等专科学校学报，2002(1).
[137] 鲁道夫·阿恩海姆. 艺术与视知觉[M]. 腾守尧，朱疆源译. 成都：四川人民出版社，1998.
[138] 鲁道夫·阿恩海姆. 视觉思维——审美直觉心理学[M]. 腾守尧译. 成都：四川人民出版社，1998.
[139] 汪正章. 千古奇冤碑歌一曲——皖南事变烈士陵园及纪念碑解读[J]. 建筑学报，1994(12).
[140] 张文起. 皖南事变烈士陵园及纪念碑设计[J]. 建筑学报，1994(12).
[141] 钟训正. 脚印[M]. 北京：中国建筑工业出版社，2000.
[142] 彭璞. 当代纪念性建筑发展的新特点[D]. 上海：同济大学建筑学院，2005.
[143] 孟建民. 品读合肥渡江战役纪念馆[J]. UED+城市环境设计，2014(5).
[144] 高钰琛. 国家尊严在建筑上的两种表达[J]. 建筑学报，2010(S1).
[145] 金磊. 抗战纪念建筑[M]. 天津：天津大学出版社，2010.
[146] Kirk Savage. Monument W Berkeley and Los Angeles, D.C., The National Mall, and the Transformation of the Memorial Landscape, Berkeley and Los Angeles:University of California Press. 2011.
[147] Michalski, Sergiusz. Public Monuments: Art in Political bondage 1870-1997, London: Reaktion Books. 1998.
[148] 林瑞荣. 革命博物馆纪念馆与爱国主义教育[J]. 中共南昌市委党校学报，2004(4).
[149] 龙华烈士纪念馆. 烈士与纪念馆研究(第8辑)[M]. 北京：中共党史出版社，2004.
[150] 林建群. 纪念碑与纪念建筑[M]. 哈尔滨：哈尔滨工业大学出版社出版，2007.
[151] 林新华. 崇高问题的跨文化美学分析[D]. 上海：复旦大学，2006.
[152] 贺天忠. 庄子的大美与康德的崇高之美[J]. 文艺理论研究，2005(1).
[153] 李泽厚. 美的历程[M]. 北京：文物出版社，1982.
[154] 梁思成. 中国建筑的特征[J]. 建筑学报，1954(1).

[155] 高巍．纪念空间北京城［M］．北京：清华大学出版社，2011．

[156] 赖德霖．中国近代建筑史研究·探寻一座现代中国式的纪念物——南京中山陵设计［M］．北京：清华大学出版社，2007．

[157] 侯幼彬．中国建筑美学［M］．哈尔滨：黑龙江科学出版社，1997．

[158] 郝曙光．当代中国建筑思潮研究［M］．北京：中国建筑工业出版社，2006．

[159] 彼得·罗，关晟．承传与交融——探讨中国近现代建筑的本质与形式［M］．成砚译．北京：中国建筑工业出版社，2004．

[160] 梁思成．扬州鉴真大和尚纪念堂设计方案［J］．建筑学报，1980（3）．

[161] 张锦秋．圣殿记·长安意匠——张锦秋建筑作品集［M］．北京：中国建筑工业出版社，2006．

[162] 张锦秋．为炎黄子孙的祭祖圣地增辉——黄帝陵祭祀大院（殿）设计［J］．建筑学报，2006（6）．

[163] 齐康．象征不朽精神 寄托无尽思念——淮安周恩来纪念馆建筑创作设计［J］．建筑学报，1993（3）．

[164] 李立．根系乡土——费孝通江村纪念馆建筑创作［J］．建筑学报，2011（4）．

[165] 曹志明．从情感表达的角度看战争纪念性建筑空间［J］．美与时代（上），2014（11）．

[166] 埃德蒙·N·培根．城市设计［M］．黄富厢，朱琪译．北京：中国建筑工业出版社，2003．

[167] 秦红岭．建筑艺术审美的伦理意义［M］．北京：高等建筑教育，2005（2）．

[168] 吴良镛．黄帝陵轩辕庙祭祀大殿建筑创作座谈会［J］．建筑学报，2006（6）．

[169] 邱文晓．无数珍奇寄清莲——浙江平湖弘一大师纪念馆［J］．新建筑，2008（1）．

[170] 开放的中国用建筑与世界对话与中国馆总设计师面对面［EB/OL］．http://landscape.cn/review/fangtan/2008/599752782057.html．

[171] 郭明卓．中国馆：传统韵味的现代演绎［J］．建筑学报，2007（10）：7．

[172] 曾繁仁．论希腊古典“和谐美”与中国古代“中和美”［J］．中国文化研究，2001（冬之卷）．

[173] 汝信，凌继尧，徐恒醇．西方美学史［M］．第一卷．北京：中国社会科学出版社，2005．

[174]（英）理查德·帕多万．比例——科学·哲学·建筑［M］．周玉鹏等译．北京：中国建筑工业出版社，2005．

[175] 仲尼斯等．古典主义建筑：秩序的美学［M］．何可人．北京：中国建筑工业出版社，2008．

[176] 托伯特·哈姆林．建筑形式美的原则［M］．邹德侬译．北京：中国建筑工业出版社，1982．

[177] 傅熹年．中国古代院落布置手法初探［J］．文物，1999（3）．

[178] 齐康．城市建筑［M］．南京：东南大学出版社，2001．

[179] 傅熹年．傅熹年建筑史论文集·中国古代建筑外观设计手法初探［M］．天津：百花文艺出版社，2009．

[180] 刘育东．建筑的含义［M］．天津：百花文艺出版社，2006．

[181] 赖德霖．中国近代建筑史研究·折中背后的理念——杨廷宝建筑的比例问题研［M］．北京：清华大学出版社，2007．

[182] 齐康．建筑思迹［M］．哈尔滨：黑龙江科学技术出版社，1999．

[183] 周跃西．试论汉代形成的中国五行色彩学体系［J］．装饰，2003（4）．

[184] 刘振武等．色彩的构成教程［M］．北京：中国传媒大学出版社，2006．

[185] 梁一儒等. 中国人的审美心理研究 [M]. 济南: 山东人民出版社, 2002.
[186] 袁镜身. 毛主席纪念堂的设计过程 [J]. 设计与研究, 2007 (3).
[187] 顾孟潮等. 当代建筑文化与美学 [M]. 天津: 天津科学技术出版社, 1989.
[188] 许慎. 说文解字 [M]. 天津: 天津古籍出版社, 1991.
[189] 张钦楠等. 现代中国文脉下的建筑理论 [M]. 北京: 中国建筑工业出版社, 2008.
[190] 马小朝. 历史与人伦的痛苦纠缠——比较研究中西悲剧精神的审美意蕴 [M]. 北京: 中国社会科学出版社, 2008.
[191] 特里·伊格尔顿. 甜蜜的暴力——悲剧的观念 [M]. 方杰, 方宸译. 南京: 南京大学出版社, 2007.
[192] 邱紫华. 悲剧精神与民族意识 [M]. 武汉: 华中师范大学出版社, 2000.
[193] 陈瘦竹, 沈蔚德. 论悲剧与喜剧 [M]. 上海: 上海文艺出版社, 1983.
[194] 王江松. 悲剧哲学的诞生 [M]. 北京: 中国社会科学出版社, 2009.
[195] Shelley Hornstein.Losing Site: Architecture, Memory and Place,Burlington: Ashgate Publishing Limited,2011.
[196] 朱光潜. 悲剧心理学 [M]. 合肥: 安徽教育出版社, 1996.
[197] 朱光潜. 悲剧心理学——各种悲剧快感理论的批判研究 [M]. 北京: 人民文学出版社, 1983.
[198] 尼采. 悲剧的诞生 [M]. 刘琦译. 北京: 作家出版社, 1986.
[199] 莱辛. 拉奥孔 [M]. 朱光潜译. 北京: 人民文学出版社, 1979.
[200] 齐格蒙特·鲍曼. 现代性与大屠杀 [M]. 杨渝东译. 南京: 译林出版社, 2002.
[201] E·弗洛姆. 人类的破坏性剖析 [M]. 孟禅禅译. 北京: 中央民族大学出版社, 2000.
[202] 田中初. 当代中国灾难新闻研究——以中国实践中的政治控制为视角 [D]. 上海: 复旦大学, 2005.
[203] 侵华日军南京大屠杀遇难同胞纪念馆新馆工程学术研讨会 [J]. 建筑学报, 2008 (3).
[204] 胡志颖. 西方当代艺术状态 [M]. 北京: 人民美术出版社, 2003.
[205] 邓红洲, 李玉兰. 越南战争的经验教训、特点及影响 [J]. 战争史研究, 2004 (6).
[206] Ken Worpole.Last Landscapes the architecture of the cemetery in the west,London:Reaktion Books Ltd,2003.
[207] 李泽厚. 华夏美学 [M]. 天津: 天津社会科学院出版社, 2002.
[208] 许安之. 建筑中的动感 [J]. 建筑学报, 2004 (5).
[209] 齐康. 环境的建筑创作构思——"侵华日军南京大屠杀遇难同胞纪念馆"创作设计 [J]. 东南大学学报, 1998 (2).
[210] 张蓉. 建筑诠释的戏剧美——兼析柏林犹太人博物馆对悲剧美的表现 [J]. 华中建筑, 2008 (2).
[211] 欧洲被屠杀犹太人纪念碑, 柏林, 德国 [J]. 世界建筑, 2004 (1).
[212] 张路峰. 体验建筑: 柏林犹太人博物馆 [J]. 建筑师, 2008 (1).
[213] 吉国华. "线之间"——里勃斯金德的柏林犹太人博物馆 [J]. 世界建筑, 1999 (10).
[214] 彭一刚. 从这一类到这一个——甲午海战馆方案构思 [J]. 建筑学报, 1995 (11).
[215] 甲午海战馆暨纪念性建筑创作学术研讨会在威海市召开 [J]. 建筑学报, 1995 (11).

[216] 周卜颐．美国越战纪念碑与青年商会总部的全美设计竞赛［J］．建筑学报，1991（2）．
[217] 马里塔·斯肯特．墙、屏幕和形象：解析越战老兵纪念碑［M］．罗岗，顾铮主编．南京广西师范大学出版社，2003.
[218] 华盛顿越战纪念碑，美国［J］．世界建筑，1988（1）．
[219] 胡晓岚．美国华府越战纪念碑研究［D］．北京：中央美术学院，2008.
[220] 南京市规划局．侵华日军南京大屠杀遇难同胞纪念馆·规划设计扩建工程概念方案国际征集作品集［M］．北京：中国建筑工业出版社，2007.
[221] 滕露莹．论当代建筑空间的动态性［D］．上海：同济大学建筑学院，2007.
[222] 施国平．动态建筑——多元时代的一种新型设计方向［J］．时代建筑，2005（6）．
[223] 何梦笔．秩序自由主义——德国秩序政策论集［M］．董靖等译．北京：中国社会科学出版社，　2002.
[224] 李威．建筑秩序的回归［D］．天津：天津大学名校，2004.
[225] 明妮·魏特琳．魏特琳日记［M］．南京师范大学南京大屠杀研究中心译．南京：江苏人民出版社，2000.
[226] 彼得·埃森曼．轴线的解构——丹尼尔·里伯斯金犹太人博物馆［J］．范路译．建筑师，173.
[227] 叶淑媛．论作为美学范畴的“丑”和“荒诞”［J］．甘肃联合大学学报（社会科学版），2007（2）．
[228] 翟洪涛．简论崇高与丑的关系［J］．玉林师范学院学报（哲学社会科学），2002（1）．
[229] 张玉能．实践的自由与美的范畴［J］．华中师范大学学报（人文社会科学版），2003（1）．
[230] 王庆卫．丑的轨迹——理性视阈中的非理性变奏［M］．北京：中国社会科学出版社，2006.
[231] 保罗·里克尔．恶的象征［M］．公车译．上海：上海人民出版社，2003.
[232] 苏珊·桑塔格．关于他人的痛苦［M］．黄灿然译．上海：上海译文出版社，2006.
[233] 任琴嘎．贾克梅蒂的创作危机［D］．北京：中央美术学院，2005.
[234] 约瑟夫·M·博特．奥斯卡·尼迈耶［M］．张建华译．沈阳：辽宁科学技术出版社，2005.
[235] 本雅明．本雅明文选［M］．陈永国，马海良编．北京：中国社会科学出版社，1999.
[236] 孙绍谊．寻找消隐的另一半［J］．上海大学学报（社会科学版），2004（2）．
[237] 薛恩伦，李道增．后现代主义 20 讲［M］．上海：上海科学院出版社，2005.
[238] 邱秀文等．矶崎新［M］．北京：中国建筑工业出版社，1990.
[239] 罗瑞阳等．矶崎新的历史观［J］．新建筑，1989（1）．
[240] 宋昆，荆子洋．建筑中的再现［J］．建筑学报，1999（8）．
[241] 当代亚洲建筑亚洲建筑师协会．当代亚洲建筑［M］．沈阳：辽宁科学技术出版社，2004.
[242] 万书元．当代西方建筑美学［M］．南京：东南大学出版社，2001.
[243] 付小飞．怀念·追思：现代殡葬建筑设计研究［D］．天津：天津大学，2004.
[244] 马纯立．西安烈士陵园总体规划与纪念性建筑设计研究［D］．西安：西安建筑科技大学，2003.
[245] 李德喜等．中国墓葬建筑文化［M］．武汉：湖北教育出版社，2004.
[246] 程泰宁．无形·有形·无形：四川建川博物馆俘虏馆创作札记［J］．建筑创作，2006（8）．
[247] 程泰宁．中国俘虏馆［J］．建筑业导报，2005（5）．
[248] 槙文彦．空间の仪式［J］．新建筑（日），1997.
[249] 何镜堂，倪阳，刘宇波．突出遗址主题营造纪念场所——侵华日军南京大屠杀遇难同胞纪念馆

新馆工程设计体会 [J]. 建筑学报，2008 (3).

[250] 周湘津. 鲍姆舒伦韦格火葬场，柏林 [J]. 世界建筑，2001 (2).

[251] 康定斯基. 艺术中的精神 [M]. 李政文，魏大海译. 北京：中国人民大学出版社，2003.

[252] 陈英瑾. 纽约世贸中心纪念光碑，柏林 [J]. 世界建筑，2003 (4).

[253] James E. Young. At Memory's Edge—After imagines of the Holocaust in Contemporary Art and Architecture, New Heaven and London: Yale University Press, 2000.

[254] 埃德温・希思科特. 纪念性建筑 [M]. 朱劲松等译. 大连：大连理工大学出版社，2003.

[255] 青锋. 读胡慧姗纪念馆 [J] 建筑师，2011 (5).

[256] 刘家琨. 胡慧姗纪念馆 [J]. 新建筑，2009 (6).

[257] 徐丰. 矢量空间纪念——徐丰 [J]. 建筑学报，2008 (10).

[258] 姜军. 纪念性建筑形式创作中的哀悼情感表达研究 [D]. 哈尔滨：哈尔滨工业大学，2009.

[259] 彭舟. 我国地震纪念场所设计研究 [D]. 广州：华南理工大学，2012.

[260] 恩斯特・贝克尔著. 拒斥死亡 [M]. 林和生译. 北京：华夏出版社，2000.

[261] M・M・巴赫金. 巴赫金全集 [M]. 第六卷. 钱中文主编，李兆林，夏忠宪等译. 石家庄：河北教育出版社，1998.

[262] M・M・巴赫金. 巴赫金全集 [M]. 第五卷. 钱中文主编，白春仁，顾亚铃译. 石家庄：河北教育出版社，1998.

[263] M・M・巴赫金. 巴赫金全集 [M]. 第一卷. 钱中文主编，晓河，贾泽林等译. 石家庄：河北教育出版社，1998.

[264] M・M・巴赫金. 巴赫金全集 [M]. 第四卷. 钱中文主编，白春仁，晓河等译. 石家庄：河北教育出版社，1998.

[265] 周建萍. 追寻“狂欢”——巴赫金的“狂欢”理论与当代大众文化现象 [J]. 齐齐哈尔大学学报，2004.

[266] 钟敬文. 文学狂欢化思想与狂欢 [N]. 光明日报，1999-1-28.

[267] 宋春香. 狂欢的宗教之维——巴赫金狂欢理论研究 [D]. 北京：中国人民大学，2008.

[268] 宋春香. 论巴赫金狂欢理论的宗教精神诉求 [J]. 河南师范大学学报 (哲学社会科学版)，2008 (2).

[269] 周卫忠. 巴赫金诗学的双重性思想 [D]. 杭州：浙江大学，2005.

[270] Shelton Waldrep.the Dissolution of Place Architecture, Identity, and the Body, Burlington: Ashgate Pub Co, 2013.

[271] 让・佛朗索瓦・利奥塔. 后现代状态：关于知识的报告 [M]. 车槿山，周振选译. 北京：三联书店，1997.

[272] 徐芬. 大众文化语境下的巴赫金狂欢化理论 [J]. 文学教育，2007 (2).

[273] 邹贤尧. 广场上的狂欢——当代流行文学艺术研究 [M]. 北京：中国社会科学出版社，2008.

[274] 天教. 千禧年与千禧年主义 [J]. 世界宗教文化，2000 (3).

[275] 徐岱. 审美者与游戏人——关于艺术精神的一种诠释 [J]. 杭州师范学院学报 (社会科学版)，2006 (2).

[276] 吕志英. 胜利与凯旋——二战两次莫斯科红场大阅兵 [J]. 军事历史，2005 (8).

[277] 沃尔夫冈·凯泽尔．美人与野兽——文学艺术中的怪诞 [M]．曾忠禄等译．西安：华岳出版社，1987．

[278] 韩振江．“我恐惧故我在”——沃尔夫冈·凯泽尔的“怪诞”理论 [J]．湛江师范学院学报，2007 (4)．

[279] 宋雄华．黑格尔论东方艺术的怪诞 [J]．华中师范大学学报 (人文社会科学版)，2004 (2)．

[280] 刘法民．怪诞的形态特征 [J]．江西教育学院学报 (社会科学) 1999 (4)．

[281] 胡全生．英美后现代主义小说叙述结构研究 [M]．上海：复旦大学出版社，2002．

[282] 张珺．后现代主义文学戏仿现象研究 [D]．哈尔滨：黑龙江大学，2008．

[283] 克里斯托弗·亚历山大．建筑模式语言 [M]．王昕度，周序鸿译．北京：知识产权出版社，2001．

[284] J·C·托尔．评意大利广场 [J]．世界建筑，1988 (1)．

[285] Thaïsa Way. Chicago Fell in Love [J]. Landscape Architecture,2014 (9).

[286] 马国馨．新奥尔良市意大利喷泉广场 美国 [J]．世界建筑，1985 (2)．

[287] Kolarevic Brank. Manufacturing Material Effects: Rethinking Design and Making in Architecture, New York: Routledge,1988.

[288] 罗伯特·文丘里．建筑的矛盾性与复杂性 [M]．周卜颐译．北京：中国建筑工业出版社，1991．

[289] 张雪伟．日常生活空间研究——上海城市日常空间的形成 [D]．上海：同济大学建筑学院，2007．

[290] 特奥多·安德列·库克．生命的曲线 [M]．周秋麟等译．长春：吉林人民出版社，2000．

[291] 苏永佳．生命狂欢中的感性及其升华·论尼采的身体美学 [D]．沈阳：辽宁师范大学，2007．

[292] 陈志华．外国建筑史 (19 世纪末叶以前) [M]．北京：中国建筑工业出版社，2004．

[293] 张雅平．瓦西里·勃拉仁内教堂——红场上的一颗建筑明珠 [J]．世界宗教文化，1999 (1)．

[294] 代静．21 世纪芝加哥千年公园 [J]．世界建筑，2006 (7)．

[295] 李辰琦，张伶伶．杂乱中的“动态有序”——解构主义建筑的动态性秩序 [J]．建筑师，2004 (2)．

[296] 颜昌文．建筑的动态性特征及其生成机制 [D]．上海：同济大学，2007．

[297] 王珍团．试论补色在绘画中的运用 [J]．黔东南民族师专学报 (哲社版)，1996 (3)．

[298] 李广元．最鲜明的绘画色彩结构——补色对比 [J]．齐鲁艺苑，1993 (1)．

[299] 黑格尔．美学 [M]．朱光潜译．北京：商务印书馆，2001．

[300] 郭于华．仪式与社会变迁 [M]．北京：社会科学文献出版社，2000．

[301] 张致祥等．忆开国大典 庆五十华诞 [J]．思想政治工作研究，1999 (10)．

[302] 余立．“中华世纪坛”的建筑形象语言 [J]．建筑学报，1999 (6)．

[303] E·霍布斯鲍姆，T·兰格．传统的发明 [M]．顾杭等译．南京：译林出版社，2004．

[304] 尹笑非．民众生活理想的视觉展演——中国民间传统吉祥图像的理论阐释 [D]．上海：华东师范大学，2007．

[305] 陈勤建，尹笑非．点击中国吉祥艺术 [M]．上海：上海人民美术出版社，2006．

[306] 宗白华．中国美学史论集 [M]．安徽教育出版社，2000．

后 记

人生无常，可以选择并且还能够成为现实的状态并不多，有幸的是读博阶段属于其中，虽早已结束，开启新的旅程，为曾在而立之年再返母校而无憾。本书有幸出版，从心底非常感恩恩师——东南大学建筑学院黎志涛教授的谆谆教导以及恩师一直以来爱生如子的襟怀。回想博士阶段的求学历程，先生严谨的治学态度、臻善的专业修养、求真务实的作风、广博的知识及豁达的人生态度、宽厚而大度的胸怀与包容，无一不是学习的典范，无论是在专业设计还是研究的过程中，每次聆听与体会先生的教诲都使我受益匪浅，这些鼓励、鞭策、教诲，不仅是求真的教化，更是求善的教化，也将使我受益终生。

衷心感谢答辩期间鲍家声教授、刘先觉教授、仲德崑教授、韩冬青教授、丁沃沃教授、郑炘教授、单踊教授、赵思毅教授、李海青副教授高屋建瓴地耐心指点、鞭策、鼓励、聆听，有幸得到诸位老师在专业上的悉心指导以及多方面的帮助，诸位老师严谨的治学作风、敬业的专业精神等都是学生一生的楷模，特别感谢丁教授在答辩时对纪念范畴概念的概括提点，并部分影响了我的思维方式。衷心感谢东南大学研究生院、建筑学院及中外文资料室、校图书馆及后勤集团的各位领导、老师、师傅们的支持，特别感谢建筑学院王海华老师等的耐心解答与热情帮助以及顾金亮先生的鼓励。

衷心感谢中国建筑工业出版社及出版社的吴绫老师反馈极快的专业工作，使得书稿修订工作顺畅地进行，感谢唐旭老师以及未能知名的多位老师们辛勤敬业的工作。

特别感谢严广超、李世宏、臧宝锋、王艳青等诸位好友以及同门于泳、张抗军、黄晶、张豪裕等所给予的多方面的支持、鼓励、聆听，感谢老同学黄勇先生惠赐日旅照片，衷心感谢冒亚龙先生寄来他的博士论文光盘，启发了我的思路，同时感谢东南大学诸位博士生友人韦家驹、邹玉炜、黄磊、杨云虎、丁石川等的鼓励。特别感谢李世宏全方面的支持，尤其是精神层面的鼓励安慰；特别感谢严广超及家人的鼓励和支持，尤其是在上海近半年的艰难撰写阶段严广超弟兄般的关怀、鞭策、激励、聆听、建议与帮助以及笨笨的陪伴所带来的快乐和小烦恼；特别感谢臧宝锋及宝锋父母、爱人、弟弟、叔舅、姑婶等亲友们的关怀和鼓励以及在山东调研时温暖周到的安排。

感谢苏州科技大学建筑与城规学院及邱德华老师、胡莹老师、谢鸿权老师、楚超超老师、张振龙老师、周曦老师、吴杰老师。特别感谢同事谢鸿权博士在成书过程中各方面热情的帮助和鼓励，特别感谢秦虹老师、姜月茹老师热情敬业的工作，如果没有学院以及各位老师的支持、帮助和鼓励，很难想象本书能够顺利出版。此外，衷心地感谢江苏高校优势学科建设工程资助项目对本书出版的资助。

感恩父母、兄嫂侄，没有他们全方位的爱、支持和安慰，很难想象书稿能顺利完成，愿我的幸运和努力能使在天堂、在人间的亲人们生活得幸福平和，在辛苦中能感到些许安慰。

胡炜

2016 年秋于苏州江枫